天津老画报

TIANJIN LAOHUABAO

周利成 著

中国文史出版社

图书在版编目（CIP）数据

天津老画报/周利成著．—北京：中国文史出版社，2022.11

ISBN 978-7-5205-3855-8

Ⅰ.①天… Ⅱ.①周… Ⅲ.①画报－介绍－天津－近代Ⅳ.①G239.295

中国版本图书馆CIP数据核字（2022）第195020号

责任编辑：金　硕

出版发行：中国文史出版社

地　　址：北京市海淀区西八里庄路69号　　邮编：100142

电　　话：010－81136606/6602/6603/6642（发行部）

传　　真：010－81136655

印　　装：北京温林源印刷有限公司

经　　销：全国新华书店

开　　本：787mm×1092mm　1/16

印　　张：16.25

字　　数：215千字

版　　次：2023年3月北京第1版

印　　次：2023年3月第1次印刷

定　　价：65.00元

序

画报是一种图文并茂记录历史真实事件的媒介形式，在时效性上比不上报纸，在深度上比不上古籍。虽然新中国成立前的画报多为私人出资创办，多数画报或半途夭折，或昙花一现，但它记录了从清末到新中国成立这段时期国内外政治、经济、科学、艺术、市井趣闻等诸多方面的内容。它不仅记录当下，而且昭示后世，堪称一部部各具特色的近现代史。尤其是它以图画记录历史的显著特色，让历史更加直观、生动、鲜活。这样丰富的内容、翔实的资料至今仍散存在全国各级各类图书馆、档案馆，以及民间收藏者手中，始终没有人进行专门系统的大规模的整理，没有哪家机构、学校或个人撰写过中国画报史，这不能不说是一件憾事。

天津市档案馆周利成同志从2000年开始收集、研究中国老画报，20多年来，往来于全国各地图书馆、档案馆，扫描复制了900余种画报，潜心研究，选取上海、天津、北京三地最典型的120余种画报，撰写24万余字，配发画报图片近200幅，完成了《北京老画报》《天津老画报》《上海老画报》三部作品。书中对每种画报的创刊日期、终刊时间、出版者、编辑人、出版地、纸质、印刷、装帧设计等均做了考证，对画报的办刊宗旨、风格特色、图文内容、社会价值、学术价值、研究价值、社会影响等均做了初步研究，还摘录了画报对历史事件、历史人物的记述。

时间跨度上至晚清，下至新中国成立，这60余年正是中国陷于风雨飘摇的危急动荡年代，外敌入侵、内乱频仍、民不聊生的年代，同时又是中华民族不屈不挠、英勇抗争、励精图治、争取独立与民主的年代。在如此纷繁多变的历史背景下产生的画报，自有其独特的政治价值、文化价值、历史价值、审美价值、艺术价值以及收藏价值。收录的120余种画报中，如北京的《丁丁画报》《美美画报》《戏世界》《晴雨画报》《星期画报》《霞光画报》，天津的《银镫画报》《醒狮画报》《天津乐报画报》《中南报星期六画报》《玲珑画报》《青春画报》《小快报》，以及上海的《春色图画半月刊》《歌星画报》《都会大观园》《咖啡味》等20余种画报，均为首次与世人见面。因此说，《北京老画报》《天津老画报》《上海老画报》不仅是图文并茂、弥足珍贵的历史文献，而且还填补了中国画报史研究的空白，是研究中国出版史、中国新闻史、中国近现代史的基础工具书。

衷心希望能有更多的学者投身中国的老画报研究，并使其在当代以至今后中华民族文化艺术的建设与发展中发挥服务与借鉴作用。

荣　华

天津市档案局（馆）原局（馆）长

目　录

序 ······ 001

综述 ······ 001
《醒俗画报》连载“元元红游街” ······ 016
明镜高悬的《人镜画报》 ······ 021
反映市井民情的《天津画报》 ······ 026
时断时续的《新天津画报》 ······ 031
北方画报的经典《北洋画报》 ······ 038
《京津画报》为张汉举喊冤 ······ 043
倡导体育、介绍科学的《常识画报》 ······ 051
中国早期的收藏专刊《醒狮画报》 ······ 058
电影、戏剧专刊《银幕舞台画报》 ······ 064
记录万福华刺杀王之春的《银镫画报》 ······ 072
登载数百印谱的《玲珑画报》 ······ 080
记录天津警务的《公安画报》 ······ 088
《天津商报画刊》报道影后胡蝶结婚消息 ······ 094
记述李叔同出家过程的《中华画报》 ······ 102
民国第一校园画刊《青春画报》 ······ 109

风月中有风骨的《风月画报》……117
屡出特刊的《银线画报》……124
讲述“名人轶事”的《中华新闻副刊画报》……132
义和团运动重要史料《天津画报》……138
明清史重要资料《三三画报》……145
以漫画著称的《星期二午报画刊》……153
刊登女性征婚广告的《小快报》画报……158
缺乏个性的《中南报星期六画刊》……164
上乘高雅的《语美画刊》……172
中国近代曲艺史的重要资料《游艺画刊》……176
抗战胜利后“华北第一画报”——《天津民国日报画刊》……186
长于小说连载的《星期六画报》……192
突出天津特色的《小扬州画报》……196
评选“新四小名旦”的《北戴河》画报……201
“大事小谈”《红叶画报》……207
揭秘熊式辉私生活的《宇宙画报》……213
发出“民吼”的《霓裳画报》……219
包罗万象的《星期五画报》……225
仅出三期的《扶风画报》……231
介绍《金璧辉》话剧剧本的《综艺》画报……237
关注政治的《新游艺》画报……244

后记……249

综　述

什么是画报?《辞海》《简明不列颠百科全书》等权威工具书中并没有明确的定义。有人说画报是“以画为主、文字为辅的期刊。图与文谁主谁次，是画报区别于一般杂志的分水岭”，但如果读了《二五八画报》《三六九画报》《一四七画报》等“以文字为主、图画为辅的期刊”后，恐怕您就会产生疑问了。笔者通过20余年的苦心搜集，在全国各大图书馆、档案馆及旧书市场，共扫描复制中国老画报200余种，加以整理研究。笔者以最具代表性的北京、天津、上海三地老画报为例做一综述。

一、中国老画报的分期

中国的画报诞生于19世纪后期是研究者一致公认的。至于画报产生的原因，著名报人萨空了在1931年的《五十年来中国画报之三个时期》一文中已有明确的阐述:“中国之有画报，半系受外国画报之影响，半系受传奇小说前插图之影响，此应为一般人之所公认。”旧中国的画报大致应该分为五个时期。

1. 1875年至1884年的西人创办画报时期。这一时期有《小孩月报》《寰瀛画报》《图画新报》等。这些画报的共同点是多用雕刻铜版印制，创办人、绘画者都是西方人。其中，《小孩月报》1875年5

月创刊，创办人兼首任主编是美国传教士范约翰。初期由美华书馆印刷，清心书院发行。1881年5月改名《月报》，1914年1月又改名《开风报》，1915年12月停刊，历时40多年，是近代中国画报中历时较长的一家。该画报图文并茂，以儿童为对象，以介绍西方科学文化知识为主要内容。1877年6月6日创刊的《寰瀛画报》，由英国人作画，英国印刷，蔡尔康编译。以图画为主，介绍世界各国风情习俗，上海《申报》馆印行、装订、代售。

2. 1884年至辛亥革命的石印画报时期。这一时期最著名的画报当数《点石斋画报》，该画报创刊于1884年5月8日，旬刊，吴友如主编，前后出刊15年，被认为是“中国近百年很好的‘画史’”。它所刊登的4000余幅美术作品，记录了19世纪末资本主义列强侵华史实和中国人民抵御外侮的卓绝斗争，揭露了清朝封建政权的腐朽统治，反映了科学技术的进步和人民对美好生活的希望与追求。在表现形式上，《点石斋画报》既继承中国传统的技法，吸取了明清时期木刻版画艺术的特点，同时又采纳了西洋绘画中透视和人物解剖的优点，构图布局、人体结构都较合理。由于形式内容上新颖活泼，时代气息强，因而有着广泛的群众基础。《点石斋画报》的问世，开创了近代中国美术创作的新气象，它像一股清新的春风，使老态龙钟而庞大的传统枝干上冒出新绿；它虽处寒凝之中，却唤醒了象牙塔中作笔墨游戏的“国粹”文人墨客。

继《点石斋画报》后影响较大的石印画报有《飞影阁画报》《白话图画画报》《飞云阁画报》《图画演说报》《启蒙画报》《北京画报》《当日画报》《民呼画报》《醒世画报》等。画报刊载了大量的讽刺画、时事漫画和宣传画，真实地记录了这一时期的社会风俗和奇闻逸事，其无论是在内容还是形式上，都为民国大量画报的出现准备了条件，也为此后漫画、连环画、年画兴起奠定了基础。

3. 辛亥革命后至全面抗战爆发前的画报鼎盛时期。军阀割据的

“乱世”状态为民主政治提供了发展空间，政治环境的宽松使得思想言论趋于活跃，出现了春秋时期的“百家争鸣”文化繁荣。加之摄影技术在中国应用，石印画报逐渐被先进的铜版、锌版、影写版画报取代，画报进入全盛时期，其主要内容为时事、名人、戏曲、电影、曲艺、摄影、书画、体育、教育、文物、人体、名闺、名媛等。自从19世纪80年代以《点石斋画报》为先河的石印画报问世，直至20世纪初，虽偶有铜版图片出现报端，但中国的画报却一直沿用手绘图画，多带有个人主观成分，难以真实地还原现实。随着欧美报纸附设画刊之风的盛行，时在上海《时报》任职的戈公振，最先认识到新闻图片对报纸生存、发展的重要意义，遂于1920年6月9日创办时报《图画周刊》。该画报结束了中国画报的“石印时代”，开启“铜版时代”，以中国第一份报纸摄影附刊的身份，掀开了中国画报史上崭新的一页，被誉为“中国现代摄影第一画刊”。这一时期最著名的画报当数上海的《良友》画报和天津的《北洋画报》，这一时期出版的400余种画报形成了风格鲜明的两大类型。1926年2月15日在上海创刊的《良友》，除短期铜版印刷外，多为影写版印刷，最令人称道的是它新颖别致的图片排版，丝毫不落伍于当代的画报，前期24页，第50期篇幅增至42页，为“书册式画报”。画报详尽、真实地记录了近现代中国社会的发展、世界局势的动荡、中国军政学商各界之风云人物、社会风貌、文化艺术、戏剧电影、古迹名胜等，多角度、多侧面地再现了20世纪二三十年代的大千世界。它比同类型的美国著名的大型画报《生活》画报早10年，比苏联著名的大型画报《建设画报》早4年，稍晚于英国的《伦敦新闻画报》。它不仅是中国画报史上较早出版的深受读者欢迎的大型综合性画报，也是世界画报史中的巨擘，作为了解中国的窗口，世界各大图书馆竞相收藏，被称为“民国第一画报”。随之出现了《大众》《中华》《现代》《文华》《时代》等几十种模仿《良友》的大型画报。这些大都市的大画报引领时尚潮流，展现都市摩登，报道时事人物，紧扣时代脉搏，俨然一道文化艺术风景线。

1926年7月7日在天津创刊的《北洋画报》，铜版印刷，8开本道林纸，每期4版，为“报纸式画报”。内容包括时事、美术、科学、戏剧、电影、体育、风景名胜等方面的图片和文字，以图片为主，兼有文字，画报印刷精美，版面一直沿用不易翻版的蓝黑色调。之后出版的《天津商报画刊》《中华画报》《北京画报》《国剧画报》等，在编辑形式、版式设计上无不竞相模仿。

4. 抗日战争期间的画报低谷时期。抗战爆发后，各大城市相继沦陷，绝大多数画报被迫停刊，画报数量锐减，中国的画报从此进入低谷。这一时期的画报大致可分为四类：一是积极宣传抗日的进步画报，如《良友》号外《战事画报》、《中华图画杂志》号外《战时画报》等，尤其是1942年9月25日在上海创办的《联合画报》，对宣传抗战、报道世界各国抗击法西斯战争发挥过重要作用，成为中国记录八年抗战历史最为完整的图片新闻报刊，是中国广大民众了解世界战局、增强抗敌信心、树立必胜信念的宣传基地，曾被誉为“世界战场的瞭望台”“联合国奋斗的缩影”。二是为日伪政权摇旗呐喊的反动画报，如由日本人出资、汪精卫政权政客操办的《新中华画报》，就是站在日伪的立场，赤裸裸地为日本的侵略行径摇旗呐喊，大肆宣传汉奸褚民谊1941年2月5日“出使”日本任“大使”时的情景，露骨地宣称“中日外交成功”“日渐崩溃的英帝国”等言论，而“太平洋防御如铁壁”则公然炫耀在太平洋上的各种日军战舰和舰用飞机，1941年3月30日，汪伪政府“庆祝还都”一周年时，特别刊登了伪主席汪精卫的大幅照片。北平沦陷时期问世、抗战胜利前夕终刊的《三六九画报》，也因为生存于日伪的黑暗统治下，多有亲日言论，甚至“在画报的边边沿沿常见亲日标语”。三是纯艺术性画报，如北京的《立言画刊》，其戏剧内容占50%以上，多为第一手资料，深受读者青睐，为中国文化史、戏曲史提供了宝贵的资料。其后创刊的《梨园周刊》则更是纯粹的戏剧专刊。天津的《游艺画刊》从不涉及政治，从不为伪政权做任何宣传，“以发扬戏剧功能，评定艺术价值，提倡正当的娱乐”为办刊宗旨，其“杂耍版”刊登的大量曲艺理论知识、艺人生涯、曲目介绍和评论，更为民国曲艺史研究提供了丰富而翔实的资料。四是娱乐性画报，如炒作明星八卦新闻的《明星画报》，披露名伶、舞女私生活的《都会》《大观园》，多为低级趣味、庸俗不堪的内容。

5. 抗日战争胜利后至新中国成立的南方萧条、北方第二次热潮时期。抗战结束后，中国步入了物资奇缺、百物腾贵、物价飞涨的经济困难时期。画报出版业逐渐北移，出现了南冷北热的现象，但总体画报数量减少。这一时期的画报多采用劣质的纸张、粗糙的印刷技术；以文字为主，少有图片，更罕见彩色图片；多为寒酸的16开本小画报。这与抗战前图文并茂、印刷精美的8开大画报相比，真有天壤之别，有些画报虽名为画报，却是“以文字为主、图画为辅的杂志”，甚至出现了如《红皮画报》这样的没有图片的画报。但画报数量上的减少和形式上的不足，并不能埋没画报内容上的光芒，针砭时弊、抨击政府、揭露腐败、关注民生是画报的主题内容。这一时期的画报以天津《星期六画报》《新游艺画报》《霓裳画报》《小扬州画报》《扶风画报》，北平的《二五八画报》《一四七画报》等最具特色。“美国报载700吨原子弹可将全球炸毁，何妨一试，我们换个新世界看看！……美国原子弹震撼全球，苏联的紫外线威胁全国，而中国的风（涨风、贪风、打风、骂风、罢风）亦未尝不知名全世界！”这两句惊人之句出自《扶风画报》的创刊号。尽管这个短命的画报仅出刊3期，但无论是它的创刊词，还是它的“疯话”栏目，无不是对时政畅快淋漓的揭露和批判，无不表现出一种拯救中国、拯救世界的大气魄，无不对未来社会充满了信心，它不停地大声疾呼："我们要打碎这个无药可救的旧世界，建立一个新世界！"《星期六画报》的征稿启事中写道："我们有个天真的勇气，大胆的干劲，不怕死的精神，我们只有一个脑袋，谁愿给搬家，就请'尊驾您'下手。我们有嘴就说人话。读者们，来吧！'另外一页'是自由的园地，可以发泄您的怨气，给您做不平之鸣，欢迎各地读者赏稿，换换新的口味！"画报之所以敢这样不计后果地公然向执政党叫板，一是因为当时民愤极大，如火山爆发，势不可当；二是国民党政府将全部精力投入了内战之中，已经无暇顾及画报的过激言论。

二、中国老画报的分类

从内容上，可分为科普、综合、时事、艺术、专业、娱乐、低俗、敌伪等八类；从形式上，可分为报纸式和书册式两种。

（一）从内容上

1. 科普类。中国画报创办早期主要以启蒙民智、普及科学为宗旨，尤其是在晚清明初这类画报居多。如晚清的《启蒙画报》《浅说日日新闻画报》《北京醒世画报》《醒俗画报》等，民国的《儿童科学画报》《常识画报》《知识画报》《科学画报》等。这类画报多以图画为主，配以通俗易懂的文字，让不识字的人或识字不多的人也能一望而略知其义，对提高国人的文化修养、科学素质确实起到了一定的作用。

2. 综合类。综合类画报大多囊括了时事、历史、文艺、电影、戏剧、人体、书画、文物、摄影、游艺等诸多方面内容，具有信息量大、生命力强、在旧画报中占比例最大、社会影响大的特点。这类画报的主办者大多有较强的经济实力，拥有强大的编辑力量、庞大的作者群、遍布全国甚至世界多个国家的通讯队伍。一是报纸的附刊，如北京有《京报》的《图画周刊》、《世界日报》的《世界画报》等，天津有《天津民国日报》的《天津民国日报画刊》、《新天津报》的《新天津画报》等，上海有《时报》的《图画周刊》等；二是拥有强大的社会支持，如受奉系军阀资助的《北洋画报》等；三是具有运作成功的公司集团，如上海的《良友》等。

3. 时事类。时事类画报具有报纸政治性、时效性、纪实性的特点，用图片和文字报道最新发生的国内外重大事件，政客、名流的往来消息。这类画报多为报纸的附刊，以图片为主，文字为辅，作为文字报纸的补充和完善，更生动、形象，图片更为珍贵。如《新闻报图画附刊》《申报图画周刊》和《联合画报》等。

4. 艺术类。20世纪二三十年代主要作为娱乐消遣的画报，多以“倡导艺术、提高国人素养”为号召，书画、电影、戏剧、摄影、收藏、人体、雕刻、治印等艺术或多或少在各种画报中出现，更有专门介绍单项艺术的画报。这类画报多由书画团体、电影公司、戏剧学会等民间组织和艺术爱好者主办。如书画类的《湖社月刊》，摄影类的《摄影画报》，电影类的《电影月刊》《电影画报》等，戏剧类的《立言画刊》《戏世界》《梨园周刊》《国剧画报》等，人体类的《健美月刊》等。

5. 专业类。专业类画报多由国家机构或社会团体主办，如故宫博物院编辑出版的《故宫周刊》、中国画学研究会创办的《艺林月刊》、中国科学社主办的《科学画报》、天津特别市公安局刊行的《公安画报》、铁道部全国铁路沿线出产货品展览会主办的《铁展画刊》、中华民国全国运动会组委会出版的《全运会特刊》等。

6. 娱乐类。中国老画报的主办者复杂多样，有官方、社会团体、民间组织，或是几个人甚至是一个人，而娱乐类画报则是多由几个有着共同志向或共同兴趣的人合作创办的。如上海的《歌星画报》《娱乐周报》等，北京的《新星画报》《晴雨画报》等，天津的《妇女新都会》《游艺画刊》《新游艺画报》等。

7. 低俗类。旧画报中有一部分以介绍妓院、舞场、杂耍场、咖啡厅、导游社等风月场所为主要内容的低俗画报。这类画报多为私人办刊，以天津的《风月画报》为代表。《风月画报》主要反映天津、上海、北京等地娼妓、舞女、女招待的生活，因而人们称之为“黄色画报”。但其办刊宗旨却是“以风月为前提，并不是导淫倡嫖……意义乃是寓警于娱，在谈笑之中，无形中可以示以嫖之利害，以及社会上一切黑暗狡诈等真实的情况”，并聚集了方地山、何海鸣、王伯龙、张聊公、何怪石、刘云若、巢章甫等一批津城名士为其撰文、作画。此外，还有《天津乐报画报》《小快报》《咖啡味》《都会大观园》等。

8. 敌伪类。全面抗战爆发后，沦陷区的民营报刊受到重大冲击。大部分“义不受辱”，或毅然停刊，或易地再办；一部分在夹缝中挣扎图存，不得不接受日伪的检查和干预；少数则屈膝附敌，成为汉奸报刊，同时出现了一些依附于这类报纸或由敌伪组织主办的画报。敌伪画报受敌伪操纵，以宣扬日军的威武，鼓吹“大东亚圣战”为主要内容。如《华北日报》被“北支那派遣军报导部”和伪治安总署强行接管，改称《武德报》，专供伪治安军阅读。武德报是一个由日军操纵的文化宣传出版机构，出版《武德报》《民众报》两种报纸和《时事画报》《民国杂志》《北京漫画》《妇女杂志》《新少年》等五种画报、杂志。这类画报虽然是敌伪政权的一个政治宣传品，但它刊登的那些侵华日军攻打、占领保定、正定、石家庄等战略要地等的图片，更是日本军国主义发动侵略战争的一个铁证。

（二）形式上

1. 报纸式。为一大张4版或几大张数版，未装订成册，类似于当年报纸的画报，多为日刊、三日刊或周刊，北方多于南方。这类画报以8开本、4版者居多，以《北洋画报》为代表。如上海的《上海画报》、《时报》的《图画时报》，北京的《北平画报》《日曜画报》，天津的《中华画报》《青春画报》等。此外还有先为6开本、4版，后改4开本的《银线画报》；有初为大16开、4版，后改为8开横本、2版的《戏世界》；有方12开本、12版的《宇宙画报》；有大16开横型版、8版的《语美画刊》；有16开本、8版的《红皮画报》；有方16开本、12版的《新游艺画报》等。

2. 书册式。为装订成册杂志式的画报，多在20页以上，周刊、旬刊、半月刊、月刊，全面抗战前南方多于北方，抗战后北方居多。这类画报最杰出的代表是8开本、月刊的《良友》，其后有《今代妇女》《时代》《中华》《大众》《美术生活》《时事画报》《湖社月刊》等。其次是16开本，如上海的《电影月刊》《科学生活》《联华画报》《联合画报》，北京的《立言画刊》《一四七画报》《三六九画报》《二五八画报》，天津的《扶风画报》《星期五画报》《星期六画报》、《霓裳画报》等。更有64开、36页的上海《玲珑》，是20世纪30年代上海女学生人手一册的“手掌书”“口袋书”，当年时尚的代名词，摩登女郎的名片。

此外，还有纸张上、印刷上、装帧设计上的分类。

三、中国老画报的作用

1. 开语启蒙：中国早期特别是晚清的画报，大多是以图画说故事，很多不识字或者文化水平较低的人，通过看图懂得了一些事情，明白了一些道理，这就是画报的开语启蒙作用。1900年义和团运动爆发后，有感于“无知愚民”几乎招致亡国的惨剧，社会各界有识之士开始创立阅报社、宣讲所、演说会，发起戏曲改良运动，推广识字运动和普及教育，创办白话报刊，展开了一场史无前例的民众启蒙运动。上海的《点石斋画报》、北京的《启蒙画报》《开通画报》《北京醒世画报》和天津的《醒俗画报》《人镜画报》等就是这类画报最典型的代表。

2. 传播知识：画报问世后就发挥着向民众灌输知识的作用，很多人也是通过画报学到了科学、美学、艺术、生活等方面的知识。以“介绍最新知识，提供现代文化”为宗旨的《知识画报》，认为“介绍实际知识是比介绍什么抽象的学问还来得重要”；以“知识就是力量”为出发点的《少年画报》，旨在“用真实的图画和浅显的文字介绍各种真实的知识，满足少年们的求知欲”；《常识画报》则是以“介绍科学、提倡美育、崇尚艺术”为目标；“要把普通科学知识输送到民间去”的《科学画报》，“用简单文字和明白有意义的图画或照片，把世界最新的科学发明、事实、现象、应用、理论以及谐说、游戏都介绍给他们”，从而达到“逐渐地把科学变为他们生活的一部分，使他们看科学为容易接近、可以利用的资料，而并非神秘不可思议的幻术”。

3. 娱乐消遣：全面抗战前的画报内容多以轻松娱乐为主，兼顾教育民众，纸质上乘，印刷精美，文字多为生涩难懂的文言文，且价格昂贵，因此，读者多为知识阶层和上流社会的士绅，他们只是把画报当成茶余饭后的娱乐消遣，为此画报专设“电影”“戏剧”“游艺”“舞场”“咖啡厅”“娱乐场”等栏目。如电影、戏剧的专业刊物《银幕舞台画报》，“寂寞烦闷者的好伴侣”的《丁丁画报》，侧重娱乐场所介绍的《风月画报》《天津乐报画报》，时尚的代名词、摩登女郎的名片《玲珑》等。

4. 指导生活：老画报中的“中学生”“妇女”“恋爱”“婚姻”“家庭”“育儿”等栏目，是人们特别是妇女们的生活指南，告诫涉世未深的少女们如何提高修养、社交、谈恋爱，教授职业女性如何在职场中打拼，传授家庭主妇们如何御夫、装饰家庭、教育孩子，讲解年轻的女性如何着装、化妆、美容，永葆青春。如《妇女新都会》详密地“介绍我国妇女固有的美德，并世界上妇女生活的动态，指示出我们生活上的正确轨道。她帮助我们处理家庭、教育儿童与服务社会，希求着做成家庭中的好顾问、儿童们的小福星与服务上的指南针。简而言之是增强妇女们的智力与能力”；《今代妇女》倡导妇女独立，呼吁女性们应该通过自己的努力取得相应的社会地位；《玲珑》更是让成功女性言传身教《我的交际》和《我的御夫术》。

5. 宣传教化：民国时期许多报纸附设画报，沿袭着报纸的功能，宣传教化自然也就成了画报的作用之一。如《联合画报》对宣传抗战、报道世界各国抗击法西斯战争发挥过重要作用，成为记录中华民族抗战历史最为完整的图片新闻报刊，是中国广大民众了解世界战局、增强抗敌信心、树立必胜信念的宣传基地，曾被誉为“世界战场的瞭望台”“联合国奋斗的缩影”；《扶风画报》肩负着“纠正邪念，易欺诈为诚化，化争夺为谦让，以达于‘明德之至善’，使贪者不贪，欲争者不争也，则社会之安宁幸福定可定也”的神圣使命，以“扶正国风”以使人们“洗涤邪恶，引入正轨，渐次熏陶，日进上达，待其人格养成，自然厌弃一切恶事，而为社会有用人物，无论任何事业，必有优美成绩，国家、社会均利赖之”为办刊宗旨；《中国画报》“报道我国社会生活的动态，介绍我国文化艺术的创作，发扬代表东方文明的中华民族文化，使之传达到西方去，俾外人对我有崭新之认识与了解；显示东亚唯一大国进步改革及其辉煌前途，以激励国人共起建国”。

四、中国老画报的价值

1. 文献价值：文献是用文字、图画、符号、影像等技术手段记录知识信息的物质载体。旧画报所刊载的内容和载体的性质、装帧设计、印刷等因素，决定了画报的文献价值。昨天的新闻就是今天的历史，旧画报有许多珍贵史料可供历史研究和学术研究。如民国曲艺史重要资料《游艺画刊》、重要抗战史料《生活画报》、珍贵戏剧资料《立言画刊》、中国最早的综合性科普期刊《科学画报》等。

2. 艺术价值：一册精品的旧画报就是一件精美的艺术品，尤其是书画、雕刻、治印、电影、戏剧、人体、摄影等方面的内容，凸显出旧画报的艺术价值。如早期的收藏专刊《醒狮画报》、“为倡导艺术的发达而设”的《美美画报》、以“提高艺术兴趣，增进人群美感为最高目的”的《华北画刊》，而《湖社月刊》《艺林月刊》更是专门介绍艺术的专刊。

3. 收藏价值：据不完全统计，新中国成立前的中国老画报已达400余种，但由于画报较诸书册典籍，一般在当时不为人重，阅后随弃，所以存世数量也就相对要少得多。加上书籍多有再版重印，而画报再版重印的又比较少，因此也就使得不少旧期刊至今已很难见到了。尤其是试刊号、创刊号、终刊号、休刊号、复刊号、改刊号等一些具有特殊意义的画报，更为收藏界关注。一些年代久远、存世稀少、具有重大历史意义的画报，更具备了文物价值。

五、京、津、沪三地画报之比较

南方画报以上海为典型，北方画报以北京、天津为代表，并且京、津两地的画报多是你中有我，我中有你，北京的画报中设有“天津专页”，天津的画报中置有“旧都见闻”等，可以把京、津两地的画报看作一个整体，因此，分析它们之间的特点，实际上也就是比较南、北画报的异同。

1. 第一次画报热都是出现在20世纪二三十年代，上海、天津、北平三地呈鼎足之势，上海数量最多，天津次之，北平第三。抗战胜利后北方出现了第二次画报热，但南方的画报业却是一蹶不振。

中国的画报发轫于上海，并且在全面抗战爆发前，上海一直引领着中国画报发展的方向。南方早期的画报以上海的《点石斋画报》为样板，出现了一批石印画报；中期以上海的《良友》做范本，衍生出了《大众》《中华》《时代》等书册型画报，相对受天津《北洋画报》影响的画报较少；全面抗战爆发后，由于战火与经济的原因，南方画报走向低谷。北方早期石印画报也是模仿《点石斋画报》，而出现北京的《启蒙画报》《浅说日日新闻画报》《北京醒世画报》和天津的《醒俗画报》《天津画报》等；但中期并没有受《良友》的影响而多以《北洋画报》为蓝本，涌现出《银镫画报》《中华画报》《风月画报》《青春画报》《北京画报》《艺林月刊》《美美画报》《丁丁画报》等数十种画报；全面抗战爆发后，尤其是抗战胜利后，画报的重心逐渐北移，以北京、天津为代表的北方出现了第二次画报热，天津、北平的画报不仅数量多，而且内容贴近生活、记录现实，它们拥有一个共同的办刊宗旨，发出同一个声音，那就是揭露社会黑暗，痛斥国民党的贪污腐败，抨击国民党政府在物价飞涨中无作为，同情下层人民的疾苦。如北京的《一四七画报》《二五八画报》《晴雨画报》《星期画报》《新星画报》等近10种画报，天津的《星期六画报》《宇宙画报》《红叶画报》《星期五画报》《扶风画报》等十余种画报。

2. 画报内容上，上海注重大、精、专，引领旧中国画报先河，北京、天津以种类多样取胜。

上海画报创造了众多的中国画报之最，如中国最早的画报《小孩画报》，中国现代摄影第一画刊《图画时报》，中国最早影写版画报《申报图画周刊》，中国最早的时尚杂志《玲珑》，中国最早的综合性科普期刊《科学画报》，中国人体摄影第一画报《健美月刊》，中国最早的歌坛杂志《歌星画报》等。

上海的画报内容突出重大题材，从晚清到抗战爆发40余年发生的重大历史事件、社会风云人物的行踪，在画报中均有或多或少的记录，如《良友》《新闻报图画附刊》《生活画报》《联合画报》等；画报形式精美，从取用刊名、封面设计到版式编排，无不体现南方人的精细、认真、严谨，如开画报绘画封面先河的《中华》、发端影写版的《申报图画周刊》、唯美主义的《时代》等；专业画报多是上海画报的一大特色，有集合美术界精英的《美术画报》、新华影业公司的《新华画报》、科普专刊《科学画报》、人体艺术的《健美月刊》等。

相对上海来说，北京、天津的画报简单、通俗、多样。京、津画报多以日期取名，如《三六九画报》《一四七画报》《二五八画报》《星期日画报》《星期六画报》《星期二午报画刊》《星期五画报》等，一是办刊人随意，二是读者简单易记、通俗易懂，三是说明画报没有突出的个性；京、津画报不乏《故宫周刊》《艺林月刊》《北洋画报》《醒狮画报》《银镫画报》《语美画刊》等有较高艺术水平的专业画报，也有记录民风民俗、突出地方特色的《春明画报》《北京画报》《北平画报》《天津画报》《小扬州画报》等，还有游艺类的《新游艺画报》《妇女新都会》《宇宙画报》等，更有内容低俗、文字通俗的《长城》《风月画报》《天津乐报画报》《小快报》《百花台》等。

3. 画报形式上，上海画报以单行本为主，京、津画报以8开4版居多。

从《点石斋画报》开始，到《良友》的鼎盛，上海画报除日报的单张画报外，大型的书册型画报居多，如《时代》《大众》《美术生活》《中华》等，且纸质较好、印刷精美、图片清晰、文字高雅。京、津画报形式多种多样，从出刊日期上看，有日刊、二日刊、三日刊、周刊、半月刊、旬刊、月刊；从纸质上看，有粉彩纸、宣纸、道林纸、铜版纸、新闻纸等；从纸张形制上看，有4开、8开、12开、16开、方16开、长16开、32开等；从颜色上看，有墨、红、黄、绿单色，有黑白双色、三色套印、五彩色等。

中国老画报从内容上看，有思想深度的不多，随波逐流模仿跟风的画报比比皆是，除专门行业和研究机构的画报外，其他画报存在着雷同、缺乏个性的特点。但其鲜活、全面地记录了从晚清到新中国成立60余年的历史，因此具有独特的政治价值、文化价值、历史价值、审美价值、艺术价值以及收藏价值，很值得大家深入研究。

《醒俗画报》连载“元元红游街”

1907年3月23日，在天津启文阅报社内，普育女学创办人温世霖、私立第一中学堂（后改名南开中学）英文教习吴芷洲共同创办了《醒俗画报》，曾去日本留学的画家、植物学家陆辛农担任主笔。社址设在西北城角自来水公司旁的一座小楼内，后迁到城内广东会馆附近的平房内。

《醒俗画报》属通俗类刊物，使用单面有光的粉画纸和当时先进的石印技术，十日刊，方形16开，每本10张折叠页、20张图，双面印刷，很像大本的“小人书”。画报不设栏目，用墨线勾画，一事一画，有叙有议，文字通俗，图文并茂，大至时政要事，小到市井信息；每期封面都是一幅“讽画”，以辛辣而幽默的笔法，鞭挞丑恶，抨击时弊，针砭官场腐败；识字者看字，不识字者看图。由于颇受读者欢迎，遂自1907年7月14日出版的第13期起改为五日刊。画报发行不限于天津，在上海、北京、湖南、杭州、保定、锦州、烟台等地均设有代派处。

由清末到民初，中国的社会腐败，政治软弱，外侮日切，一些有责任感的文化人便站出来，或兴办教育，或立坛宣讲，或创办报刊，主张铲除社会陋习与种种痼疾，开启民智，振兴中华。在这样的背景下，就不难看出《醒俗画报》中“醒俗”二字的立意了，那

便是要把民众从习惯而不自觉的种种陋习中唤醒，承担起共同兴国的重任。画报最初以漫画手法宣传爱国思想，支持清末的立宪运动。辛亥革命以后，该报又连续报道了革命军在黄花岗起义失败，孙中山北上天津等消息，同情革命的政治态度十分鲜明，更多的内容是鞭挞清政府腐败统治和卖国行径，揭露社会病态，批判旧陋习俗，宣传思想，倡导新风尚，着重发挥社会教育的功能。

画报在民国初年连续报道了名伶元元红与海银桂通奸后私逃的消息，一时轰动津城。

元元红，本名魏连升，梆子老生，色艺双绝，风流情种，在上海时就曾与青楼女子雪荫轩有染。来津演出时，更是引得达官显贵家的太太、小姐们竞相追捧，纷纷往台上扔手绢、丢金戒指。

清朝末年，天津城里鼓楼东盐商姚金镛的小妾海银桂，年少风流，长得标致，为元元红所倾倒。在厨役李升的撮合下，元元红终与海银桂私通，并在南门外租房同居。姚金镛得知后不动声色，暗地买通探访局杨敬林和巡警道叶文樵暗中监视，就在李升准备护送海银桂与魏连升私奔时将其一并捕获，并于清宣统三年（1911年）六月二十三日游街示众。是日，“一时男女老幼，群相观看，大道两旁，几无容足之地”。宾乐部的歌妓赵紫卿听说自己仰慕已久的元元红游街要从门前过时，急急地从楼上往下跑，“不意行至梯半，心急腿短，一阵迷惑，忽然失足坠下，摔得面青眼肿，几乎丧命”。游街行至中途，一名妇女“突然大言曰：‘宝贝！你可折当得不像样儿了，别着急，吾给你想办法去！’说话时，便夹杂呜咽之声，及至说完，便号啕大哭。一时围观之人皆移视线于该妇之身，后经随身之女仆多方解劝，始上车向西而去”。元元红更是大义凛然地大声喊道：“人在花下死，做鬼也风流！况不能置之死地，又何畏焉？”

同年七月十八日，督宪宣判：“魏连升发交习艺所押禁10年，李升等知情同逃者，罪有应得，并移送天津地方审判厅迅即审拟详办。”不久，海银桂获刑160天，“限满后再送济良所，永不准配人；李升罚苦力12年”。

1908年5月4日，画报更名为《醒华画报》，每月出刊9期。同年5月，清政府爆出了天津南段警察局长段芝贵为谋求黑龙江巡抚一职，献妓杨翠喜于贝子载振的丑闻，社会反响强烈。津门画家张瘦虎以“愁父”为笔名作讽画《升官图》投稿《醒华画报》，就在温世霖等准备刊发之时，却遭到吴芷洲的反对。温世霖与陆辛农愤而

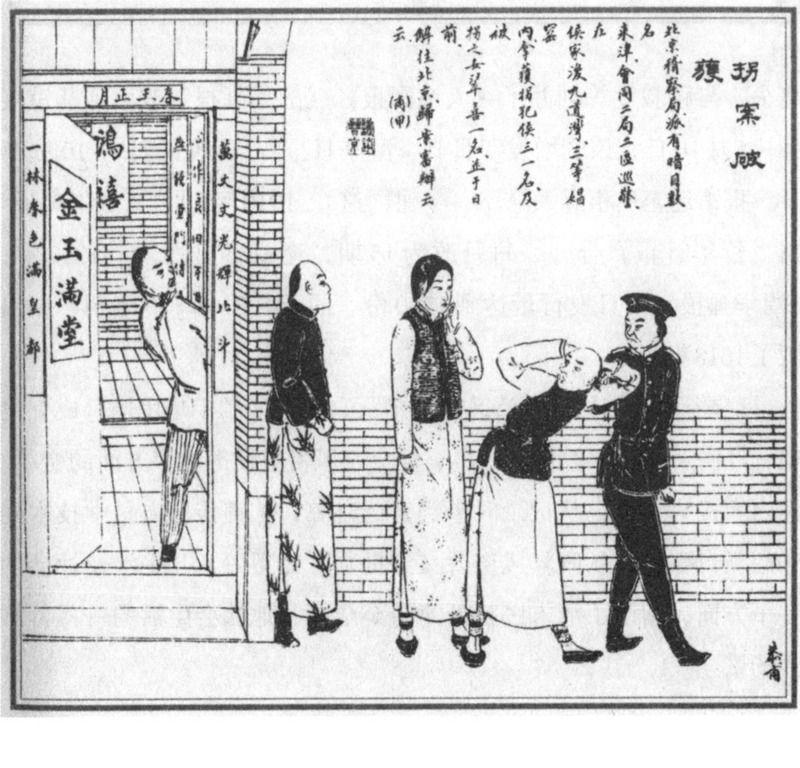

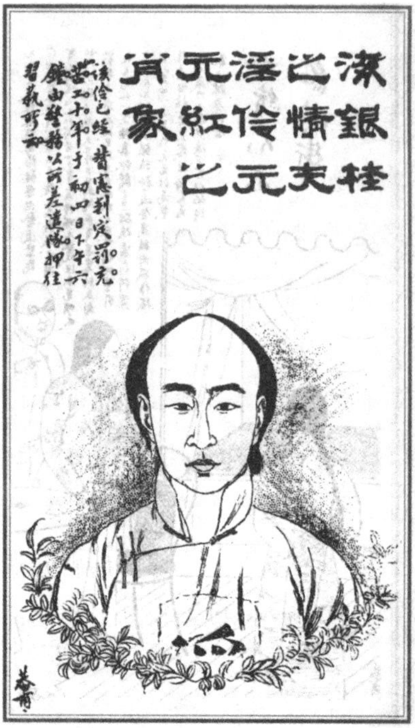 

离去，与顾叔度等创办了《人镜画报》。《醒华画报》改由陈恭甫接办。5月16日，该刊增发双日刊《醒华日报》（后改日刊）。10月30日，报馆迁至奥租界大马路（今建国道）。1910年8月，《醒华画报》与《醒华日报》合并，每月改为15期，逢双日出版。至1912年，《醒华画报》的日发行量达到1200份。约于1931年1月停刊，共出版了1618期。

《醒俗画报》见证了清政府的覆灭，记述了“中华民国”成立之初，经济、文化、教育、军事、社会、风俗习惯等诸多方面的变革。其内容极为丰富，从记录时事到针砭时弊，从宣传西方科学技术到介绍新奇事物，从阐释风俗含义到批判陈旧陋习，几乎涉及社会的各个方面，留下了清末民初天津乃至全国各地社会生活的一幕幕鲜活场景。

明镜高悬的《人镜画报》

1907年7月22日（清光绪三十三年六月十三日），温世霖与顾叔度联手在天津日租界旭街（今和平路）德庆里共同创办了《人镜画报》，脱离了《醒俗画报》的陆辛农随后加盟。画报为石印，周刊，

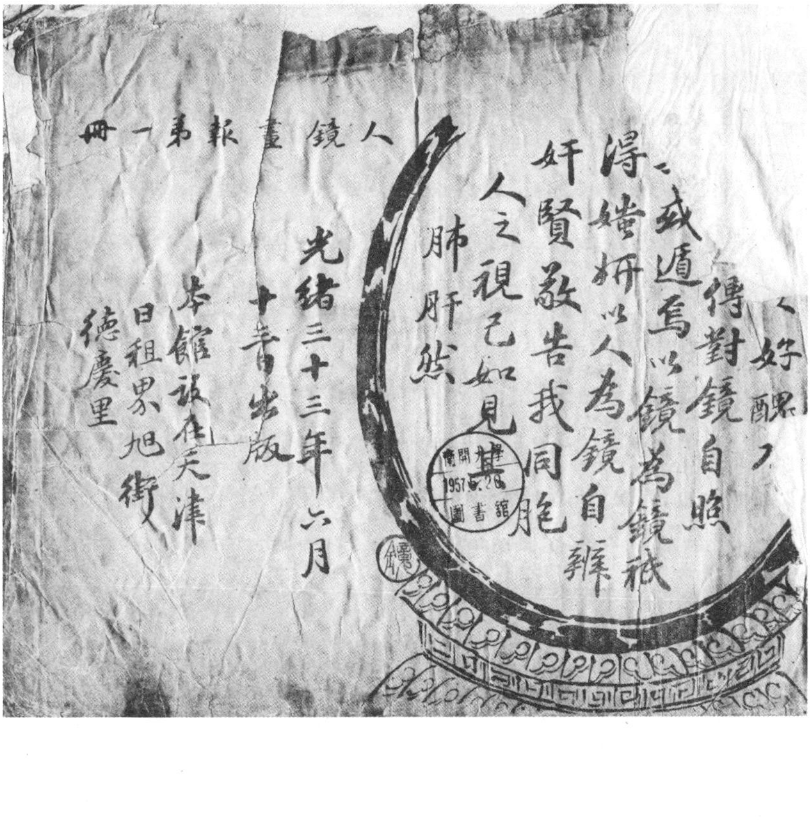

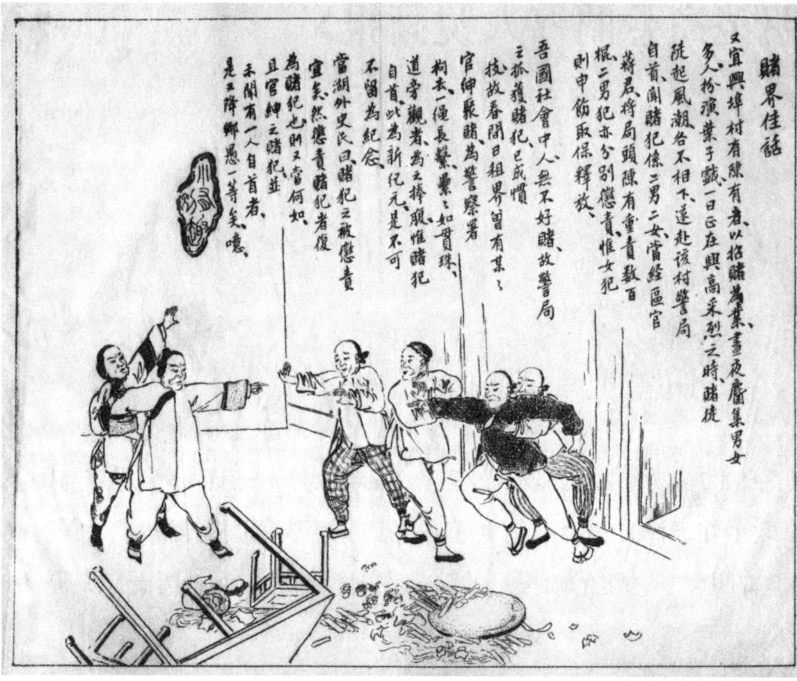

逢周日出版。同年9月22日（旧历八月十五）出版的第10期封面标明社址已迁至日租界天仙茶园北时务印字馆。画报之所以取名“人镜”，是“取诸以人为鉴之义”，有“明镜高悬意蕴”。画报在创刊号中明确其办刊宗旨为：“本报以改良社会、沟通风气为宗旨。凡有关人心风俗，足资劝惩者，或绘入图画，或编列新闻，惟必用浅近文义以期妇孺皆解。”画报不仅在天津发行，而且在北京菜市口、山海关临榆劝学所、上海神州日报馆等地均设有分销处。

《人镜画报》属新闻类刊物，方16开，每期21页，整体分为两个部分，前11页是图画部分，后10页为文字部分。图画部分包括1页封面、8幅社会新闻画和2张讽画。封面是一面形似月牙的镜子，镜内镜外各有一幅图画，镜外为某种社会现象，镜内揭示出事物的本质。如镜外是两个人，镜内却是两只骷髅在相授陈膏（鸦片）；镜外是猛虎烈豹，镜内却是覆皮装相；镜外是大吏“贵守”，镜内却是镇压革命党人的刽子手；镜外是道貌岸然的官员，镜内却是寡廉鲜耻的小人……8幅社会新闻画大量报道了京、津地区的一些社会新闻，如灾害报道、赌场轶事、妓院消息、一女四婚、演戏助赈、命案志异、警界奇观、虐婢奇闻、难民来津、勒捐船户、掘坟被控、轧伤小孩、马车可畏、保护幼童、二老文明、风俗攸关、午夜警钟、太不雅观等等。

画报最具特色的当数“讽画”，它大胆地揭露社会黑暗，解剖社会现实，表达了民众的心声，针砭时弊，笔触犀利，入木三分。尤其值得一提的是，画报的第13期刊登的讽画《新出杨翠喜之小说》，画面上三堂会审：衣冠楚楚的载振端坐在公堂之上，两旁官员横眉立目、煞有介事，一个无辜的弱女子倒成了权势交易的牺牲品，手戴枷锁跪在堂下听审。这就是清廷官场的真实写照！这幅画的刊登终于实现了陆辛农的心愿，也证明了他为人做事的执着。

画报文字部分内容丰富多彩，设有“社说”“俳谐”“谈丛”“新译小说”“科学丛录”“汇报”“内部新闻”“外部新闻”等栏目。

“社说”，对社会上发生的重大事件、重要人物加以分析、评论，如《读西报论徐锡麟事申言其意》《感日本林董子爵之忠告》《论戒烟宜从官界始》等文章；“俳谐”，即趣文逸事，如《优胜劣败》等；“谈丛”，则是谈论人们较为关注的一些问题，如《中国个人有自由权》《弃官为僧》等；“新译小说”，连载《海天奇遇》；“科学丛录”，普及科学知识，介绍国际上最新发明的科学原理，如《动植物之区别》《译天界之现象及古人之观察》等；“汇报”，专为刊登清廷的“谕旨”；“内部新闻”，包括天津、北京、东三省等国内各地区的新闻；“外部新闻”，专门介绍国际重大新闻事件。

虽然《人镜画报》褒扬正气良行，抨击陋俗歪风，表达人们惩

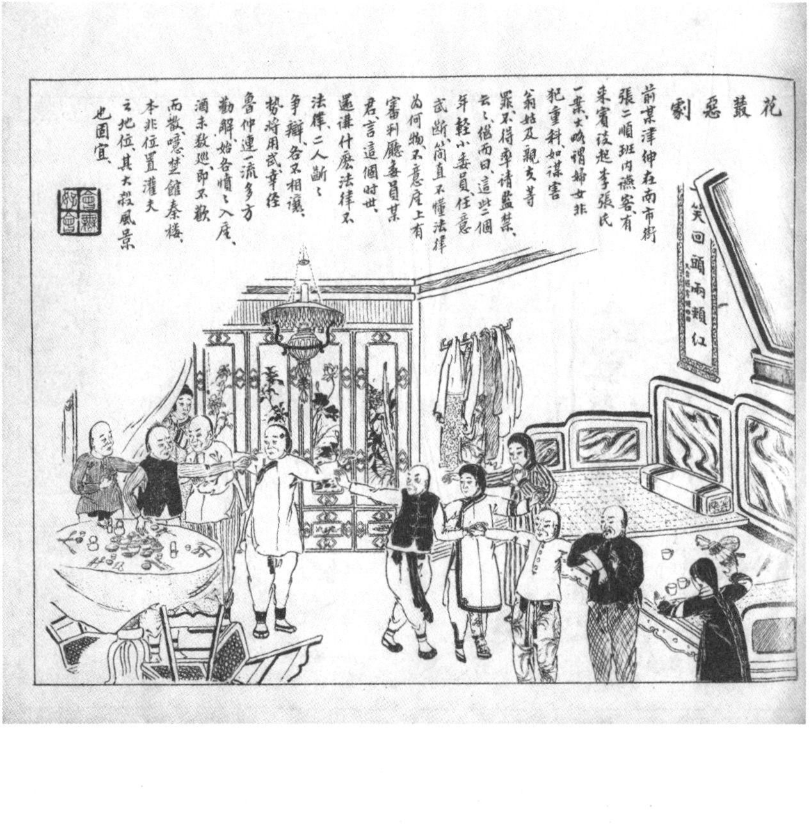

恶扬善最朴素的感情，既有新闻性，又有教育意义，但也未能逃脱画报短命的厄运，出刊至第24期，即于同年11月25日宣告停刊了。

反映市井民情的《天津画报》

《天津画报》约于1921年8月28日创刊，社址在南市广兴大街北口路东，内容与形式基本模仿《醒俗画报》，以图画为主，反映当时社会生活及市井民情中的丑恶与阴暗。约于1925年5月停刊，现存第1277期至第1370期。

《天津画报》属通俗类刊物，日刊，方形16开，每本2张折叠页，封面2张图，内文每页4张图，每期共14张图。使用单面有光的粉画纸和当时先进的石印技术，双面印刷。画报不设栏目，用墨线勾画，一事一画，图画配以通俗文字，夹叙夹议，有《王天培实行攻鄂》《五七纪念游行》等时政消息，有《售品所白赠一百元》《杨柳青发现大血案》《看文明戏吃惊不小》等社会新闻，有《拐逃妓女》《在窑子里路闹吵子》《继父强奸养女》《妇人生蛋趣闻》等市井信息。图画生动、文字调侃中透着犀利，抨击时弊，针砭官场。每期封面另有署名"新民"的社会小说连载《银针记》。

20世纪20年代，西方出现了第一次妇女解放运动的高潮。随着工业革命的深入，越来越多的西方妇女走出家庭，和男子一样参加工作。经济和政治地位的变化，使妇女的价值观、道德观也随之发生了很大的变化，她们不再满足于担任贤妻良母的角色，而是要求男女平等、个性解放、婚姻自由。受西方思潮的影响，中国女性知识分子也产生了对自主支配权的渴望和对父权、族权的反叛。《天津画报》的《一出家庭革命》一文，就是这一现象在北京一个普通家庭的具体体现：“北京西城按院胡同住户宋某，系大清官吏，生有一女名叫玉琴，现在女师范肄业，很讲自由。与其姑母之子刘润生感情笃密，相订啮背之盟。日昨，玉琴向伊父请愿，大为伊父严词拒绝。日昨，润生、玉琴又请愿于其姑母，当亦批驳。玉琴乃窃其父钞票5000元，与刘携手潜逃。日昨，其家接玉琴一函，略谓已与润哥同赴法京求学，因无路费，暂借洋5000，异日归来，当报以十倍！

闻宋某急气交加，现已卧病不起。”

1915年1月，日本政府向中国政府提出灭亡中国、变中国为其独占殖民地的“二十一条”，遭到全国人民的反对。5月7日，日本政府向中国政府发出最后通牒，限48小时完全应允，否则“将执认为必要之手段”。与此同时，日本政府颁布关东戒严令，命令驻山东和奉天日军备战，日本舰队集结于渤海湾，战争一触即发。5月9日，袁世凯以“我国国力未充，目前尚难以兵戎相见”为由，对“二十一条”

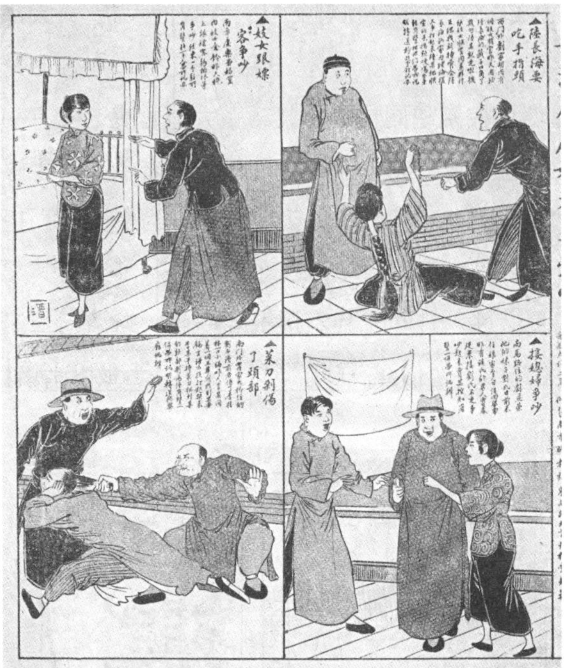

除部分内容“容日后协商”外，其余的“即行应诺”。5月7日，是日本在民国四年威胁强迫中国承认“二十一条”密约的纪念日，也就是帝国主义国家——日本的军阀压迫、掠夺衰弱民族野蛮行为的暴行纪念日，更是中国历史上的奇耻大辱，因此，国人称之为“国耻日”。为了让国人时刻铭记这个日子，每年的5月7日，中国国民都要举行一次示威游行。在天津，各学校、各商店、各工厂都要休业一日参加大会，举行群众示威、游行和

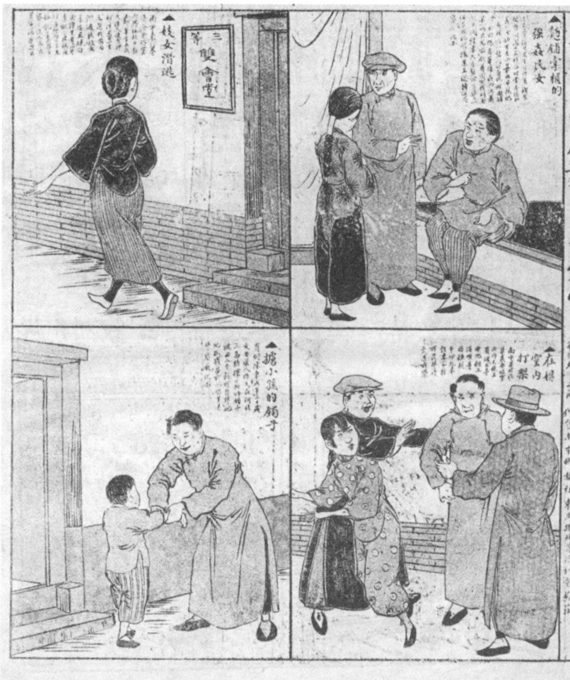

演说。十几万人的游行队伍，浩浩荡荡绕城一周，群情激奋，场面壮观。1925年5月9日《天津画报》中的《五七纪念游行》一文真实地记录了这一盛况：“前天为‘五七’国耻纪念日，津埠各团体齐集南开操场。下午两点开会，齐向国旗行三鞠躬礼。礼毕，由主席江著元报告开会宗旨，并口令8条：1. 否认二十一条；2. 打倒帝国主义；3. 取消一切不平等条约；4. 铲除卖国贼；5. 国民革命；6. 促成真正国民会；7. 民族解放万岁；8. 收回租界及外国人在中国的权利。经总指挥员王南复等指挥一切，并有童子军等维持秩序。警二厅保安总队长杨子修率同自行车队到场弹压。本埠中外大中小各学校、各级女学校、各报馆、各公会，以及京各团体，多与会游行，男女有10余万人，各执旗帜，大呼国民万岁。至三点由南开出发，经过南马路、东马路、官银号、北马路、南开、针市街、估衣街、锅店街、单街子、大胡同，过新铁桥，经大经路（今中山路）至达仁女校解散云。”

时断时续的《新天津画报》

1924年9月，津沽报人刘髯公与好友段松坡、薛月楼三人共同创办了“平民化报纸”——《新天津报》。报纸以大众化、通俗化为办报方针，大量刊登老百姓关心的社会问题，揭露社会弊端，表达人民疾苦，深受社会各界欢迎。随后，陆续增刊《新天津晚报》《新天津晓报》，更于1927年初创办《新天津画报》。

《新天津画报》的主编先由新天津报社外勤股长姚一达兼任，1934年底喆夫接任，社址在天津意租界大马路新天津大楼内。画报为综合性刊物，一种是普通的新闻纸，随报奉送；一种为8开道林纸，印刷精美，每期销售数千份。《新天津报》以敢言著称，特别是不向日本强权低头，宣传抗日、爱国的办刊主旨为报纸屡屡带来灾难，多次被政府停刊。受其影响，《新天津画报》也在时断时续中艰难图存。

《新天津画报》属综合类刊物，共4版：头版上半版正中是一幅画作，1933年8月至1934年6月为李子华所绘的《历史教育二十四悌》图，图左是乐寿编写的《二十四悌图考》，图右为姚一达撰写的百字杂文；下半版是“蓓蕾”专栏，登载反映“各地采风”“世界猎奇”的游记、诗歌、小说等。从1937年6月20日的第195期开始，画报封面也改为时髦的名闺、明星玉照，并配小传，增加了广告内中華民國二十三年五月二十日（星期日）第三十八期【中宣部登記證文字一八二號 內政部登記證警字二九〇三號】（主編一遁）（第一版）

新天津畫報

本報社址 天津義租界大馬路新天津大樓內 電話四局 〇五九六 〇五九七 〇五九八 〇三〇〇 〇八〇〇 〇九九九

本報價目 每期零售五分 廿五期洋一元 全年大洋二元 外埠不加郵費 廣告刊例 每方寸洋一元

◈庾衮守疾◈（歷史教育畫二十四悌之十三）李子華繪。

讚美人魚

——（一建）——

這一週軍事的消息很多。如蘇聯日本增兵，我保安隊換防。檢關中日會議，冀中央了平津兵東，髮逆方針。西南六省通電稱，暨似晚蘆中央。人關辭下山漫遊膠東各縣。然此稱似均未就爲人聯心；稍可取人興寓者厥爲遠運席上美人魚爲中樂民司吐氣。美人魚爲香港游泳健將，環小姐，，廢東莞顯人，今年總十七歲，被選爲德中學自去年出席全運會名噪全港，被選入遠東運動會，首都輪護甬車典禮內傳較專員後，本力遠東女士又在五十米二百米均獲冠軍。二百米立據揚女子會最像三米中突護全勝。傳得彩譽如雷。大新開記者米知樂、攸歸之鬚眉男兒劉長春等有愧色否。

廿四悌圖考

——（樂壽）——

（十三）庾衮守疾

晉咸寧中。大疫。庾衮二兄俱亡。次兄毗復危殆。癘氣方熾之時。父母諸弟皆出次於外。衮獨留不去。諸父兄強之。乃曰衮性不畏病。遂親自奉侍兄疾。晝夜不眠。如此十有餘旬。疫勢既歇。家人乃返。毗病得差。衮亦無恙。人咸謂其至性所感云。詩曰

疫癘人皆避。惟君庾衮留。愛兄關至性。守疾切深憂。但冀增延壽。何嫌接穢投。藝林依左右。侍兄待春秋。背使行分離。相扶杖桂背。貞心千古照。季戾一時收。覺自慚。季昆皆迪吉。歲月樂悠悠。

蓓蕾

七十一期

蓓蕾社主編

△通信處▽新天津畫刊股轉交

◈歡迎投稿

目次

◈呼聲

◈水災

呼聲

冠英

車馬奔馳着，人羣擁擠着，錢的聲響，生的播揚，躁沙了天空；—這是都市的一角。

小立—十歲的小乞丐—拖着破鞋，提着肥大的衫褲，在這浮擾的人海裏追逐，乞討。

「可憐可憐吧！……」微弱的聲音，和着梯搭的腳步，在行人的背後，在洋車的旁邊，不住口的央求。頭髮蓬亂，兩目污垢，兩支凹圓的眼睛，因飢餓而失去光彩，直呆呆地望着行人，含了無限的熱望，祈求，但是，當她受了行人的斥責，或因洋車的飛快把她落下的時候，那熱望那祈求，立刻變成陰鬱地，失望地，死魚似的眼。

在她底肩上，伏着個瘦弱的嬰孩，四肢麻痺般地細，手脚似乎都枯乾了；頭部卻顯得很大，也是只有很薄的皮包着骨骼，面色是蠟般的青黃，兩頰無力地閉着，每當小立因追逐而奔跑的時候，他的頭在她底肩上無力地顛播着。

「可憐可憐吧！」小立不停的乞討着，從早晨到晌午，從上午到下午，她疲乏了，夜幕漸漸張開了，她地坐到電線杆後，耳裏隆隆地響，眼裏冒着金花，嘴裏在燒渴。她摸了摸衣袋，只有兩個銅板，釘鐺地響，失望，悲哀，佔據了她底弱小心靈。看了看她底弱小的弟弟兩眼緊閉，氣息極其微弱，了。同時，她自己的肚裏，火燒似的攪疼，因饑餓的驅使，她又鼓着勇氣立起，從新的追逐，但是，行人越後越少了，只有時時駛過的汽車，只只能望着捲起的塵土發呆，終於飢餓與疲乏的驅使，她倚着牆根睡去。這個道因為是很偏僻的，所以一切都是靜靜的，月光自高的牆頭掉下，從樹枝稀疏地照着她底臉，同時，在一個土屋裏，—這土屋在市外的堤上，矮矮的，黑暗而潮濕，破舊的窗紙，變成黑褐色，頂上倒懸着很多蛛網，掛了些塵土，為春風吹得來往遊蕩，顯示了無限的幽暗，死寂；四壁泥皮都剝落了，土坑是矮矮的，上邊堆了些破舊的布絮，席子破成斑斑的，坑的一角，橫臥着一個婦人，因為這屋裏太暗了，只能模糊地辨出了她蓬亂的枯髮，和飢病的面龐；她是小立的母親，因為病倒，不能出去乞討，只有仗着小立來乞食，這天已是第九日了，從小立出去後，她着急地等她歸來，但是，從早晨到晌午，從上午到下午，仍沒有小立的影子，「啊！別是叫汽車軋死了吧？……迷路了？……」她焦急，她徬徨。閉目作夢似的幻想着，她似乎看見小立一手抱着小二，一手拿着大包食物，笑嘻嘻地從老遠的土坡下便喊：「媽！今天運氣真好！夠吃兩天的了！」她笑着撫摸小立的頭，吻小二的臉，快樂的淚從眼角流下，但是，風吹樹葉，把她從夢中驚醒，陽光從樹梢爬到樹梢了，那有甚麼小立？只有眼淚—冰冷地。她側耳靜靜地聽着，聽着小立歸來的腳步。

「啊！來了！……」結果知是堤上過路的行人。

「啊！來了！……」結果，：聽出了是風吹沙土。

一次兩次……，夜深了，她因飢餓，焦急，暈去了，兩手瘋狂亂抓，嘴裏吐着白沫，新月從破的窗孔爬進，跳下窗台，爬上土坑，照耀着灰白底瘦臉。

「小立……小立……小……立……」在微弱的呻吟中斷續地呼喚着。

水災

一新

一個清爽的秋夜，天上掛着皎潔的月兒，浮雲片片兒飛，露滴明珠似的抱着青草，掛在禾葉；清風呼呼地吹，涼爽而輕柔，撫着一切的人們睡去。

王大嬸，因為給人洗了一天的衣服，歸家遲了，所以這時方才晚飯，在葡萄架下，放個小木桌兒，兩樣新摘的青菜，一小盆小米稀飯，她慢慢地吃，二楞—她唯一的兒子—在一旁木板上睡着了，涼風從花叢中鑽出，帶着幽香，又搖動了架上的葡萄秧，發出沙沙的響聲，玉石似的清脆；月光從空際漏下，灑了滿地，滿身，滿臉，她那插插的飯盤裏也有月的銀線，四下裏虫聲亂起，似乎在歌唱這秋的美麗，她被這美麗甜蜜的夜陶醉了。吃完飯，呆呆地望那明月，任那清風把她的頭髮蓋住了臉。

「轟……轟……」奇怪而可怕地響聲從遠處傳來，似乎沉留在天際，陶醉得欲睡去的她，驚異的靜聽，那轟轟的響聲，越聽越近，她不由得心跳起來，東鄰說話聲中止了，大約也許是聽着這響聲，四下的虫聲也都低下去，夜是那麼寂靜，寂靜得怕人，雞塒裏的雞嘁嘁噥噥的在叫，她由習慣知道那是牠們驚懼的呼聲。

「呀！甚麼事呢？」西鄰的她不由得戰慄了，人似乎也從夢中驚醒了，但說話聲是低低地。

「嘛！咽！……」

「起呀嘿！……」

鑼聲加着呼叫聲，從極遠處傳來，淒厲且尖銳，她知道有不幸的事發生了。看了看二楞，鼾聲突止，她知道是禍怪的聲音驚醒了他，她低低的喚道：

「二楞！二楞！醒醒！」二楞從夢中醒來，揉了揉眼道：「媽，甚麼？」

「你聽，這是甚麼響？」媽隨說隨立起諦聽。

「打雷吧？」二楞狐疑說，她搖了搖頭。

「不是打雷就是大水，」二楞常到山裏去，知道水響是似雷的。

「啊呀！對了，是水！……那裏來的水呢？」

「黃河吧？」二楞不經意的說。

「那太遠了！到不了這裏」她不相信，可是那水聲越來越近了，那聲音由轟轟的雷聲變成嗚嗚的風聲。她和二楞，驚慌地立在葡萄架下，那響聲又由低轉高。

「起來呀！起呀！……」

「開口子啦！……起呀喂！……」不知道是誰拼命地嚷，接着很多人即刻叫起來，一時人聲沸亂，水聲越來越近了，四鄰裏的說話聲，哭鬧聲，搶物聲，亂成一片，她越發的戰慄了。

「上來呀！快！」隣家的老五在房上着急的叫。她立即爬起，趕忙跑到屋裏拾了兩件衣服，包了一堆窩窩頭。

「梯子呢？」她命二楞搬了梯子，一同爬上老樹，抱着樹枝戰慄。

水聲已至籬外了，南望，白亮亮的一片，無邊無際，一塊地似的，排山倒海推來，似萬馬奔騰，樹房，隨着倒下，一團團的，也許是人？畜？物？逐波上下，呼救聲，水奔聲，樹拔聲，牆倒聲，震天價響；她緊緊地抱着樹枝，抱着二楞，昏暈了！

醒來時，東方已發白，水和天連成一色，房屋樹木大半不見了。一片一片的死屍，一張一張的蘆席，一隻一隻的死羊，馬，驢，……前後湧的，從她那棵樹下漂過。她偶想起，她唯一的兒子二楞不見了，她又暈去，水漸漸地漲，樹被淹沒了，終於，她也被那巨浪捲去。

◈大金粉◈（北平中山公園本年牡丹新種）

◈芝紅◈　堯生自北平寄○

◇談馮玉祥下山◇

喆夫

馮玉祥氏○久居泰山○不堪寂寞○乃率衆下山○作膠東之遊○沿途行來○逸話連篇○又給閒話作家○滋了許多材料○名人言行○亦不無商量之餘地○故以吹毛筆法○作多事之文章○久聞馮氏為提倡言論自由之一人○當不致對不佞垂青見怪也○吃油條為馮氏拿手傑作○一再表演○並於旅途車上○用以饗某記者及某縣長○所謂「物隨人貴」○一枚油條之做○亦足使食之者受寵若驚○不過又何必如此之作作○俗語謂○「官不打送禮的」而馮氏斥責赴站歡迎之秦安縣長為失當○但又奬勵其頗有幹才○並食之以油條○眞使該縣長有不知所從之苦○馮氏山居有日○但不荒廢學問之研究○聘有名家敎授六七位○每日上班○儼然如家庭敎師一樣○所習則為經濟政治○白話文○日文○英文各科○每月束脩之資○當亦不在少處○鄙意於其獨善己身○使個人成功○何若廣讀有志失學之士共同研究○旣可為馮氏作伴讀○又可為國家造人才○一舉數得○不知將軍肯開此善門否○關於時輪金剛法會○國人時有非議○但倡之者為中央大員○百姓之言○直不如屆○氏行程中○亦竹發擇不滿於該會之讀話○迷信焉能救國○但科學昌明之今日○維不迷信○善家之危急已然如是○迷信卽妄談○國呼口號以救國者○又與迷信救國何殊呢水為外變唱的挪樣時屹○馮先生易有見地○又發明「一個新條外交○但麵條尚有乾後變硬之時○而我國外變始終如一○不但今日之官交官不如古人○恐今日之文武百實○亦均有不如古人之感○古人是賤的○不像今日大員○多如善唱之百嶽為○使人徒聲得說耳而巳○馮先生○要以身作則的轉變一下○方不負今之古人○

◈江蘇省立敎育學院參觀團過津留影◈　子微攝○

■說明

江蘇省立敎育學院○為中國研究民衆敎育和實驗民衆敎育最有名的學府○該院組織參觀團北來參觀○純係考察各地民衆敎育實況○本月十五日過津赴平○將轉赴定縣參觀民敎○

◇曲一新◇

曲○是時代的產兒○假如你要留心的話○可以從處處看到曲○不○只看女人的裝束就夠了○—因為裝束足以代表人底思想○而女人的裝束又是裝束之極尖端的○—頭髮○是波狀起伏的○衣服○是隨肌肉而凹凸的……達鞋子都數弛前低後高以合不平之「曲」意○然○此僅曲線之曲也○推而廣之○凡百事物無一不可以曲○且曲總比不曲強○如說話○養兵不打敵人而曰保存實力○失地不想收復而曰公理終勝強權……「朝三暮四」○還不是等於「朝四暮三」○然而總是這麼繞着灣—繞灣即曲—說顯着好聽○社會現象也有曲○如○一面盡力地提倡科學救國○一面熱烈地開時輪法會○一面竭力喧嚷司法獨立○一面則可由省主席親自審案○且罰縣長抬土○一面聲嘶力竭地喊「國難間要臥薪嚐胆」○一面却興高采烈地放風箏○踢毽子○賞花○游園○這些現象要拿舉國一致悶頭苦幹五年計劃平平板板的俄國來比○誰都得說我們中國的社會現象「曲」○至於游園會用大學女生來充「小一號」者○則又是曲的社會現象中之曲線新聞也○外交○也有曲○曾記得昔日我國曾喧嚷過「曲線外交」○（按○最近馮玉祥氏又名之曰麵條外交○）雖未確指那一項外交而言○然總可見「曲」字應用之廣○—也許○「在不承認僞國的原則下」討論通車通郵一類的便是○果然○則曲等於不曲○且有我曲人不曲之慨矣○這次遠東運動大會僞國沒得參加○有人問廣田弘毅○「下次僞國仍不得參加○則日人是不是如對國聯之辦法退出」○回答是「無日本為有遠東大會」○語意雖極曲○實則至剛且硬○與中國之如所謂曲者不可同日語也○

製造新聞

觀止

「新聞」之價值○固然愈新奇愈動聽愈好○然而「時間」與「確實」亦新聞之要素也○吾儕以報告新聞而服務於社會者○雖然不能因某項新聞之時間性已成過去而丟掉不談○但也不能因某種謠言新奇動聽○遂不惜憑空製造以標奇立異○至於甲報造謠○乙報抄襲轉載之○旣不求實事之有無○復不顧時日之遲早○此更為稍具新聞知識者所不辦也○

本月十四日北平晨報載○「天津電話○天寶金店被騙○損失萬餘元○打騙者為三摩登女子」云云○又北平晨強報截「津天寶金店大騙案○三女子均絕世佳人○呆夥計覓失魂丟珠」（原文描寫行騙情形如畫○因文長不備載）○同日檢視天津各大小報○此項新聞○覺一字未見○經本報記者分訪各關係方面亦均毫無所聞○遂認定北平報紙或係遠道傳聞被謠言所騙也○乃事隔兩日○本市某大報（大者指篇幅言）○覺將北平晨强報之大意○略加縮減○又轉錄一番○譏者讀後無不齒冷○翌日該報又刋載更正略云○「天寶金店騙案○係由本埠外勤探訪得來○他報亦有刋載○昨接律師郭定保若代表天寶金店來函云○該號並未發生此項情事○顯係有人揑造謠言妨害營業」云云○

按某大報在津市資格最老○近幾年聲望亦高○然而近數月來探取新聞○迭出笑柄○前因馬家溝工潮新聞一則○曾招出實業廳礦務局與工人代表三方面之更正○今又追隨北平謠言之後面代人受過○或亦智者千慮必有一失之謂歟○

◈上第十八屆華北運動場奠基典禮○主席陳寶泉致詞情形○

洋車夫生活○在都市間○是最勞動○最清苦的一種生涯○面一日牛馬的代價○幾不足一家之溫飽○當此失業恐慌期間○眞有些從前作過大人先生的人物○如今竟變成了人家的代步○亦實可憐矣夫○本報前在「繁華市」版內○徵求過此項生活文字○個中苦衷描寫始盡○今更攝得洋車夫照片一張○製版刋出○諒讀過洋車夫生活的讀者○一定視為兩得面無遺憾的了○

◈洋車夫生活速寫◈　子微攝於霍家嘴○

◈美人魚楊秀瓊◈

◈上海名閨錢行素◈

容。第二版为时事、社会新闻版，包括表达民间疾苦的小品文，记录社会奇闻、中外珍闻、历史掌故、乡间趣闻的新闻报道。如1933年2月，滦东等地突起战祸，河北各县灾民纷纷逃津避难，一时麇集东局子一带的难民竟达数万人。社长刘髯公不辞劳苦，日夜奔波，施食施药，向各方募集巨款以资救济，并在报纸上跟踪报道灾民消息，呼吁各界捐款施救，并大力宣传天津医药研究会施医施药的热心善举。事后，医药研究会特赠匾一方“功同翊赞”。该版还有记录一周国内大事的“漫画速写”。第三版为艺术版，主要刊载书画、摄影作品和戏剧赏析、名伶介绍、演员剧照等。第四版是有别于其他画报的文艺副刊和法律专刊，这两个专版隔周交替出版，为纯文字版，既无图片，也无广告。文艺副刊曾设“啼㖞”专栏，刊载游记、小说、诗歌、散文、杂文等文学作品，连载徐剑胆的长篇小说《新官场现形记》和回文填字游戏竞赛；由天津法律专科学校学生会编辑部主编的法律专刊，向读者灌输《继承法概论》《违警罚法浅说》等法律知识。

“九一八事变”后，《新天津画报》因言论过激而贾祸，被迫停刊50日，后由报业工会联合会集合数千人，推举代表向市党部请愿，请求复刊，后经各方“函电交驰”，得以复刊。工会还集资为报社制作了两方匾额：一为“民众声音”，一为“民意重伸”。1937年7月日本侵略者占领天津后，画报出版至第200期后停刊。沦陷时期曾一度复刊，约于1939年9月出版至复刊第40期后彻底停刊。

1934年5月20日的第38期第二版刊登署名“观止”的《制造新闻》一文告诉我们，为吸引读者，取得社会轰动效应，一些新闻媒体违背职业道德制造假新闻，并不是现代人的专利，民国时期早已有之：

“新闻”之价值固然愈新奇愈动听愈好，然而“时间”与“确

◇烟台玉皇頂善男信女朝山進香之熱鬧◇
○立三寄○

娛樂場與廣告之關係
怪石

書畫新聞

◇李鴻文近作◇
○志同公司贈○

永安飯店李鴻文畫展精品
○志同公司李士琦贈○

◇王石泉畫扇◇

誌大勝娛魔術歌舞團
笑我

俚語「跳槽」考
穀民

尚小雲之成功劇
紅蛾

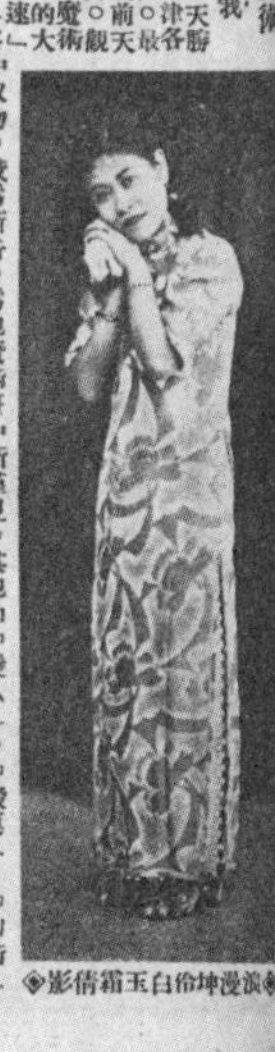
◇黃漫坤伶白玉霜倩影◇

◇出演春和之名旦尚小雲婕妤當熊劇照◇

时断时续的《新天津画报》

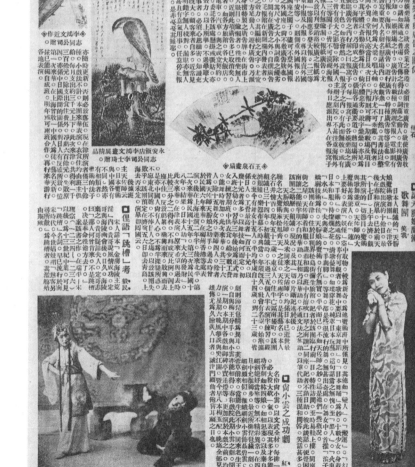

法律專刊

（第廿五期）
天津法學會 法律專科學校學生編輯部
◆編者李子澄◆
通訊處 法租界卅七號路法律函授學校

◆目　次◆

◆繼承法概論
◆違警罰法淺說
◆義務法律顧問

繼承法概論

亦慧（續）

第二，指定繼承人 指定繼承人，即被繼承人以遺囑指定之繼承財產人，我國民法一方面不認宗祧承之制，一面仿多數立法例，許被繼承人得指定繼承人，繼承其遺產，指定繼承人的制度，發源於羅馬，其性質與我國舊日的立嗣相似；不過有幾點是大不同的地方：（一）舊日的立嗣，其嗣子及所嗣人均限於男子；但指定繼承人，則無性別的限制。（二）嗣子生前可以立好，指定繼承人於被繼承人死後始能生效。（三）嗣子必限於同宗，異姓亂宗，是法律所嚴禁的，此則親屬，非親屬均可。（四）嗣子大抵限於一個人，此則無人數之限制。（五）嗣子原則上繼承遺產的全部，此則就被繼承人意思的自由，或繼承一部或全部。（六）嗣子以繼承宗祧爲主，此則專繼承其遺產，論及指定繼承人與被繼承人之關係，除法律另有規定外，則與婚生子女同（第一〇七一條）。但第一一四三條規定：繼承人之指定，應受次述之限制：

一，須非直系血親卑親屬 指定繼承人，本以繼承遺產爲目的，若被繼承人生前自有子女，或其他直系血親卑親屬，其遺產之繼承，自應屬其子女或其他直系血親卑親屬，法律若更許其指定繼承人，一定引起許多的糾紛，所以允許指定繼承人，必以無直系血親卑親屬爲限。

二，指定須以遺囑爲之 指定繼承人的原意，於使被繼承人得自由處分財產，所以指定必須出於被繼承人的真正的意思不可，這種真意怎樣才能証明呢？法律規定：『須以遺囑爲之』。若被繼承人並未依法立有遺囑，縱其生前有指定繼承人之意思，亦不生指定之效力，至於被繼承人生前本無指定繼承的思，身死之後，更不許他人假借死者之名，代爲指定繼承人，自不待言。

三，須不違反關於特留分的規定 特留分（註）的規定，（參閱民法第一二二三條以下）原爲維持公益而設，若許被繼承人隨意以遺囑變更則該制夠於虛設了，所以指定繼承人須不違反特留分的規定，否則關於特留部分的遺囑不生效力。

註：特留分在舊民法草案稱特留財產，日本民法稱爲遺留分，即法律使被繼承人以其遺產之一部，特留於其繼承人，不得自由處分之謂也。

（未完）

違警罰法淺說

亦慧（續）

第二款，是妨礙路旁交通的規定。在路旁陳列商品，玩具，及食物等類，也是有礙通行，但此等情形，多係擺攤挑担一流，與前條第四款不同，所以情節較輕，並以不聽禁止爲要件，如一經禁止，即行聽從的，仍不處罰。

第三款，是保護橋樑隄防的規定。濫繫，就是不當繫而繫的意思。車筏，就是車馬，舟筏。凡濫繫車馬舟筏，毀損橋樑隄防的，依照本款論罰。

第四款，是禁止車馬橫列，及堆積物件，妨礙交通的規定。道路所以便利通行，若將車馬橫列，或堆木石，薪炭，及其他類此的物品，凡是妨礙行人的，均當依照本款論罰。

第五款，是溜飲車馬，或疏於牽繫，妨礙交通的規定。溜飲車馬，就是牽引車馬，在道路緩行的意思。（或牽引緩行，或牽馬飲水，使馬休息，北平土語，叫作溜馬。以前宅第的馬夫，往往牽引許多騾馬，在街緩行，雖然是養馬不可少的辦法，而騾馬在路上緩行，或更有不加牽繫的，於交通大有妨礙，警察干涉此事，發生波折不少，所以有此規定。）本款也以妨礙行人爲要件，無論是溜飲車馬，或是疏於牽繫，但是有妨礙行人的情形，即照本款論罰。

第六款，是禁止並行車馬的規定，車馬在路行走，均應按照次序，如並行車馬，而有妨礙行人的情形，即照本款論罰。

第七款，是妨礙通航的規定，與前款的意思相同，不過這是保護水路交通的意思。

第八款，是維持道路安全及清潔的規定。廢弃，瓦礫，穢物等類，包括很實，凡石塊，土沙，草芥，及不潔物，不問是液體的，或固體的均是。凡投棄冰雪，塵芥，瓦礫，穢物等類，在道路的，於道路安全及清潔，均有妨礙，所以特設本款的規定，有違犯的，依此論罰。

第九款，是禁止在道路遊戲的規定。遊戲如果漫無限制，於風化上已有關係，若在道路上遊戲，尤與交通有礙，所以特設本款規定，但必以不聽禁止爲要件，一經禁止，即聽從的仍不處罰。

（未完）

義務法律顧問

律師 樊蘅標 朱德武 沈舜卿

本刊爲滿足讀者欲望起見。特請大律師朱德武先生樊蘅標先生沈舜卿女士担任答復讀者法律問題。讀者如有問題請函寄法租界三十七號路法律函授學校。五日內在新天津報『新都』版發表。

新官場現形記

徐劍胆著

禁止轉載

（四四）

個也飛不出去，我所畫的還個圈兒，除非就怕老畢一害怕，尋了自蓋，那事興要防他一防，老魏一聽，搖着頭說，還小子，瑪有那宗惧心，不能不能，那事萬萬不會有的，老桑道，所以我老用話圈着他，不叫也害伯，有還工夫好提[illegible]關蝶仙與籍叔和兩個淫你，不但給老哥你出出[illegible]中的忿氣，也可[illegible]給一些在娘太太的去了一售也，[illegible]縱，笑[illegible][illegible]起身回[illegible]面休息去了，老魏當晚也不肯可旅給去睡，又在桑宅非圍住下不提，面說果得盼受了老桑審訊以後，走出廳外，一個人忙忙的站在大門口，好像失了三魂七魄的神氣，大家間他[illegible]，他也於不出，諒他到門房[illegible]首澄，他也不言語，弄得桑宅門房人却莫明其妙，內中有個坐他偵探，叫英小軒知道其中的緣故，只是不露聲色，假意同他交明友，逢向其[illegible]看間道，畢老叢你今天是又慈起那個情入來了，爲麼道樣無精打彩，老畢依然不去容理，英小軒笑道，走走，我找[illegible]地[illegible]請[illegible]開開心去，說[illegible]用手撤着畢得[illegible]的衣袖，往外去扯，畢得盼身不由已就跟他出來，恍恍想悠低看跑，隨在小英子身後，照直[illegible]，英子站往，他也站往，英」走他也跟着，叫他坐下，他就坐下，叫他站起來，他就站將起來，英子一有，心中暗暗發笑，自說這人多半要鬆成精神病，必須用話解釋解釋，免得我去了一個從人的留手，十意慈如，使飯他到一家小暗門子裏開心，當時稍做有了一點喜容，忽的又站起[illegible]，不好不好，上邊大入若[illegible]找我，我跟你出來時又沒上[illegible]管路，那可[illegible]麼好，哇，說[illegible]抓起帽子[illegible]忽抱出門去「英小軒[illegible]緊隨後追，一[illegible]早說了影見，連忙往宅裏[illegible]找，見果得盼卻在門房[illegible]呆呆[illegible]着，英小軒一必[illegible]人，不只於[illegible][illegible]了風聲，大概把老魏怕在心內，絕不敢再有架炮朝裏攻打的事情，兔到此處，不必向他解勸，只暗暗找住了他的去路就可無畢，還話[illegible]下，如今單敘籍叔和自忙遇名信交給老畢之後，天天在外邊探聰老魏在京的畢動，一連好殼大，弁沒謅見什麼消息，也不見老畢前來旅館見他一面，心[illegible]來免起了猶豫，自在肚

◎迴文賽揭曉（三十八期）

技擊營員原作

茲將解仲諸君芳名列下。王瑩禎○王鑾亭○馬滑馨○德鑾何增池○齊家務國術社同人○青石山人○陳向亭○盧俊明○盧自明○倪佝璉○陸樞榮○滕芳鐸○泰和銀號○泊顯履泰恆○李玉岡○趙宗昌○邵源清○呂承靜○方家瑞○盧迪吉○劉秉仁○董金生○于天民○李逢春○高鑾升○沈春波○王鴻元○蘇光第○李少雲○穆少卿○田賢興○楊文保○吳文治○陳笑夫○苗仁植○何瑞雲○吳敏貞女士○王大勳○方光裕○東鹿聚義店○寶立貞○

茲用拈鬮法拈得王瑩禎○王鑾亭○齊家務國術社同人○青石山人○陳向亭○盧俊明○（以上六名各贈盧世寶鑑壹本）

飆	飄	五 葉	2 落	■	裳	二 紅	蓋	1 綠
■	■	承	■	四 出	■	淚	■	■
肉	七 眼	4 龍	■	門	■	影	一 笑	3 張
■	看	■	■	俱	■	■	謝	■
■	春	年	一	是	又	紅	5 桃	■
■	又	■	■	看	■	■	源	■
惡	去	7 六 于	■	花	■	三 子	人	6 爲
■	■	父	■	人	■	牙	■	■
曹	罵	母	9 徐	■	側	河	彼	8 在

◇縱　方◇

一，唐詩句一
二，影片名一
三，河北省河名
四，千家詩句一
五，三俠劍人名
六，大禹謨句一
七，千家詩句一

◇橫　方◇

1. 西湖十景歌句一
2. 千字文句一
3. 新劇伶人名一
4. 中藥名一
5. 「桃紅又是一年春」千家詩句
6. 三字經句一
7. 詩目一
8. 詩經句一
9. 戲劇名一

实”亦新闻之要素也。吾侪以报告新闻而服务于社会者，虽然不能因某项新闻之时间已成为过去而丢掉不谈，但也不能因某种谣言新奇动听，遂不惜凭空制造以标奇立异。至于甲报造谣，乙报抄袭转载之，既不求实事之有无，复不顾时日之迟早，此更为稍具新闻知识者所不办也。

本月14日，北平《晨报》载“天津电话：天宝金店被骗，损失万余元，行骗者为三摩登女子”云云。又北平《群强报》载“津天宝金店大骗案，三女子均绝世佳人，呆伙计竟失魄丢珠”（原文描写行骗情形如画，因文长不备载）。同日，检视天津各大小报，此项新闻竟一字未见。经本报记者分访各关系方面，亦均毫无所闻。遂认定北平报纸或系远道传闻被谣言所骗也。乃事隔两日，本市某大报（大者指篇幅言）竟将北平《群强报》之大意略加缩减，又转录一番。识者读后无不齿冷。翌日，该报又刊载更正略云“天宝骗案系由本社外勤探访得来，他报亦有刊载。昨接律师郭定保君代表天宝金店来函云，该号并未发生此项情事，显系有人捏造谣言妨害营业，云云”。

按某大报在津市资格最老，近几年声望亦高，然而近数月来采取新闻迭出笑柄，前因马家沟工潮新闻一则，曾招出实业厅矿务局与工人代表三方面之更正。今又追随北平谣言之后而代人受过，或亦智者千虑必有一失之谓欤。

北方画报的经典《北洋画报》

1926年7月7日，著名报人冯武越、谭北林在津创办的《北洋画报》，是一家独资经营刊物，得到奉系军阀的资助。画报办刊11年，出刊1587期，内容包括时事、美术、科学、戏剧、电影、体育、风景名胜等方面的图片和文字，以图片为主，兼有文字，画报印刷精美，版面一直沿用不易翻版的蓝黑色调。20世纪20年代前，天津人多读上海画报，《北洋画报》问世后，立即成为天津乃至整个华北地区的热销画报，之后出版的《天津商报画刊》《中华画报》《风月画报》，在编辑形式、版式设计上无不竞相模仿。

《北洋画报》属综合类刊物，初为一周两期，继改三日刊，最后定为隔日刊。其办刊宗旨为“传播时事、提倡艺术、灌输知识”。画报为道林纸，4开一大张4版：头版通常是一张美人图和广告，有全国各地的名门闺秀，有影星、歌星、舞星、戏剧名伶、交际花，一段时间也登过奉系军阀的照片，但绝不刊登妓女照片；第二版为时事版，初期报道奉系军阀活动，张作霖、张学良的活动居多，特别是1927年6月18日，用大量的图文详细报道了张作霖在北京就任大总统时的消息，一段时间还连载“时事日记”，条目式地报道中外新闻；第三版多为戏剧、电影消息，介绍中外电影，评说传统戏剧，记录明星动态，也有陈少鹿、陈师曾、齐白石、李苦禅、石冥山人

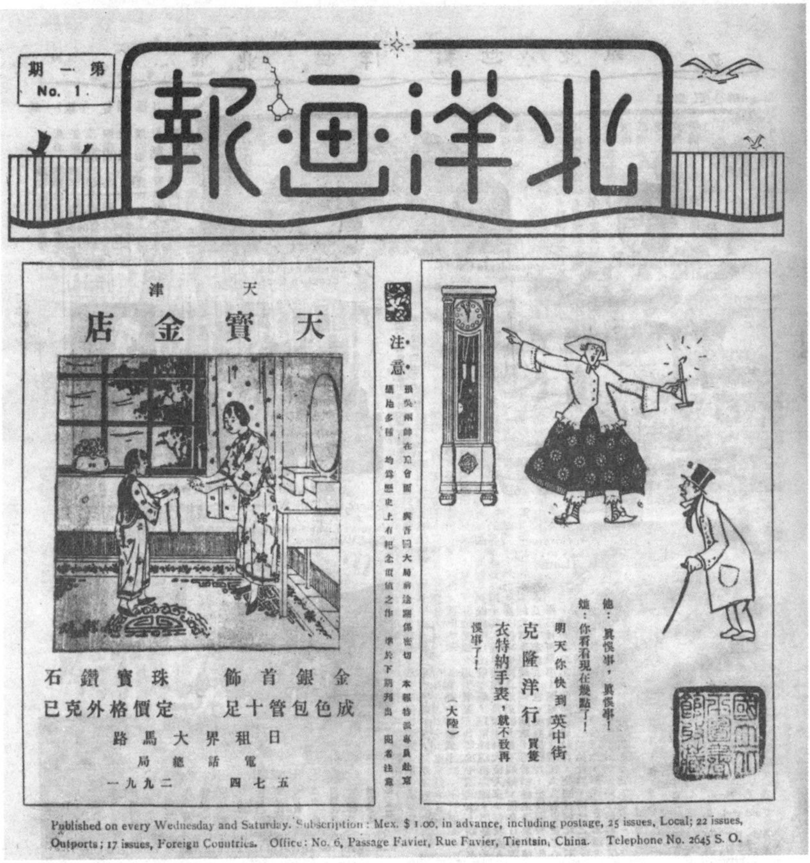

第一期 No. 1.

北洋畫報

天津

天寶金店

金銀首飾　珠寶鑽石

成色包管十足　定價格外克己

日租界大馬路

電話總局

五七四　二九九一

注意：攝吳兩帥在京會面　與吾國大局前途關係密切　本報特派專員赴京攝取多種　均爲歷史上有紀念價值之作　准於下期刊出　閱者注意

他：眞悞事，眞悞事！

她：你看看現在幾點了！

明天你快到英中街克隆洋行買隻衣特納手表，就不致再悞事了！

（大陸）

Published on every Wednesday and Saturday. Subscription: Mex. $ 1.00, in advance, including postage, 25 issues, Local; 22 issues, Outports; 17 issues, Foreign Countries. Office: No. 6, Passage Favier, Rue Favier, Tientsin, China. Telephone No. 2645 S. O.

□張作霖氏於六月十八日在北京就任大元帥□

The ceremonie of investiture of Mar. Chang Tso-Lin as generalissimo, Peking, June 18, 1927.

諷畫

釋意

△西人在華已無立足之餘地▽

德報意謂近來中國民氣澎漲，排外風潮日烈，西人在華，已無立足之地。

The Western Powers are being crowded out of China into the sea.

□啓新洋灰公司股東會之一瞥

一東

啓新公司此次開股東會。股東因當事人損失股東權利太鉅。質問者甚多。而尤以關於董事陳易甫及楊浩然等舞弊一案。爭論最爲劇烈。而素日主持公道之葉君。遂被王仲劉君譏爲不像官話。按葉君所說。公司當事人不應變賣公司鍋爐。以償經理人舞弊之虧空。理直氣壯。應爲全體股東所共表同情者。葉君誠可謂不鳴則已。一鳴驚人。股東當時無面面俱到之孫子文出面調停。恐該會或竟演出全武行之活劇。而王仲劉君眞不免其爲『往來轟』矣。又王君所說之官話。遠不如葉君。而王偏說葉所說的不像官話。亦殊可異。王大還其家傳訟師之口才。爲其父王筱汀辯護。在座股東。幷不以爲胡鬧。反舉王爲董事。其父筱汀爲總理。此亦善于雄辯所應有之結果歟。大家股東且甘認公司財產可以變賣。以塡補辦事人之虧空。早知如此。葉君又何必多費唇舌。爭一個破鍋爐耶。

▷張氏由禮官引導至居仁堂就職◁ Mar. Chang Tso-Lin proceeding to Chü Jen Tang.

□觀尚小雲劇記

詠心

此次尚小雲王又宸等，受明星戲院之聘，來津連演四天，第一夕探母回令，第二夕御碑亭，余均以事未得往觀。第三夕演蘆花河，第四夕摩登伽女，余偷暇前往，上座甚佳，尤以末一夜爲最盛，但售價至四元（樓下前排及樓上），無乃太近于竹槓乎？小雲唱得甚好，無瑕疵可言，余亦非評劇家，故置不提。但其走路，一步一顛撻，入地三寸，殊不雅觀；想小雲此種毛病，批評之者；余當非第一人，何竟不知從善而加以改革也耶？摩登伽女一劇，服裝雜亂無章，中西合璧固然矣，又加上幾位紅頭阿三，着上不東不西的制服，當此『民族自決』，『打倒帝國主義』，『收回租界』等潮流洶湧之時，能不引起一般人之惡感乎？印度自有其國舞，小雲想出風頭，何妨試試，何必偏要跳『英國女子』『The English Girl』舞？豈非有意與印度人鬪玩笑耶？不知印度亡于英國，是否遠在如來佛時也！總而言之，此與美國人攝製『亞洲之光』影片，同有其荒謬不倫之處，不値識者一笑；不過『亞洲之光』，配景服裝之中，尚有幾分可取，而小雲此劇，則不足以當其十一矣。以中國人演中國古裝劇，尚且不能得到美滿成績，何況演印度戲耶？嗟，可以已矣！

張宗昌 Mar. C. C. Chang　張作相 Gen. T. H. Chang　孫傳芳 Mar. C. F. Sun.　吳俊陞 Gen. C. S. Wu　貢桑諾爾布 Prince Kung　潘復 Premier Pan.

▷大元帥就職日居仁堂所見之軍要人物◁

Important military and civil officials at Chü Jen Tang.

□時髦消息一束

詠心

據聞省政府已下禁止跳舞令，凡在政府勢力範圍以內，不准經營跳舞場所云。但不知在特別區內之起士林及天昇屋頂花園，亦算在範圍以內否，此實一大疑問也。

省政府禁止婦女剪髮，業已三令五申，然剪者仍日見其多，不但公然出入特別區及河北，而不見彼捕，其尤奇者，爲時髦女子剪髮之所，即在特別一區起士林點心鋪之對過，每日前往截髮條髮者，不知凡幾，其門首設有巡警兩位，從未聞其拘禁剪髮女子也。

禁舞運動之十餘名流中某氏之公子，在某貿易公司爲經理，頭腦嶄新，對于新事業，極力提倡，現因加入某飯店爲股東，覺被人指摘，函告某名流，略謂『公既反對跳舞、該店不但設有跳舞場，且售入場券，是藉此圖利一接此人太不是生意經也），而公之哲嗣，竟在該店爲股東，其何以自解』云云。某公子聞之，當將股東名姓改爲堂記之類。如某某者，可謂好管人閒事者矣。

◁慶賀大元帥就職之北京市民▷ The celebration parade in Peking?

□渤海風社啓事

等书画家的中国名画名帖，更有《某印局长寻死》《陶园怪事》《乳的威风》《天乳运动》等小道消息和花边新闻，并开辟“西洋摄影名作”专栏，专载裸体艺术照；第四版专载小说、笔记、漫画等，兼有广告，曾连载喜晴雨轩主的《津桥蝶影录》、赵焕亭的武侠小说《山东七怪》和《女子三百六行》画作等。

《北洋画报》编辑部旧址位于今和平路与滨江道交叉口。画报主编吴秋尘，当时天津有名的文艺编辑王小隐、刘云若都曾任编辑。刘云若正值年少，在文坛上只是崭露头角，他日后能够成为与张恨水齐名的言情小说家，与他在《北洋画报》期间的锻炼与积累是分不开的。初创时，报社条件极其简陋，但却吸引了众多的文化名家，韩慎先、许姬传、袁寒云、方地山、童曼秋等都是这里的常客。画报对撰稿人一般不付稿酬，只是赠送一份画报，每年举行一次宴会，请撰稿人聚餐一次。

《北洋画报》以其办刊时间长、信息量大而在民国画报中占有重要一席，该刊对研究从“九一八”至抗日战争全面爆发前夕的华北政局，特别是对研究这一时期的戏剧、电影具有一定的参考价值。尤其是它的第二版经常刊登一些鲜为人知的时政内幕。

1924年11月5日，大清帝国最后一位皇帝爱新觉罗·溥仪被逐出宫，避居东交民巷日本使馆，并于1925年2月24日秘密逃至天津日租界张园。当时对于“溥仪出走”事件众说纷纭，莫衷一是，有的说他是乔装改扮成日本人乘坐京津专车来的，有的说他是躺在吴大头的汽车里逃过国民党的封锁而逃的。1926年11月12日第39期《北洋画报》以《溥仪出走纪实》为题报道了溥仪被逐出宫后从北京到天津的全过程：“其实北京政府对于溥仪避居日本使馆，满不重视，所以，从来就没有严防他逃逸呢！既然这样，这位先生本来用不着着急，只要从从容容，无论化装不化装，一定能够逃出都门，包无危险。那时的政府为着想法子救穷，急于疏通各方面，好趁早解决金佛郎案，惟日不足，你看他们哪里还有工夫管这溥仪先生的闲事呢！这位最时髦青年真正聪明，就趁此时机，壮着胆子，换穿普通大学生的常服，鼻梁上还依着平日习惯，架着那墨晶眼镜，手挟几本洋装书，跟着三个暗探式的亡国大夫，一个日本兵士，摇摇摆摆，像很镇定的样子走出东交民巷，一直缓步徐行到东车站，打了5张三等客票，拥挤在那个气味难闻的平民车厢里，去过他那3小时多的难受生活了。幸而一路来并没委屈受惊，且能于几个钟头的短时间，逃出了他的心目中所谓可怕的北京，安抵津门。这也算是近年来的一出有叫座能力的拿手好戏哩！”

“九一八事变”后，冯武越又创办了《图画新闻》，王小隐主编。后因东北情况急剧变化，冯武越急流勇退，先是停办了《图画新闻》，后又将《北洋画报》兑给了同生照相馆经理谭林北。谭林北是一个善于经营的商人，经营方式沿用旧制。1937年7月29日，天津沦陷后，《北洋画报》出版了最后一期后遂宣告停刊。

《京津画报》为张汉举喊冤

1927年8月21日，报人燕燕将《京津快报》的副刊《燕语》与《小春秋》合并，创办《京津画报》，南中小说名家李定夷担任主编，陈大悲负责电影版文字与图片，社址在天津日租界寿街二番地2号，由《庸报》报馆代印。画报以记述当年京、津两地社会新闻为主，兼有电影、戏剧、书画方面内容，而其刊登的《张汉举与邵飘萍》一文，则让人们对“张汉举出卖邵飘萍”的定论产生了置疑。

《京津画报》为综合刊物，初为三日刊，从第5期开始改为四日刊，图文各占一半，8开道林纸，4版，各具特色。封面除广告外，照例刊登流行的名门闺秀、明星名伶玉照，偶尔刊登名家书画作品。第二版分两部分，一是报道京津两地民俗民风，尤其是关于妇女方面的消息，如《北京一妇人》《北京之时髦事业卖性界之调查》《天津新女性之营业》《钻穴窥艳记》等；二是刊登名家书画作品，如齐白石、金拱北、陈师曾、王梦白、胡佩衡、郎世宁、陈半丁等的名画，间有戏剧消息，如《杨耐梅吐烟记》《刮目相看之马艳云》《伶界宗师谭鑫培》等。第三版为电影专版，刊登中外明星剧照和电影、剧场消息，如《灿烂群星》《好莱坞电影明星》两组系列图片，以及《明星电影见闻录》《小妹妹坠玉记》《大明星魏秀宝大开汤饼宴》《中外影界的幼稚现象》等电影鉴赏家的剧评。第四版为文字版，多

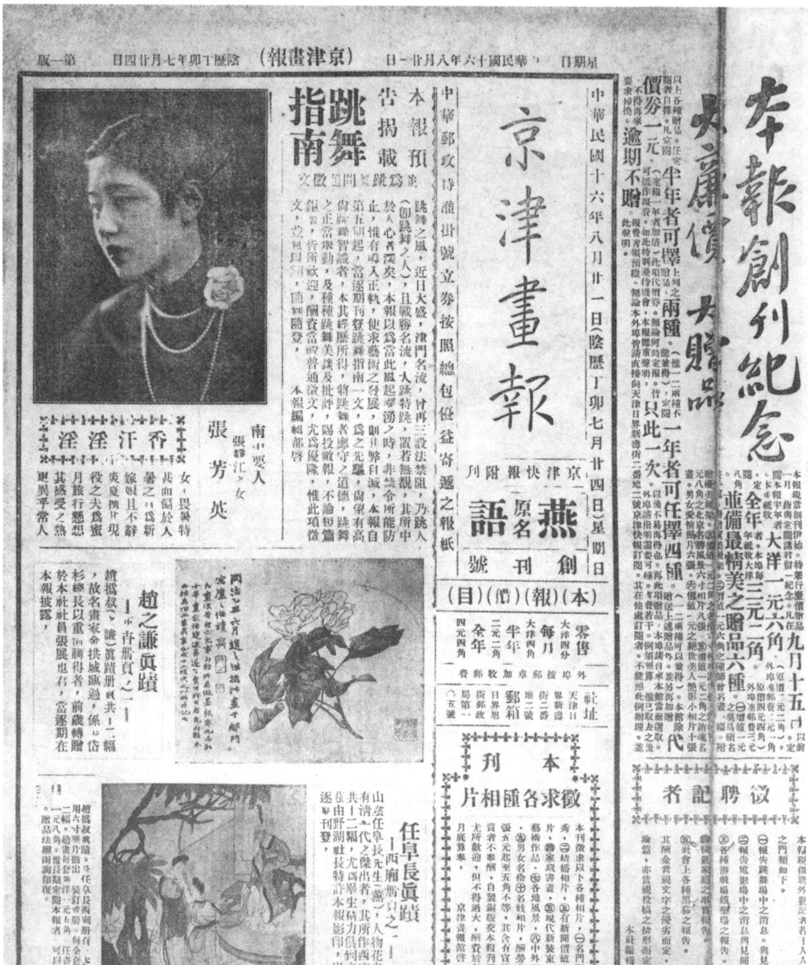
星期日 中華民國十六年八月廿一日 (京津畫報) 陰歷丁卯年七月廿四日 第一版

京津畫報

中華民國十六年八月廿一日(陰歷丁卯七月廿四日)星期日

中華郵政特准掛號立券按照總包保登寄遞之報紙

京津快報附刊 燕語 原名 創刊號

(本)(報)(價)(目)

本報預告揭載 跳舞指南

南中要人 張靜江之女 張芳英

香汗淫淫

趙之謙眞蹟

任阜長眞蹟

本刊徵求各種相片

徵聘記者

本報創刊紀念 大廉價 大贈品

刊登与妇女有关的中外文章，如连载小酒井不木的《时髦的妇女》，以及《女足》《女体美》《世界各国之女体美》《女界未来的革新》《红楼考证记》等小品文、杂文，间有女性裸体照和明星照。在第5期更别出心裁地出版了一期“吹牛大会”专版，刊登《吹牛概要》《吹牛大纲》《吹牛之道》《圣人吹牛》《吹牛学》等。

画报因创刊仓促，印刷问题没有解决，只得请《庸报》印刷厂代印，但因印刷厂设备限制，常常出现画报不能正常出刊而延期。所以，从第二期开始，画报即声明，不能保证订户按日准时收到画报，只能保证每月准出10期。但9月5日的第5期，“因勉强提早出版，遂致油墨未干，反逊美观”，故而画报改为四日刊。而更有趣的是，8月25日出版的第2期竟也称为创刊号。这样一来，《京津画报》就有了两个创刊号。因为准印手续迟迟没有办妥，故而，约于同年

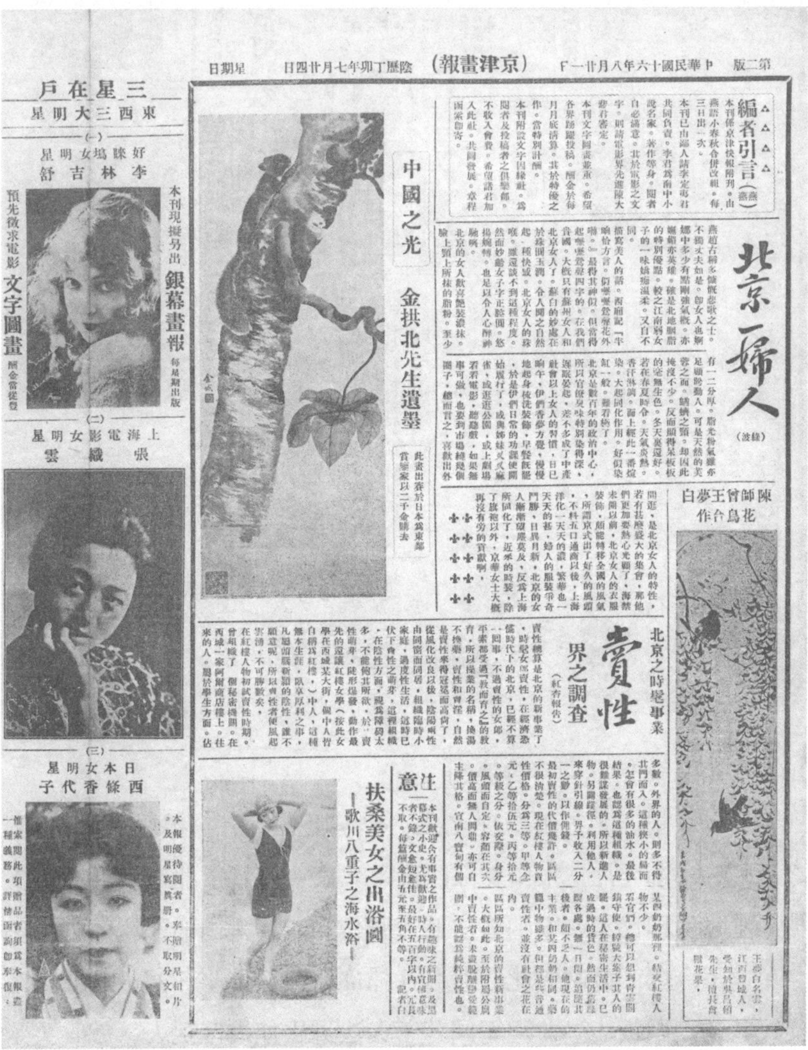
第二版　中華民國十六年八月廿一日　(京津畫報)　陰歷丁卯年七月廿四日　星期日

編者引言（燕燕）

本刊係京津快報附刊。由燕語小春秋合併改組。每三日出一次。

本刊已由鄙人請李定再君共同負責。李君為南中小說名家。著作等身。閱者自必滿意。其於電影之文字。則請電影界先進陳大悲君審定。

本刊文字圖畫並重。希望各界踴躍投稿。酬金於每月月底清算。其於特優之作。當特別計酬。

本刊附設文字因緣社。為閱者及投稿者之俱樂部。不收入會費。希望諸君加入此社。共圖發展。章程函索即寄。

北京婦人（綠波）

燕趙古稱多慷慨悲歌之士。不獨丈夫如是。即女人也婀娜中多少有點剛強氣概。亦嫵媚亦英雄。確是北地胭脂的特別優點。較之江南弱女子的一味嬌痴溫柔。又自不同。

描寫美人的話。西廂記「半晌恰方言。倒嚦嚦鶯聲花外囀。」最得其神似。但當得起嚦嚦鶯聲四字的。在我們貴國。大概只有蘇州女人和北京女人了。蘇白的妙處在於珠圓玉潤。令人聞之自然起一種快感。北京女人的珠喉。雖還談不到這種程度。然而妙齡女子字正腔圓。悠揚婉轉。也足以令人心醉神馳啊。

北京的女人歡喜艷裝濃抹。臉上頸上所抹的脂粉。至少有一二分厚。脂光粉氣雖亦足顯盼動人。可是天然的美容之面。鯖鰱之類。卻因此掩沒不少。反而顯得呆板板的毫無生色。冬天裏還好。若在春夏時令。天氣炎熱。香汗淋漓。面上經此一番熗染。大起同化作用。好似染缸一般。難看煞了。

北京是數百年的政治中心，所以官僚臭味特別染得深，遲眠晏起，差不多成了中產社會以上女人的習慣，日已晌午，伊們香夢方覺，慢慢地起身梳洗裝飾，早餐既罷，於是伊們日常的功課便開始履行了，或與姊妹叉叉麻雀，或逛逛公園，或上劇場看看電影，聽聽戲，如果無事可做，也要到市場轉幾個圈子，總而言之，喜歡出外閒逛、是北京女人的特性，若有甚麼盛大的集會，那他們更加要熱心光顧了，海禁未開以前，北京女人的衣服裝飾，頗能轉移全國的風氣，所謂京式出了好久的風頭，不料五口通商以後，上海洋化一天天的濃，繁華也一天天的甚，婦人的服裝爭奇鬥勝，日異月新，北京的女人漸漸望塵莫及，反為上海所同化了，近來的時裝，除了旗袍以外，京華女士大概再沒有勞的貢獻啊，

中國之光　金拱北先生遺墨

此畫出賽於日本為東鄰賞鑒家以二千金購去

陳師曾王夢白花鳥合作

王夢白名雲，江西豐城人，受知於吳昌碩先生，擅長翎毛花果。

北京之時髦事業　賣性界之調查（紅杏報告）

賣性總算是北京的新事業了，時髦女郎賣性，在經濟恐慌時代下的北京，已經不算一回事，不過賣性的女郎，平素都受過『教而育之』的教育，所以操業的名稱，換湯不換藥，賣性和賣淫，自然是賣性來得冠冕而高尚了，從風化改良以後，陰陽兩性由同窗而同居，組織臨時小家庭，過度性生活，這時已伏下賣性之萌芽，這種組織，在陰性方面，視為障礙太多，不能飽其所欲，於是賣性萌芽，陡形爆發，動作最先的還讓紅樓女學（按此女學在西城某大街，個中人皆自稱為紅樓，）中人，這種無本生涯，臥享厚利之事，凡思頭腦新穎的陰性，誰不願意呢，所以賣性者便風起雲湧，不可勝數矣，在紅樓人物初試賣性時期，曾組織了一個秘密機關，在西城一家阿附商店樓上，往來的人，屬於學生方面，佔多數，外界的人，則多不得其門而入，這種狹小的局面，怎會有很多的油水，最後結果，也認為這種組織，是很難謀發展的，所以新進人物，另闢蹊徑，利用他人，來穿針引線，男予收入二分之一之勤，以作佣錢，最初賣性的代價幾許，區區不很清楚，現在紅樓人物賣性價格，分為三等，甲等念元，乙等拾伍元，丙等拾元，等級之分，依交際，身分，風韻而自定，容顏在其次，價高而無人問鼎，亦可自主降其格，宣南八寶甸有個某四奶奶那裡，結交紅樓人物不少，若官僚，總可以想到宵雲閣鎮守使，這人在秘密生活中，已能應過時的貨色，然而仍為鑾駕各處，每一日閱，追隨其後者，頗不乏人，他現在的主業，和某四奶奶相同，藥籠中物雖多，但都是些普通賣性者，並沒有社會之花在內，區區所知北京的賣性新事業，大概如此，至於附屬公寓中賣性者，未盡脫離戀愛範圍，不能認為純粹賣性也。

注意

本刊歡迎含有事實之作品。有趣味之新聞，及諧藝式之小史。尤為歡迎。時人行動。有宜傳者不錄。文愈短愈佳。最好在五百字以內。不取。每篇酬金由五元至五角不等。記者白

扶桑美女之出浴圖

—歌川八重子之海水浴—

三星在戶　東西三大明星

（一）好萊塢女明星　李林吉舒

本刊現擬另出銀幕畫報　每星期出版

預先徵求電影文字圖畫　酬金當從豐

（二）上海電影女明星　張織雲

（三）日本女明星　西條香代子

本報優待閱者。贈明星相片及明星寫真冊。不取分文。惟索閱此項贈品者須盡本報一種義務：詳情函詢即奉復。

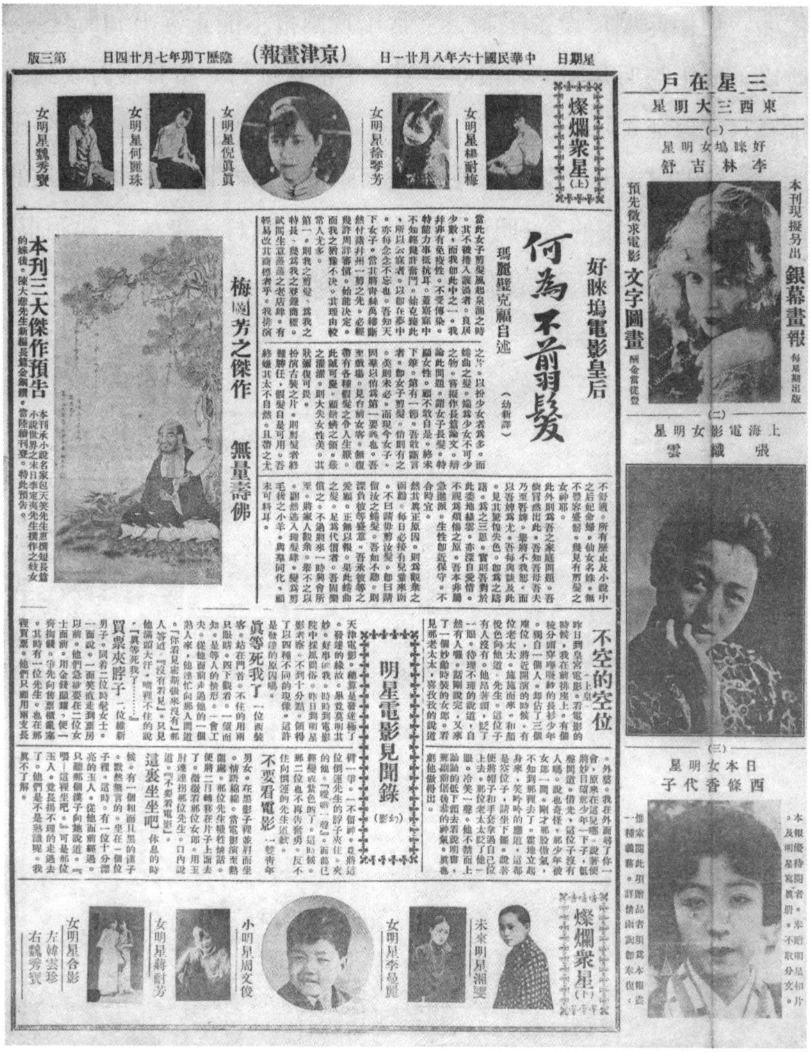
星期日　中華民國十六年八月廿一日　（京津畫報）　陰歷丁卯年七月廿四日　第三版

三星在戶　東西三大明星

（一）好萊塢女明星　李林吉舒

本刊現擬另出銀幕畫報　每星期出版

預先徵求電影文字圖畫　酬金當從豐

（二）上海電影女明星　張織雲

（三）日本女明星　西條香代子

燦爛衆星（上）

女明星楊耐梅　女明星徐琴芳　女明星倪眞眞　女明星何麗珠　女明星魏秀寶

好萊塢電影皇后　何為不翦羽髮　瑪麗璧克福自述　（幼新譯）

梅蘭芳之傑作　無量壽佛

本刊三大傑作預告

不空的空位

明星電影見聞錄　（幼影）

眞等死我了

買票夾脖子

這裏坐坐吧

不要看電影

燦爛衆星（下）

未來明星湘雯　女明星李曼麗　小明星周文俊　女明星蔣耐芳　女明星合影　左韓雲珍　右魏秀寶

10月初出至第15期即宣告停刊。

对《京报》主编邵飘萍之死，史学上一直有"被张汉举出卖"之说。1926年4月，张作霖部队进入北京，接管了北京政府，将支持冯玉祥的国民第一军、多次遣责张作霖亲日卖国的邵飘萍列入黑名单，下令以"鼓吹赤化"罪名逮捕邵飘萍。邵飘萍闻讯后躲到东交民巷的六国饭店。北洋军阀苦于无法进入使馆区捉人，就收买了邵飘萍的友人《大陆晚报》社长张汉举，答应事成后奖赏两万大洋，并允其担任造币厂的厂长。张汉举见利忘义，不惜出卖人格和友情，遂往使馆区四处寻找邵飘萍的踪影。4月22日，在六国饭店见到邵飘萍，他诡称奉系军阀顾虑外人和舆论的力量，并不敢对邵飘萍施加毒手，并称已与张学良达成默契，只要邵飘萍改变作风，不仅其人身安全可以保证，且《京报》也可照常出版。邵飘萍相信了他的

第四版 中華民國十六年八月廿一日 京津畫報 丁卯年七月廿四日 星期日

時髦的婦女

婦人之美的研究

美的代價

歐美婦女之墮落者

敬贈艷影

女足

女體美

上海一婦人（楊蔚梅女士）

本報創刊紀念 大廉價 大贈品

徵聘記者

话，因惦记报馆事务与家务，当天下午赶回家中，随后被捕，《京报》报馆及邵宅均被查封。24日凌晨，邵飘萍在天桥法场被枪决，时年38岁。

1927年9月14日，在梅兰芳友人冯耿光公馆，发生了一起枪杀案，张汉举被乱枪射杀。于是，人们旧话重提，说张汉举是恶有恶报，是到阴曹地府向邵飘萍请罪去了。

第二版 中華民國十六年九月廿八日 （京津畫報） 陰曆丁卯年九月初三日 星期三

張漢舉與邵飄萍

吳昌碩畫

（夕照）

童伯英贈刊

秋吟圖 韓嘯虎畫

清宮故物 緙絲壁衣

古物陳列所珍藏

食餘小紀

留香列

本報自陽歷十月五日起增加半張

京津畫報 贈品

正在人们议论纷纷的时候，《京津画报》刊登了署名“凭灵”的《张汉举与邵飘萍》一文。为张汉举大呼冤枉，并详细讲述了邵飘萍被捕前与张汉举见面时的“事实真相”。如今这件事已过去90余年了，人们对“张汉举出卖邵飘萍”之说早已深信不疑。这篇文章内容可信度究竟有多少，还有待于读者去考证。

偶阅某报所载，因张汉举之死，而追忆至邵飘萍，谓飘萍初避风于东交民巷，而汉举电邵，告以外间无事可出。邵出，遂遇祸云云。此语非无因，且原文并未加罪于张，深合恕道。然于事实则有不符者。当邵之死，张亦被执。都下谣言甚盛，谓张卖邵，害人者终自害，故食此报。此谣较某报所载者更不同矣。愚之友人中，有与张、邵皆至念者，故知其事颇详。友曾语余，谓当冯军退出京畿之日，邵避祸于东交民巷六国饭店。张则与京师警备总司令王翰鸣极笃，时王部设八大处，秘书处长贺冕、军需处长潘润云，皆张荐于王者，张自身仅居交际处长。盖张已深知权重为众忌，故王予以总参议而不取拜命，自谓于交际有特长，故宁舍大而就小。其时有叶者，友于邵。为热忱所激，急于为邵谋自由。遂劝邵宴张及张友某君，以联络情感。邵于是日午，即在六国饭店请张赴餐。邵、张本有相当之友谊，原无需于联络。是日，张事特忙，欲辞不往。某君则力持以为不可，劝以患难之中乃见交情，君虽事繁，不可转以谓君身价自高，况时局之变，如夏云之幻，此起彼伏，讵能预料？张以为然。顾是时王翰鸣已三次电邀赴部议事，张实不能分身，遂请某军先行，并托致意于邵，告以餐时不必候，惟餐后必到一叙谈也。某君既往。邵、叶已候，既至张意，遂三人入席共餐。席间，邵惟畅论时局，并不及本人事。餐毕，小憩。已而张果至。邵与张惟谈风月耳，盖座中四人皆好此者。间及时局，邵惟表示消极，并言各方怼己之无为。张慰之曰，新闻记者之党同伐异，为饥寒所驱，某帅岂不解此，君何虑为？此轻描淡写之循例慰词，实张优为门面语。邵之为人，精练百倍于张，无论识与不识，凡心有所欲言，而嗫嚅不出于口者，邵辄能洞知其肺腑。此凡识邵者皆能言之。况邵、张相交有素，张之素喜不负责之言，邵更夙知。若谓邵因张有此语，而放胆外出者，实不知邵，抑且浅识邵也。自此会后，未及一星期，邵以被害闻。又三日，则张君亦拘于宪兵司令部矣。友人之言如此。则邵之被祸，殆亦由张此次之被戕，其真理盖同为不可解者也。宁非天数耶？

倡导体育、介绍科学的《常识画报》

1928年11月8日，巴黎大学理科中国同学会联合法国巴黎政治学会《中国与世界》主编尹凤藻、《工育杂志》主编张德禄等组建天津常识社，创办《常识画报》，社址在南市华安大街96号。画报为艺术类画刊，以倡导强身健体，介绍科学、提倡美育、崇尚艺术为宗旨，用图画的形式辅解和应用美学、科学常识，以达到向民众灌输常识的目的。它是一种短命画报，大约只办到1929年1月的第14期就宣告停刊了。

画报初为周刊，周二出版，后改为半周刊，周一、周五出版（脱期除外）。画报为4开两大张，共8版，每版各设专栏。“中国新闻”：系统记述国内大事；“世界新闻”：由政法专家分析欧洲战争、介绍世界形势；“体育”：试图唤起民众注重体育，挽回颓靡国魂，提出“健全之精神寓于健全之身体”的口号；“科学”：讲解无线电、超声波等科学原理，介绍达尔文的相对论；“文艺”：包括诗、词、小说、剧本等体裁作品，《殷墟文考》一文系统记述了中国的甲骨文，而第14期中国甲骨第一人王襄撰写的《中国文字变迁之略说》一文，对研究中国文字的起源和发展极具价值；“电影”：提醒国民电影是灌输常识的一条渠道，第2期曾详细介绍了有声电影的放映原理，第6期发表《电影拍摄秘诀》一文；“字画”：介绍刘海粟、

常識畫報

Le Vulgarisateur

星期四刊行

中華民國十七年十一月八日出版 創刊號 兩大張 9¢

此號共八頁

VOL. I NO. 1　THURSDAY, 8 NOV. 1928　WEEKLY

中華郵政特準掛號認為新聞紙類

綠蓮書會作品

故都春夢

第一集上卷（三）　奈因

上海華法教育會辦事的某君那裏禁得住溫七大爺這麼一嚇唬，連忙變過臉來，口稱溫七先生：「你老幹麼着急呢！咱們辦的是公事，有事好商量！」溫七大爺哼了一聲：「聽說你們訛夠了五塊錢，才給他們辦船票呢，是何道理？」辦事人說：「你老不要聽他人信口開河，毀壞我們的名譽！」說完了話，交了錢，定歸五天後夜間十點鐘在楊樹浦碼頭相見。但是只有一個總船票，不能單領船票。溫七大爺這才一腳一拐的揚長而去。

三碗二禿謝過了七大爺，歡天喜地的來到客棧。二禿向三碗說：「你方才在華法教育會看見那個麼？」三碗說：「我不和道你說的是誰！」二禿答道：「那個穿淺青褂，黑裙的。」三碗含笑說，「是的！我們在中央公園裏常看見她同一個大個子（大個子北方土語，言身量高大的人）游玩。是了！她在女高師上學，姓什麼？那個大個子大概與我們同校，但是我却不知道他姓什麼。」……兩人又談論了一些閒是閒非；二禿從皮夾裏找出胡詩巫介紹滬上名人的幾封信，對着三碗說：「我們還是先拜訪那個？陳獨秀呢？戴季陶呢？」……老戴離着我們的住處不遠，我們先去拜他。於是趕緊教茶房向戴的住處打電話，知道戴先生在「星期評論」報社呢。兩人趕緊來到白爾路三益里十七號。到了後，便直接進了戴先生的辦公室，戴先生一面看着稿子一面同他們談話。三碗睜着一對牛眼，在稿子上看見幾個草字：「主義的研究與禁止，仲九」。戴季陶問過詩舉的起居以後，便指着稿子向他們兩個人說：「作事要合時，說話要應點。譬如仲九這篇稿子是反對北京政府禁止克魯泡特金互助論而作的；北京國民公報的孫幾伊不是因爲登載這篇稿子被拘麼？不是。仲九提倡無政府主義，他的意思要：研究主義自由。再說，最近也有一個例子，前幾天我到全國各界聯合會去，有一個英國人演說中國歷史上有什麼污點。彼時天津學生聯合會代表馬駿便登時把英國歷史上的污點也一一舉出，弄得某英國人面紅耳赤……。」兩人又同戴季陶談了些關係中山先生的話，才告了辭。彼時北京的學生下海拜訪名人，偉人，已成了一種風氣了。

兩人直跑了一天；在新世界喫了晚餐，又在永安公司，先施公司，逛了一遭，才回棧房休息。

次日，到了老環龍路去找陳獨秀。彼時陳獨秀正在密秘受了俄國莫斯科第三國際的委託同包羅廷李大釗組織共產黨。獨秀本來是他們的老學長，得到舉詩的介紹信，更是十分招待；其實他正想拉攏青年入黨呢。兩人方才落座，亞東圖書館的老板來了，因爲汪原放近來標點一部「水滸」請獨秀來作序。剛要扳談，忽聽外面敲門聲急，喊聲大起：「我們是工部局來的，快快開門！」獨秀嚇得驚心動魄，面色如土。

▲人同此心，心同此理！▼

她：一年前你不是向我求婚麼？
我曾殘忍的拒絕了！
他：是的！
她：現在我改變主意了！
他：我也是同你一樣！

編輯室瑣話

我們自上號刊行一張後，銷路忽然增了三倍！我們自問，實覺慚愧。我們還是希望閱者不時加以糾正與批評；因爲灌輸常識不是本報單獨的責任便是有知識的人大家的責，，本報此設「通信」一欄，便是爲此。

北平金石名家馮小卓先生對於本報頗有美論的批評；並寄張志魚刻印一顆，蒼美古雅，玩賞不儘。並經馮先生題有小跋，尤是精業絕倫。

不只馮先生如此，各處惠稿者皆非常踴躍假若本報的篇幅如同一所大厦，我們便要高唱，「安得廣厦千萬間，大庇天下名士盡歡顏了！」一分號登出，尚望惠稿者原諒。

日昨天津票友徐覺民君來訪，約記者到廣播無線電台去參觀。到時正值劉叔度陳寄豪……諸君唱「四郎探母」，「桑園會」……直至夜深方才收音，熱心之至。

本報特約員王元龍君現在平演「鐵蹄」影片，寄來照片多幀，美不勝收。

本報徵文

一、天津工人生活狀態——在這一點上須要作有統系的撰述，包括：男工，女工，童工，加以插畫。

二、中外名人軼事——須將名人重要事蹟全盤用淺近文字寫出，加以插畫。

三、本報特設「通信」一欄「通信」在本報方面便是一「答客問」。以上前兩項請於最近期間寄交本報編輯部，報酬從豐。

本報代售處一覽

△本埠本報代售處

- 總代發行所　廣興大街楊記派報社
- 大陸書局　法租界天祥市場內
- 美麗書店　法租界天祥市場二樓
- 新中書局　法租界天祥市場二樓
- 仲大書局　法租界泰康商場內
- 世界書局　法租界二十六號
- 北洋書局　法租界二十六號
- 天津書局　法租界二十九號
- 博古書局　西北城角
- 文元書局　西北城角
- 聯英書局　南開中學
- 務本書局　東馬路
- 松華報社　法租界光明社前
- 志成書局
- 華晶派報社
- 李茂林派報社
- 張公道派報社
- 華興派報社
- 光華美術印刷公司營業部　英租界中街
- 秀鯤圖書館　法租界中街
- 法文圖書館　法租界中街
- 中國圖書公司
- 南開中學消費合作社
- 南開大學號房

▲北平代售處：北平南柳巷永興寺大街忠軒派報社。
▲上海代售處：上海四馬路泰東圖書館。
▲山東代售處：濟南小芙蓉街協盛祥報社。
歐洲代售處：法國巴黎大學路三番館。巴黎北京飯店。

ON TROUVE
"LE VULGARISATEUR"
Tientsin.

LIBRAIRIE FRANSAISE
9, Rue de France

LYNNS BOOKSTORE
52, Rue de France

CHINA BOOKSELLERS LTD.
181, Victoria Road

KUANG NUA PRESS
84, Victoria Road

分欄小廣告

五號字三十字每期大洋三角每月一元

收買　上海漫畫第一二三八九十三十四十五期肯割愛者酌有薄酬請與天津南開中學校趙忠紱接洽

徵求　本報徵求字畫古蹟時事照片酬報從豐請函天津南市華安大街九十六號趙奈因

招租　南市廣安大街東首大置棚一處最合汽車行及存貨棧用本社代理

招生　傑忱英漢學館續招新生每日自早八時起至十二時止下午自二時起五時止地址南市建物大街南頭東慶有里

當代衍聖公孔德成　孔子正贈刊
——民國十六年八歲時肖影——
L'issu de (the issue of) Confucius.

近年之世界飛行事業與廣州號飛機北來

奈因

近年來飛機探險與冒險的事實，真是迭出不窮！只就近來的事情說：四年前有法國飛行家白利西味(Pellissier)的東來，但他的飛行却是分期分站的。去年又有「白鳥號」之飛機(L'Oiseau Blanc 由法國Angesser同Coli駕駛)試着橫飛大西洋：從巴黎直飛紐約。但是飛行不久，音訊杳然，大約已沉掉大西洋裏了！不久，美國飛行家林登白爾(Lindbergh)鼓着新大陸白人的勇敢，便一鼓作氣由紐約飛到巴黎。他到了巴黎的那一晚上，正是去年五月二十三日夜間十點鐘。只見空中紅燈一盞，專待林登白爾。一霎時，林登白爾到了，美國國樂大作，繼之以法國國歌。真是：一朝功成就，四荒英名揚！

林登白爾以後，法國的叩斯特(De Coste)與洛白瑞(Le Brix)繼續他們先烈的遺志，環飛世界一週。而德國的「白瑞們號」(Bremen)飛機也偏飛南美。

今年春間，意大利將軍也因北極探險絕糧，困守冰山不只數月！結果：驚動了著明北極冒險家安瑪生，同法國自然科學院；老當益壯的挪威冒險家安瑪生，同自然科學院的「爲什麼號」船(Pourquoi?)也向北極出發了。在北大白熊羣裏討生活的義大利將軍終被救回；但是手斷了，腿折了，身體磨了！

同在今年夏季，小日本的飛行家也由東京飛到西歐了……！

最近又有徐柏林的飛艇大成功。（在前號老九已經把他述過，茲不詞贅。）

現在如何？中國的飛行家僅僅由廣州飛到北平！

我們要自問？現在世界的人費了若干生命與金錢爲的是什麼？我暫且規定他有兩個目的：一是開闢商業航空路；一是預備將來空中戰爭。

自從歐洲停戰以後，非利用商戰不能救濟他們的經濟恐慌，商戰的勝利需要：(一)貨樣新奇，(二)運輸敏捷，(三)市場寬廣。商戰是造成帝國主義的元素，運輸敏捷是商戰的利器；欲打倒帝國主義，非參加商戰不可；欲參加商戰非先一方創辦實業，一方敏捷運輸不可！所以：我對於張惠長君等之毅然北來，有莫大感慨與希望！

至於預備將來的航空戰爭，我只舉一個小例，便可了然全局。法國在英國的對岸賽爾布爾(Cherbourg)設了航空總站，英國便不能不經營新加坡軍港，牽制法屬印度支那。

勸中國不要作時代的落伍者！望張惠長君作一次海外飛行，使我們曲伏海外的華僑也可稍揚眉吐氣！

宋仁宗至和二年春三月敕封孔子後世嫡爲衍聖公，衍聖公之號始此。

正在北平工作之「鐵蹄」的一幕
（王元龍與張美玉在天壇合攝）
Une scène du film en préparation"Sabots-Ferrés"
A scene of the film in preporation"Iron-Shoes".

俄京莫斯科克萊姆林風景
Moscou: Vue du Kremlin et du grand Pont de Pierre,
Moscow: Kremlin and the great stone bridge.

俄國舊都本在莫斯科，自俄皇大彼得中興，才遷到聖彼得堡(Saint-Petersbourg)。歐戰時因「堡」之一字來自德國，改名彼得格勒(Petrograd)，列寧死後又改爲列寧格勒(Léningrad)。自共產黨打倒克倫斯基政府後，仍把都城搬到莫斯科。都城建在莫斯科瓦河(Moskova)兩岸，人口一百四十八萬一千。

徐柏林最近飛艇在德國費城飛行
Zeppelin au-dessus de (Zeppelin over) Friedrichshafen.

徐郎漫話

（續前）

△老夫婦比小夫婦爱起「口角之爭」，因人愈老則彼此所需者愈少之故。
△眼淚是女人惟一武器，可以征服了鐵心的男子。
△大慨爲情所利用者，都結不出好情果來。
△情夢無罣影。
△情場中時計之速率，當較通常者快一倍還不止。
△接吻時在離半寸許，而拒絕，爲最難過。（待續）

北平女界歡送張惠長　金溶源攝。
Au départ de l'aviateur Mr. Tchang Oué-Tch'ang.

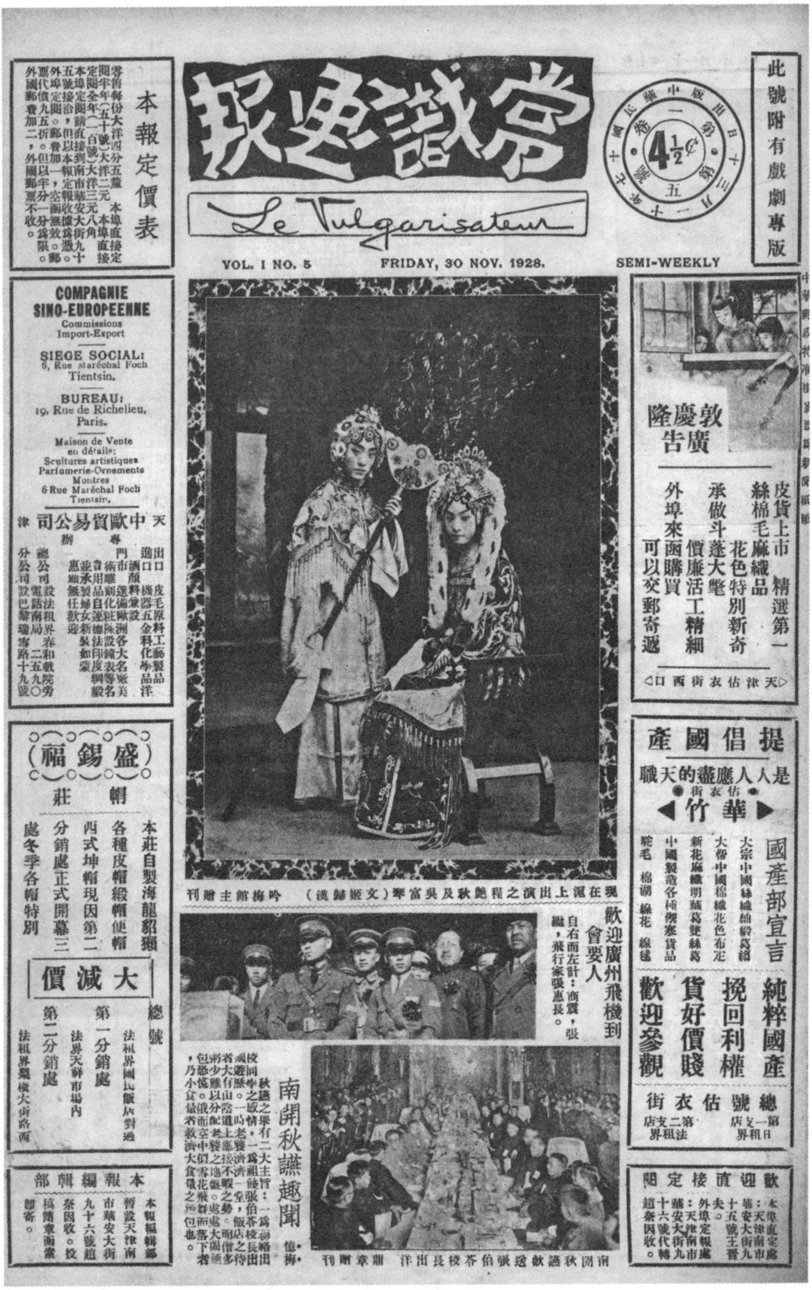

此號附有戲劇專版

常識畫報

Le Vulgarisateur

中華民國十七年十一月三十日出版　第一卷　第五號　4½¢

VOL. I NO. 5　FRIDAY, 30 NOV. 1928.　SEMI-WEEKLY

本報定價表

COMPAGNIE SINO-EUROPEENNE
Commissions
Import-Export

SIEGE SOCIAL:
6, Rue Maréchal Foch
Tientsin.

BUREAU:
19, Rue de Richelieu,
Paris.

Maison de Vente
en détails:
Scultures artistiques
Parfumerie-Ornements
Montres
6 Rue Maréchal Foch
Tientsin.

天津中歐貿易公司
專辦

總公司設法租界春和戲院旁　電話南局二五九〇
分公司設巴黎瑞雪路十九號

盛錫福帽莊

本莊自製海龍貂獺
各種皮帽緞帽便帽
西式坤帽現因第二
分銷處正式開幕三
處冬季各帽特別

大減價

總號　法租界國民飯店對過
第一分銷處　法界天祥市場內
第二分銷處　法租界梨棧大街路西

本報編輯部

本報編輯部暫設天津南市華安大街九十六號趙奈因收。投稿請章函寄本部。

現在滬上演出之程艷秋及吳富琴（文姬歸漢）　吟梅館主贈刊

歡迎廣州飛機到會要人

自右而左計：商震，張繼，飛行家張惠長。

南開秋讌趣聞　憶梅

南開秋讌敘送張伯苓校長出洋　鼎章贈刊

敦慶隆廣告

皮貨上市　精選第一
絲棉毛麻織品
花色特別新奇
承做斗蓬大氅
價廉活工精細
外埠來函購買
可以交郵寄遞

天津估衣街西口

提倡國產

是人人應盡的天職

估衣街　華竹

國產部宣言

大宗中國絲織紬緞葛綢
大幫中國棉織花色布疋
新花麻織明華葛雙絲葛
中國製造各種懊塞貨品
駝毛　棉胡　綿花　線毯

純粹國產
挽回利權
貨好價賤
歡迎參觀

總號　估衣街
第一支店　日租界　第二支店　法租界

歡迎直接定閱

本埠直定處：天津南市華安大街九十五號王晋夫。外埠定報處：天津南市華安大街九十六號代轉趙奈因收。

半週刊
每星期一星期五刊行
Semi-Weekly

常識畫報

Le Vul…
VOL. …

第一卷第九號
十七年十二月十七日出版
每份四分五釐

中華郵政特准掛號認爲新聞紙類

古埃及建築
e sphinx et un vieux temple.

埃及古碑考

太聪生

埃及古國也，今則不振久矣。初服隸於土耳其，繼受逼於英吉利，屠弱陵替，岌岌堪危，埃及其殆不國矣哉！然而當其強盛之初，則西土大小諸邦固莫與比隆焉。西史謂埃及極盛之運，在今距四千年前，宇內最古之國，莫過埃及；即其語以計之，知埃及隆盛之商以上，謂埃及爲古國，埃及洵古國物石刻最多，近時有搜獲，其古碑者；形，即碑徵史，開闢最古，固堪徵信；亦足見最古版圖，土字畫一，中外同文，。蓋六書原有象形一法，碑如○⌓……以象形法求之：則○即日，⌓即月，……即山，……即馬，……即鳥也。背物製字，知淵源本其證一也。古人於鐘鼎彝器物均有銘刻，科斗或篆。碑中字體形象既與及於石柱，石棹等件，亦均好刻文，以紀與華夏同，其證又一也。「法苑珠林」謂，長曰梵，其字左行，次曰佉盧，其字右行下，其字下行。秦西旁行，故合佉盧遺法行異。然墨子衍佉盧之墜緒，特著其中。而周秦金用其體。是由出同源，碑字……

埃及今古文字

圖中上爲古埃及象形字下爲近代埃及文乃埃及古王克立約巴持名號

史家埃柔豆德(Hérodote)曾對金字塔的建築有詳細的記載。克約蒲斯(Chéops)命人民去作苦工，有些判定去到阿拉伯山脈到尼羅河上；有些接收搬運過的石塊送到立比(Lybie)附近的月重招十萬人接續去經營這個工作；在十年中人民不斷的悲呼修一條運石的途逕，不亞建築金字塔的工作。爲補充他的用費，克約蒲斯以至到逼着他的女孩去賣淫，他的女孩藉着這個所能得到的錢財。人們沒有告知我，在他父親指令下，他所能、但是人們證實我，他有立一個在他名義下的金字塔的計畫。他與他有商業關係的人，給他一塊石頭。於彼時與工建築。他用建了一個金字塔同大金字塔對面。

第三王像

埃及

右刻乃埃及古碑，清南書端午橋遊歐時所購。端爲清代名金石收藏家，而外國古物得入中國之手，稱由端始。嗚呼，若今日之盜名欺世家，搜羅古物，售諸外人，以獲重利，能勿愧死耶！槃厂誌

曲綫美畫片

本報因爲提倡藝術，打倒「肉」性裸體照片，特選關於曲綫美研究之畫片數種精印，使閱者了解何爲藝術作品，何爲「肉」性的宣傳。

每張大洋三分，各書店皆有代售。

介紹秋林黃葉

記者

人類原始，與洪水猛獸爲伍，巢居穴處，日與自然界戰鬥，求安生而弗得，遑論精神生活哉！直至地質學第三期末日方知結繩紀事；從事於簡陋雕刻，彼時人類方能脫離純禽獸之物質生活方式，求精神生活。至於文字也，音樂也，算學也，人類學也，藝術也，……無非後千百萬年事；然證之人類學，藝術乃人類精神文明之源，是人類舍藝術不能談精神文化也。中國古史考工有記，西洋古希臘亦列藝術爲諸藝之一。證之近古世紀，教皇抑制思想自由，直欲稍返歸原始之物質生活，而復興藝者亦藝術家也。藝術家解放思想以後，精神文明日益發達，哲理叢生，即物格致，物質文明又應運動而興矣。是精神文明乃物質文明之母，而藝術抑又精神文明之源泉也。

然人類文明係相衍而成，登峯造極，端在溫故以知新。成達學校莘莘社諸學子有鑒於此，特將自漢迄清之藝術作品三十五種彙集刊行，顏曰：「秋林黃葉」。舉凡盤，瓷器，書畫無不精審選入，以爲後學借鏡。茲爲介紹，以公共好。閱者諸君幸勿以秋林而褻視，以黃葉而見却也。

南開"月明之夜"南開商行王錫璋攝

南開歡送校長

南開學校的發展是進步無窮的，由私塾而中學，由中而大學，而女中，而小學——南開教育是造成全般人才的教育。校長張伯苓的奮門精神是同南開學校的進步成正比例的。

現在張伯苓氏已出洋籌款，謀南開新的進步。行前，全校師生曾有熱烈的歡送盛會。上圖便是此會的一般。圖中月中影爲小學日明之夜表演，圖左爲張伯苓先生近像，圖右上身微欠者爲呂仰平先生，演「同家之後」；側面而坐者爲女中繆蘭心女士演「午飯以前」。

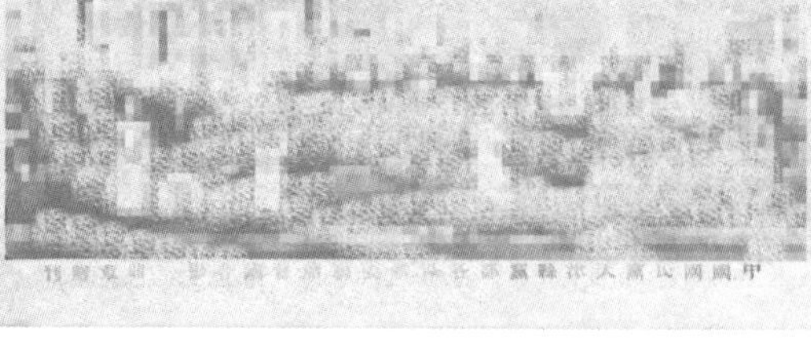

方孝孺、金农老人、张穆斋等众多书画家的作品及绘画艺术的历史源流；“雕刻”：研究曲线美，第3期以“罗丹的曲线美研究”为题介绍了罗丹的雕刻艺术；“经济界”：解释中国贫困的原因、探索解决的途径；“卫生”：使人注意卫生常识，在第10期设专版介绍北平、天津等地开展的清理卫生运动；“游记”：了解国内及世界各地的风土人情，增长地理知识，第5、6两期的《中西俗尚相反》文章让人们了解了中国文化的差异；“历史”：解答史书疑问，记载逸事、掌故；“教育”：促中国教育进步，分析了南开学校教育成功的原因和校长张伯苓的突出贡献；“妇女”：研究妇女生理、心理诸问题，求妇女解放，矫正妇女轻狂的欧化；“儿童”：陶养儿童性情；“批评与介绍”：介绍新刊物并加以批评；“通信”：答复问者对于常识的疑问。画报封面初期彩色套印，为画家胡钟奇和绿蕖会青年画家的作品，从第5期即改为名伶黑白剧照。

1928年12月17日的第5、9两期画报中刊登了南开学校设宴欢送校长张伯苓出国的消息和图片：“秋宴之举二大主旨：一为联络出校同学之感情，一为祖饯张伯苓校长出国游历。一时老饕济济一堂，饭店之侍者大有山阴道上应接不暇之势。而僧多粥少难以分配老饕之地盘，处处大闹面包恐慌。俄而空中似雪花飞舞而落下者，乃小食量者救济大食量者之面包也……南开学校的发展是进步无穷的，由私塾而中学，由中学而大学，而女中，而小学——南开教育是造成全般人才的教育。校长张伯苓的精神是同南开学校的进步成正比例的。现在张伯苓氏已出洋筹款，谋南开新进步。行前，全校师生曾有热烈的欢送盛会。”

南开商行的王锡璋还特意创作了一幅《南开“月明之夜”》：“图中月中影为小学月明之夜表演，图左为张伯苓先生近像，图左上身微欠者为吕仰平先生，演《回家之后》；侧面而坐者为女中缪兰心女士演《午饭以后》。”从这样一幅极具含义的合成图片可以看出作者的独具匠心和聪明才智，也可以看到我国摄影技术的进步。

中国早期的收藏专刊《醒狮画报》

1929年1月16日，毕业于南开大学的梦僧在津创刊《醒狮画报》，一周双刊，逢周三、周六出版，社址在天津老西开大同西里3号，由华北图书馆出版印刷。该画报80%以上的图片和文字为收藏、考古方面内容，尤其是《清大内的瓷器》《全球各国金银铜铝钱币》两组数十幅系列图片，为中国古瓷器、世界钱币史提供了参考资料，是中国早期的收藏专刊。由于该画报极为罕见，我国各大图书馆均未收藏，因此无从考证它的终刊日期，现存于天津市档案馆的该刊仅有残损的第1至第8期。

《醒狮画报》在创刊号的“编辑室谈话”中指出其办刊宗旨为：“提倡艺术，发展固有的文化，保存国粹，杂以游戏文章，以为读者茶余饭后的谈资。”声明“本报出版纯为营业性质，不做任何党派的机关，所登新闻，只择其含有趣味者，实在没有任何作用”。画报办刊人极具版权意识，曾一再强调“本报所刊文字图画均有版权，未经认可者不得转载”。

画报为收藏类专刊，道林纸8开，4版，以图为主，兼有文字。在其征稿启事中称：“世界珍闻、名人轶事、古今笔记、名人肖像、风景照片、金石拓片、名家字画以及各种文字图画，所刊文字，只求不背于良心，固不敢盲从新潮以要誉，也不敢泥古以自喜，所以

■本期出刊一張■

（第一卷　第一期）

零售每份大洋四分

■三　日　刊■

每星期三星期六刊行

十八年一月十六日星期三

社址天津老西開大同西里三號

中華郵政特准掛號認為新聞紙類

醒獅畫報

華北圖書館出版

THE SIEN SZE PICTORAL NEWS
No. 3 Ta Tung Hsi Li, Lou Hsi Kai
TIENTSIN, (WEDNESDAY) JANUARY 16, 1929—VOL. 1 NO. 1

現任特別市市政府委員黎紹芬女士近影

黎紹芬女士。黎前大總統之大女公子。曾留學美國柯倫比亞大學。專習政治及教育科。得有碩士學位。回國之後。極力提倡教育。現任特別市市政府委員

Miss. Grace Li,
Daughter of Ex-President Li Yuen Hung

編輯室談話

夢僧

在一個刊物出版的起始，必要有一篇無聊的發刊辭。部是說得天花亂墜。內容實在名不符實。我們醒獅畫報今日出版。廢止了發刊辭。拿編輯室談話來替代。我們出這刊物的宗旨。也就是老生常談的提倡藝術　發展固有的文化。保存國粹。雜以游戲文章。以為讀者茶餘酒後的談資。然而敝同人等。識淺陋。不自量力。出此刊物。自知謬誤的地方很多。還請讀者加以指教。是所至盼了。

吾友王子齊民。畢業南開大學以後遊美國。回國後。同羅振玉及王國維兩先生研究考古學搜集金石。承他的美意。允為本報幫忙。除將所搜得金石拓片。刊載本報外。又復編有茹古樓考古零簡一文。按期登載本報。內容如何。讀過便知。無用不才代為介紹了。

李子塗鴉。治古文。所為文字。古味盎然。決非今日呢嗎啦可比。不才主津聲筆政時。李子文字最多。今以家藏蟋蟀譜。重加編訂。交付本報披露。此譜上海商務印書館曾以重價購其板權。李子不應。想見此書的價值了。

張子石父。為我之總角交。同學南開。後共事報界。擅長紀實小說。為寫實派能手。前者快樂家庭雜誌出版、有石父小說數篇。頗受讀者歡迎。本報此次所登報復。部是石父偵探小說的處女作。

本報美術主任傳子植圖少年壯遊各地。對於各處風景物產。攝有照片多種。已製成版。陸續刊出。

吾國瓷器。超越東西。今由清大內所藏各種瓷器攝製影片。以為研究古瓷的一助。

天津鼎章照像館攝

利順德飯店扶輪社舉辦各國服裝跳舞會攝影 (一) (此圖爲華人部)

Fancy Dance at Astor House Hotel, Tientsin (16/1/29).

白玉璃斑 硃砂盈塞 長三寸餘 伏形 刀紋直起直落 特殊可於此 又得古玉像生動非鳌一 虎一 作夔雷紋

請示夫人 怕獅吼

▲堂堂乎將軍也 某將軍遭逢時會 是一個少年得意的人 和湯氏結婚 對於他的夫人 是敬愛備至 因此由敬生畏 由愛生懼 祇也和龍眼居士 有些怕獅子吼的樣子 有某甲是將軍夫人的戚屬 將軍愛屋及烏 於是派了一個肥美的發財的差使 不料到任未久 將十幾萬元的款項 席捲而逃 但是逋逃藪任什麼地方 都□匿在將軍家裏 於是將軍的部下人 請求將軍緝捕 將軍使含渾答詞 不作美的部下 偏偏要徹底追究 便問將軍道 將軍是否有意逮捕某人 將軍只好答道 絕對不逮捕 我便令秘書作通緝令 部下道 將軍只要下一手諭 便可捉來 關得 將軍無法 半是恐惶 半是羞澀 囁嚅的答道 我還是得請示夫人

Ancient Carving of China

茹古樓考古零簡

諸城 王齊民

中州於殷墟書契出土後之二十年 新鄭又發現周代彝器玉瑞數百事 今刻開封圖書館內 尚作維□花紋戈作盤狀 惟款識甚樹 于家世滅儀 微阮文達公編子荷貝父丁鼎 蓋金石篆錄多載之 最如彝之品也 口而偶檢視藏器 見七鼎蓋花紋皆作盤乳 雖鏤精妙 遺環不斷 不下數百 鏽片則紫綠萬狀 奕奕射人 與新鄭所出正同 特記之以詮之究古器之學者 金石之能貝重於世者 以其有證經補史之功焉 而玉等之足重 實僅亞於彝器 碑敬一等 宋人玉圖 考證多疏 僅康傳世古器 肌湊而成 不足爲訓 清吳縣吳中丞愙齋世丈大澂書出 實爲玉瑞之中興 圖繪既工 考訂□雖 近今地不愛寶 新鄭所出三夕玉瑞 多前賢所未見 即玉魚一類 無一雷同 法儒伯希和博士箸錄及數百枚 誠宇內之甲觀 愙齋所收 雖不逮伯氏之富 然亦有足補古玉刻考所未備 古 最妙者 雕鏤多作粗單刀文 與商周像器正同 可以斤證 又如殉彝用之金蟬玉豚 世人多不知其形製 今收得玉豚一 見古時冶鑄之良 窯窖丈釋作節 亦賢者千慮之一失也 尤古朴可愛 是亦前藿所未知者

故宮博物院保存之珍貴品

清乾隆料采旋轉綬耳瓷罇

"Chien Lung" Vase

坤伶程豔芳清歌妙舞名動一時爲賦四絕以贈之

仲英

紅氍毹上舞腰支 么鳳輕盈却合時
省識春風眞面目 神情何似玉霜簃

見說紅牙度曲工 曼聲宛轉燕鶯同
爲聆三疊霓裳奏 如在瓊樓玉宇中

驚人色藝一身兼 環佩珊珊出繡簾
別有幽芳誰儕輩 天然標格倍矜嚴

綺羅叢裏冠芳姿 莫道歌場品自卑
色相示人非得已 爲供菽水盡烏私

清康熙三彩海棠式花盆一對

Colored Flower Pots of "Kang Hsien" (Tsing Dynasty)

如是我聞

某學校 女生於某禮拜六日晚 開遊藝會 內容則跳舞唱歌新劇等等 而到會者 則各主任也 各教員也 濟濟一堂 可謂盛矣 而男性職教員得與盛會 樂不可支 試問其姓誰名何 則瞠目不知所對矣

楊宇霆常蔭槐被張氏槍斃原由 據一般信佛者云 其中至少成分 含有一半因果云

某機關考取職員 業已取得女性職員數名 辦公數日 尚稱相得 惟食不與男性職員同案 男性職員以爲在青天白日下 應當打破男女界限 不應如此防閑 故頗有非議

某校於校務會議時 議決此次考試 決行破除情面 以學業優劣爲標準 比閱卷時 首不及格者 則庶務主任之子也 是予以及格歟 抑否歟 正躊躇不決間 則教務主任之猶子又以不及格聞 於是毅然撤消議決案 而仍通融辦理也 嗚呼 津門教育

六朝銅鑪 清宮珍藏

Brass Vase of "Lu Tsao" Dynasty

全球各國金銀銅鋁各幣元形重量實跡(一)

Coins of the World in Actual Size (1)

本報法律顧問孫啟濂先生合家玉照

孫君曾留學美國雪拉克思大學，專習法律，畢業回國之後，任黎前大總統秘書十四年，于五年前始在京津二處執行律師職務，法學淵深，本報特聘為法律顧問。

The Legal Adviser of this Paper—Dr. Sun Chi Lien and his family

蟋蟀譜

(禁轉載) 義州李大翀 塗稱甫纂輯

蟋蟀、莎雞、促織、蛩、絡緯。一物而數名。散見於經籍。至其時之宮中秋興，妃妾輩貯之小金籠，夜聽其聲。於是民間多效之。[illegible]蟋蟀之始也。[illegible]宋度宗時[illegible]賈似道作半閒堂，與羣妾[illegible]地鬭蟋蟀[illegible]託其名以阿其意[illegible]之著書，流傳蟋蟀譜原稿[illegible]不詳。不饜人意。惟余家藏綠[illegible]蟋蟀譜原稿，[illegible]然及[illegible]所備[illegible]筆晦尤亥[illegible]姓本[illegible]以付傳之道猶世忘[illegible]

戊辰多至日 義州李大翀[illegible]序

戴勝鳥

Chinese Bird "Tai Sun"

戴勝俗名僧帽鳥

山禽類，其居處[illegible]天時冷熱[illegible]羽色黃，背有黑紋，[illegible]嘴細舌，惟[illegible]飛翔，翩翩如蝶，斑點可愛，棲樹覓食，而頭上長翎[illegible]每至三月間必見，此鳥即詩所謂戴勝降於桑之句，即此鳥也。

傳植圖誌

六朝古銅鑪

清故宮寶藏

Brass Incense Burner of "Lu Tsao" Dynasty

鴨綠江風景(一)

鴨綠江白頭山絕頂

The Summit of "Pai Tou Shan" (White Headed Mountain), Yulu River (1)

白頭山係長白山系中國最高峰巒之一，息火山高達八千英尺，山頂積[illegible]白石，遠望之恍若戴雪而立者，故名白頭山。山上有湖，水名龍王潭，係松花江之水源，鴨綠江、圖們江之二大水流，實亦發源於此也。

我也效顰談考古(一)

夢僧

吾友王子齊氏，以考古所得，發而為文，用載於本報，[illegible]夢僧見而羨焉，於東施效顰，作考據學，然而腸枯[illegible]索不得[illegible]，僅成數則，錄之[illegible]讀者[illegible]里之閉門[illegible]不敢出，則幸甚矣。

▲自由結婚 我國婚姻，自古以來，由父母之命，媒妁之言，而不經兩造之認可。於是執買賣者有之，[illegible]婚姻專制者[illegible]者，[illegible]不[illegible]欽仰孟子之廣[illegible]舜[illegible]而云舜[illegible]何[illegible]有由[illegible]所[illegible]

▲社交公開 [illegible]社交公開，今[illegible]男女之防[illegible]閑[illegible]歐風東漸[illegible]世[illegible]浪[illegible]高[illegible]孰知我國[illegible]周公制禮[illegible]後[illegible]男女[illegible]有云，若乃州閭之會，男女雜坐[illegible]握手不罰，目眙不禁[illegible]日暮酒闌，合尊促坐，男女同席，履舄交錯，[illegible]羅襦襟解，微聞薌澤[illegible]夫二千五百家為州，二十五家為閭。即州閭之會，非家族之會，可知[illegible]以至[illegible]香[illegible]乎[illegible]之[illegible]今[illegible]溫[illegible]之[illegible]男子[illegible]女者[illegible]子[illegible]守閨門，[illegible]智[illegible]女[illegible]是[illegible]有門[illegible]。

坤伶程艷芳

天津鼎章照像館照

Chen Yen Fang, The Well-known Actress of Tientsin

談瓷

枕霞

瓷器之興，始於五代，所謂雨過天晴雲破處，者般顏色作將來，是以哥窯柴窯之瓷器，一片之微，今日已值數千元。至趙宋時，瓷器製法益備，景德鎮以產瓷名，於[illegible]名之為景德[illegible]。江西景德鎮[illegible]

清宮藏乾隆三采瓷尊

Color Vase of "Chien Lung" Tsing Dynasty

外人各工業均能日新月異，迥過中國。惟於瓷器一途，不逮中國遠甚，故對中國瓷品極形珍視。前聞友云，某外人見鄉間有上油瓷，出以八十元代價購去，後日始知為康熙瓷也。此圖係乾隆時出品，藏於清宮，亦稀世之珍也。

天真之美

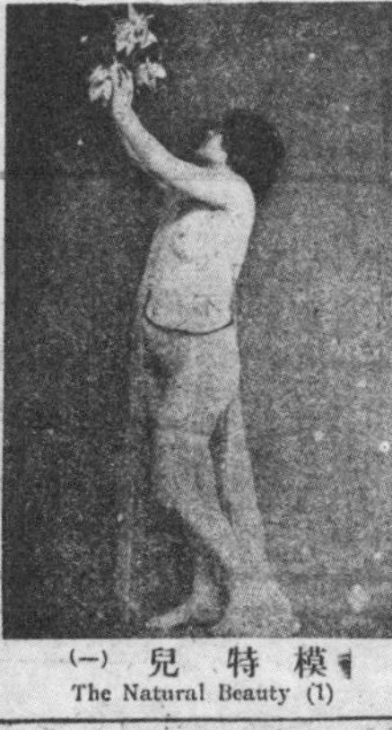

模特兒(一)

The Natural Beauty (1)

于鈞探案之壹 報復（一）

石父

一九一六年十一月初旬某日的清晨 我還酣睡未醒 忽然覺着有人拉我 睜眼一看 却是于鈞 我心裏正納悶他是有名遲起的 今天爲什麼他倒著了外褂 莫不是晨光已晚 昨天我多吃幾盃酒 以致多睡幾小時 側身想向窗子望望 于鈞已經帶笑的道 燕生 天還早呢 對不起 但是假如你觀劇歡喜從頭一幕不遺的 還以犧牲一二小時的睡眠爲是呵 我道怎麼 當眞又發生什麼奇案麼 他道 奇則未必 案則確有 方纔偵探長王雅泉來電話 催我們就去呢 我一壁穿衣裳一壁問道 王雅泉麼 他在何處來的電話 到底是什麼案情 有凶殺情節沒有 亦有一點線索麼 于鈞笑道 燕生 你的話太多了 我所能答的 就是王雅泉現在山東路四十二號 死的便是那宅裏主人吳惟仁 別的我就同你一般不知道了

我穿好衣服 草草盥漱一番 趕緊教我們聽差的劉鳴 給我們沖一點牛奶合咖啡 因爲時光尚早 現在亦不過六點多鐘 在冬初的天氣 日出最遲 街上方現魚肚色 還是鴉雀無聲呢 又那能尋一個賣東西的 于鈞坐在他的床邊一個大沙發上 慢慢吸烟 毫不着忙 我爲好奇心所迫 恨不能立刻到山東路 看一個究竟 便連聲的喚劉鳴快預備牛奶 于鈞便對我道 燕生 你不用着急 案子已經發生 王雅泉業已到場 我們晚去一刻 料亦不妨事的 請你把架子左邊第三層 第五本 本埠紳士錄取下來 尋找一下 看看吳惟仁是否在內 我們到那邊固然能曉得一切 不過要先察一察 或者亦須獲一些便利呢 我依言便將那書取下來 按筆劃多少尋得了吳字

有余閱之（一）

涂柳李辟兵

四川西北 地僻多山 萬疊千迴 綿延數百里 羣峯環抱處 隱約現一小平原 延袤十餘里 土人以其地夷 聚居久之 久儼成闤市 然以崗巒重重 行旅爲艱 且去此數十里 罕見人跡 故山林深處 易爲匪據 百餘年前 大吏以其地難治 因築城設官 以管理之 於是盜賊始稍斂跡 其地山明水秀 草木蓊翳 外人之至其地者 咸樂而忘返 以爲世上桃源不啻也

城在平原西北 縱橫可三四里 東南皆田地 房舍蕃盛 街市在焉 北則幽僻 縣署即在此 署後闢小樓數椽 北向有數窗 凡北面之山林茅舍 靡不在望 其下另有小門 可直達城外 出城數十步 一溪橫焉 中貫石橋 橋北皆峻嶺縱橫錯雜 直干雲際 有小道可達鄰縣 溪由西北來 及達距城五里處 現一大瀑布 千仞壁立 一瀉而下 誠巨觀也

數年前余隨父宰是邑 余愛小樓幽潔 丐余父以爲書室 遂居之 每當課餘之暇 輒憑窗縱目遙覽 有時薰風拂處 微雨初晴 霞落山頭 虹橫天際 睹叢林之如洗 覺流水之潺然 目曠神飛 怡然自得

秋中某日 余約友人張氏兄弟 過余小酌 酒罷相攜 步出小門 蹊蹺山林溪澗間 興乃樂甚 久之竟不覺其疲也 行行復行行 不知出城幾許 忽聞水聲淙淙破空而出 余四矚不獲其處 乃循聲相率而行 覺其聲亦漸厲 已而峯迴路轉 而瀑布遂儼然在望 狀如疋練 勢若怒潮 余顧而樂之 謂二張曰 能偕一窮其源乎 二張曰 此處距城已遠 且時已近晚 不如歸休 余曰 二君眞儒者 既臨此勝境 何可便歸

本報徵集文字圖畫

品類 世界珍聞 名人軼事 古今筆記 名人肖像 風景照片，金石拓片 名家字畫 以及各種文字圖畫 無不歡迎

酬報(一)現金 甲三元 乙二元 丙一元 丁五角（文以千字計 圖以一幅計）(二)酌贈本報

本報價目表

每逢星期三六各出一張，零售每期大洋四分。增刋隨時加價，[illegible]

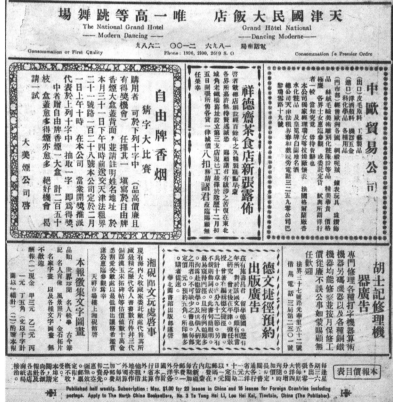

Published half weekly. Subscription: Mex. $1.00 for 20 issues in China and 15 issues for Foreign Countries including postage. Apply to The North China Booksellers, No. 3 Ta Tung Hsi Li, Lou Hsi Kai, Tientsin, China (The Publisher).

意则求其新颖，含有讽世贬俗，便是本报所愿刊登的。”但从现存的8期画报中看，有些内容并未刊登。

图片分为四大类，一为人物，如头版的名人照、名伶剧照和裸体艺术插图等。创刊号上为民国大总统黎元洪的大女儿、曾留学美国哥伦比亚大学获得硕士学位、回国后极力倡导教育、时任天津特别市政府委员的黎绍芬。二为文物收藏，如《清大内的瓷器》《全球各国金银铜铝钱币》《故宫博物院藏品》和书画作品，而《三代兽足牺首鼎》《三代饔飧彝》《三代提梁卣》等三代藏品尤其珍贵。三为风景名胜，主要是该报美术主任傅植圃摄制的国内风光，而每期两幅的鸭绿江流域风景物产图片则蕴含着深厚的爱国情愫，因为“满洲地区极富”，日本觊觎而不能得，刊登的目的是让民众“看到这些图片赶紧起来，不要让小人国（指日本）敲夺我国权利了”。四为新闻类，如《南开学校体育比赛》《利顺德饭店举行服装跳舞会》等。

文字方面连载王齐民的《茹古楼考古零简》、李涂樗（大羽中）的《蟋蟀谱》、南开校友张石父的长篇侦探小说《于钧探案之一——报复》和主编梦僧的《我也效颦谈谈考古》等。

王齐民，毕业于南开大学后游历美国，回国后，与罗振玉、王国维共同研究考古学，广泛搜集金石拓片。《茹古楼考古零简》一文主要记述他的藏品和收集过程。古文专家李涂樗家藏善本《蟋蟀谱》，详尽记录了蟋蟀盆、蟋蟀种类、产地、捕捉、饲养、斗法等方面的内容。当年上海商务印书馆“曾以重价购其版权，李不应”，经其“重加编订”后，在画报上每日连载。

电影、戏剧专刊《银幕舞台画报》

1929年2月15日，三津名士刘先礼创办《银幕舞台画报》，社址在天津特二区青阳里1号，总理兼总编辑刘先礼，编辑何怪石等，王庾生、连仲等为特约撰稿人。顾名思义，画报为介绍电影、戏剧的专业刊物，虽然画报出刊时间很短，但它登载的关于电影、戏曲的研究、评论文章、京剧名伶传记以及大量的珍贵图片，为中国近现代电影史、戏剧史研究提供了宝贵的资料。

《银幕舞台画报》初为十日刊，后改为周刊，由汉文泰晤士报馆印刷。人生的一切现象无不是在银幕、舞台上展现，而银幕、舞台可说是人生的缩影，画报取名“银幕舞台”，表面上只局限于电影、戏剧，但实质上却是在展现整个人生、整个社会。

画报为8开道林纸，4版。头版为外国影星、戏剧名伶剧照、生活照和广告。第二版为戏剧版，开设“新声舞台杂讯”“剧场杂讯”等专栏，报道名伶行踪、演出剧目，介绍剧情、剧中人物、历史背景，登载《戏曲之研究》《戏剧中之笑》《关于评剧之我见》《戏剧中之十三辙》《现今捧角者及其应具思想与态度》《说租界戏园》等戏剧评论和《新春观艳记》《马最良》《记崔灵芝》《周瑞安小记》《杨小楼》《言菊朋略史》《天欤人欤之冯素莲》《尚小云小记》《忆芙蓉草之〈能仁寺〉》《王凤卿小纪》等名伶传记。三版电影版，报道近

（第一版）THE MOIVE AND THEATRE PICTORIAL NEWS. TIENTSIN（第一期）

廣告價目

第四版全版三十元　第四版二分之一十六元　四分之一九元　八分之一五元　十六分之一三元　封面每方寸四元　外面夾縫全幅八元　半幅五元　三分之一三元　裏面夾縫全幅十元　半幅六元　三分之一四元

民國十六年二月十五日出版

銀幕舞台画報

總理兼總編輯　劉先譜

本報價目

每旬日一價每份大洋五分長期零閱不埠每月大洋一角九分半年大洋八角九分全年一元六角郵費皆在內外埠與本埠同價郵費在外報費請先惠給郵票恕不收受

（本報由漢文平津泰晤士報館印刷）　◀社址天津特二區青陽里一號◀　（中華郵政特准掛號認爲新聞紙類）

南洋兄弟

中國煙草公司

創辦有年◎　提倡國貨◎　品質高尚◎　物美價廉◎

天津法租界馬家口

電話　三零五四零

羅鐸夫范倫鐵拿　RUDOLPH VALENTINO

中原公司

推銷中華國產　統辦環球貨品　發售五彩禮券　定期活期儲蓄

天津日租界旭街大馬路

電話　二一五九五　二〇七八〇　二一三六一

◎編輯者言◎

先前我們中國人。簡直說一點藝術都不講。所以無論什麼事情都落到他們外國人以後。但人類是變遷的。進步的。所以我們中國人。也漸趨於藝術方面着想。也是因爲人類生活一切的一切都離不了藝術。也可以說是人生藝術化——都爲藝術所籠罩所包括了。

因爲我們中國缺少藝術的需要品。不才等盡力組織了一種藝術刊物。我們大家來共同研究。內容限於電影和戲劇。原本藝術是不應當分界限的。但是銀幕和舞台。也實包括人生一切的現象。我們應當一步一步的做。由小而大。由狹而廣。終久不會不成功。還望讀者諸君多多的愛護它。指教它。使它盡力的發展。發展中國——全世界藝術的光輝。以至於無極。

現在再看到投稿方面。雖然是三番五次的徵稿。實總的沒有收到一兩個稿件。這還是對於藝術沒有十分講究的原故。我再作一次徵稿。凡關於電影戲劇文字和照片。無不歡迎。一經登出。報酬定能從豐。望諸位踴躍的投稿來。

大綸

經售　綢緞呢絨　絲毛嗶嘰

承做　中西禮服　時式大氅

地址　日界旭街

電話　二二九九〇　二三七八七號

老九章

經售

綢緞呢絨　珠寶衣飾　各種皮毛　西裝大氅

時式帷品　男女時履　床氈車氈　膠布雨衣

地址　日本租界旭街大馬路

電話　三九八〇二　〇四六四二

◀童伶鬚生馬最良扮空城計戲像▶
Actor Ma Tsui Liang in Stage Scene.

□馬最良 （先鋒）

著名童伶鬚生馬最良。京兆人。年十七。為連良之堂弟。唱作均效法連良。台步尤佳。最良天賦聰慧。秉性溫柔。前在中原妙舞台獻藝。早已名振三津。後因北平廣德樓主人來津。極力請最良回平演唱。情不可卻。遂隨之往。在津各界士女莫不頓足嘆惜。盡力挽留。但已不可矣。在平演戲月餘。中原又以重金聘之。今最良又來津中原露戲。其能戲之多。為童伶中所罕見。能戲有法門寺。夜審潘洪。四郎探母。南天門。擊鼓罵曹。販馬計。四進士。武家坡。汾河灣。打魚殺家。王佐斷臂。托兆碰碑。桑園會。寶蓮燈。天雷報。浣沙溪。迴龍閣。空城計。定軍山。七擒孟獲。漢陽院。搜孤救孤。馬鞍山。戰蒲關。黃鶴樓。賣馬。御碑亭。夜打登州。洪洋洞。法場換子。戰樊城。硃砂痣。而尤以珠簾寨。打棍出箱。南陽關。九更天。捉放曹。美龍鎮。連營寨。趕三關。借東風。三娘教子為最拿手。新戲亦會不少。又能工老旦。真可謂神童也。望最良細心加工研究。不可稍存誇耀而大意。否則不但為人所不齒。而已之技術亦不可上進矣。勉之勉之。

□戲曲之研究 （竹瑩）

邇來評劇家日廣。對於皮黃素有研究者。固然是多。可是信口雌黃濫竽充數者。亦頗屬不少。不才供書中學之際。即拜師學曲。作課餘之消遣。迄今倏已七載。對於舊劇。亦可稱濫竽之一。實不敢冒昧妄評。奈因副琛先生素有心得者矚目皆是。恐評論有疵。豈不遺笑大方。今因銀幕舞台畫報創始之秋。當副実當。內容不窳。評論不偏。不才竊見於此。故動舉甚之心。不得不稍談數行。以資慶祝。

夫戲曲一事。所有劇情以採取三國。西漢。水滸。為最多。石頭記。西遊記。楊家將。亦屬不少。此外雜摘取他項書籍。亦不過選擇家家。要之。凡劇情之喜怒哀樂。忠孝節義。俱能教化民注。或表倡歷史。實可增進曲家之智識。又可規惡勸善。可見舊劇之能裨益社會。非淺鮮也。然有一二滑稽小戲。不過襄助興趣。可使觀者更換腦筋。鬼怪武戲。亦不過看個花紅熱鬧。以備觀者振作精神。蓋凡戲劇一道。愈究愈深。每究一劇。和先知其劇情之由來。再尋劇中之意義。伶人表演之作工。在身上。眼上。腿脚上。每一動作。當與其事實相敷。且宜細膩。唱工當口齒流利。板節分明。尖團清楚。字正腔圓。當將一切之弊刪除。如三條腿。一順邊。不搭調。不够板。吃栗子。代忘辭。始算唱作有家。今伶界人員。皆為口授。故學曲甚遲。且易有錯誤。實不如素通文字者。能研究曲中之精華與句中之字韻迅速也。然一般醉學著名伶員。未有不精於學識者。可見其名留之実。皆由字韻圓正所始也。

◀名坤伶馬艷雲便裝小影▶
Actress Ma Yen Yuen.

□戲劇中之笑 （編）

戲劇之中最難者為笑。蓋戲中人之笑。演員固未知情之可發一樂。而理可笑也。不知其樂。而欲虛擬其笑。是豈非一大難事乎。就余所知。略舉於下。

旦角之笑

真笑——旦角之笑。本不出聲。閨女受有得意之樂。為端莊其身分。力制其不露齒之笑。演員欲虛擬其笑。豈非大難。於是乃處等。以笑不出聲代之。欲凡戲中旦角之真笑者。僅春蘭玉潤。微露弧犀。縱其大樂。聲不出口。以狀其莊嚴之真笑。

假笑——青衣無假笑。惟彩旦有時用之。作不自然之笑。如烏龍院中之閻婆惜見宋江發脇時。則作假笑。且笑且說。「宋大爺。我清早起來喝了幾杯早酒……」此即假笑也。

熱笑——笑聲吃吃。頭顫頻頻。皓齒全露。櫻唇開張。此笑之熱者。惟青衣不落於俗濫。彩旦莫近於誇處。是為旦角之熱笑。

冷笑——將上唇一聳。下唇外宕。細目斜視。玉鼻上掀。作不屑之狀。而喉間作微「嘿」聲。

◀名伶徐碧雲戲裝▶
Actor Su Pih Yuon in Stage costume.

生角之笑

真笑——其聲哈哈。如硃砂痣之韓員外。遊龍戲鳳之正德帝。樂至忘形。是為真笑。

假笑——其聲嘿嘿。如捉放曹之陳宮。苦肉計之孔明。黃鶴樓之周瑜。皆作假笑。笑時面不變喜色。而喉間作格格笑聲。表明其不得已而笑也。

熱笑——喜形於色。聲發於喉。其笑聲為呵呵哈哈。聲宏而長。如桑園會出園之笑。武家坡跑坡之笑是也。

冷笑——冷顏面嗤鼻之笑。如審宗卷之張蒼。借東風之孔明。皆為冷笑。

此外丑角。笑無定例。淨角之笑與生相是。不過劇中略帶奸猾之氣。武生之笑。則作三聲。俗呼三笑。須鑼鼓助之。以表其勇敢激烈。淨角間亦有之。

□談『李七長亭』 （綠琴）

『李七長亭』一劇。身段極多。白口繁重。為架子花臉最吃重之戲。扮演李七者。表演愈陰險狠毒。愈合劇中人身份。昔年黃三演此極精采。出場時。亂髮蓬頭。足鐐手銬。着紅衣褲。勾藍歪臉。額際畫一傷痕。一望令人生怖。聆其道白之爽辣。觀其做作之險狠。儼然一巨賊也。長亭一場。飾陳唐者。當時為閻喜林或劉景然。飾長解者。當時為劉赶三或羅百歲。工力俱敵。堪稱絕唱。今當羅及赶三均已物化。劉景然年老力衰。紅氍毹上。不復見其足跡矣。惟閻喜林尚健在。惜時運不濟。終未大露頭角。亦不常登台。其拿手戲頗多。如『九更天』『一捧雪』『關山府』『瓊林宴』等戲。在目下名伶中。可稱首屈一指。而以無人能演之『焚綿山』『一鐵本』尤稱絕響。功力之深。實非馬連良當喜福等輩所可望及肩項。奈造化弄人。不使其一獻所長。令人為之不平也。今郝壽臣扮演李七。頗得黃三神髓。侯喜瑞雖亦學黃而演此戲。殊不對工。王長林。蕭長華之長解亦頗不惡。惟陳唐一角。他伶演來。終不如閻劉之妙也。當年黃三演此。所帶之刑具。系刑部所用之三大件。登場時。由其跟包為之上鎖。戲終。仍由其跟包為之解脫。不似今日壽臣輩所用之贋品耳。

◀名小生姜妙香黛玉葬花戲裝▶
Actor Chiang Miao Hsiang in Stage Costume.

天津老画报

John Gilbert and Eleaner Beardman

『約翰吉爾伯』同『波德曼』在『風流劍俠』片中的一幕，你看他們倆親熱的態度，不知道『嘉波』『金維帮』看見生什麼樣的感想。

□對於中國電影界的小小貢獻

（光宇）

現在中國的影戲事業，一天比一天的發達。觀者的程度也一天比一天的增高。所要求的自然也漸漸加多了。在十幾年前，以至於現在，中國影片公司所攝的影片，就沒有構造可言。胡亂的一湊合，就成了十幾大本。真使人不堪入目。所以我將我關於編劇的幾個小意見，貢獻給大家，共同討論。

（一）系統化……無論那一類的影片，必須前後連貫，互相照應，秩序不紊。若是頭緒不清楚，必定使觀客們莫明其妙。而起一種討厭的心思。雖有美妙的表情，也不能使觀客耐心看去。所以構造必得有系統。

（二）時代化……現在的人喜歡那一類的影片，就去編那一類的。不要與羣衆的心理反對。若是他自已要表示奇特，而違反羣衆的心理，必至於弄巧成拙。

（三）效率化……可以免去的情節，最好是取消。不要因為湊足本數，將無意味的事情都照在裏面。例如，照一個人由天津往北平，不必將由天津至北平的道路全都照出來。效率化實在是最重要的一點。

（四）悲劇化……不要千篇一律的大團圓。若是一個大團圓的影片，到最後邊，雖然給觀客們滿意，他看完了以後，就不去再回想了。若結果是死亡的或是分離的，觀衆們看完了以後，一定要追想追想。這人的命運因何如此的苦，後來將要怎樣。這缺的意味使他們永久在腦中存着。用中國小說做例吧，最著名的小說如『紅樓夢』『西廂記』，何嘗是團圓的呢。

以上我所舉的不過是其大概，只就這幾點說，我們中國影片一樣都不能做到。想現今舞台式的電影，也只好去欺騙一些無知婦孺，稍為明白一點藝術的，都為我們國產影片悲觀。其餘應注意的，還有很多很多以後有機會，再討論吧。

手把琵琶弄佳音　如是美人何處尋

由貴族夫人而變為一個影界大明星，就是她自己也想不到。他自「歐戰風雲」『復活』『斷腸人憶斷腸花』『卡門之愛』幾個偉大影片出世以後，她的芳名已經早已炙膾人口了。這是若何可慶幸的。你再看她雙手弄着琵琶，越顯她嬌態萬分。奇怪乎同她新近離婚的丈夫，要死去了。因為男子離了她，是活不了的。她新近又做了幾部片子，想不久就要同諸位相會了吧。

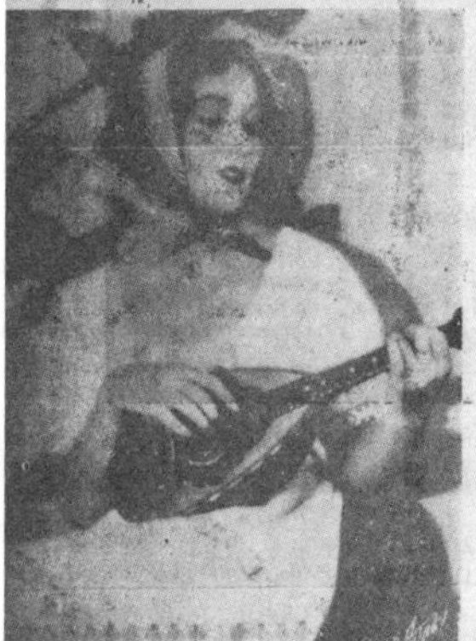

Dolores Del Rio　陶樂絲黛麗娥

影界風流小生査利斯法雷爾 Charles Farrell

□美哉！法雷爾

（[illegible]）

『第七重天』Seventh Heaven和『六宮粉黛無顏色』Fazil兩個偉大的影片中，發現一個極英俊貌美的少年，就是『查利斯法雷爾』Charles Farrell。他在第一次作片的『第七重天』內，他的那的表演的深刻，真能令人腦海中又生出一個『華倫鐵拿』。他飾的那種思想純潔，不明愛情而又多情的一個青年，嚴然表演得淋漓盡致。他做出的高傲的氣象……『我是一個出萃拔萃的人』，呵！手向上一指，如一指這種極簡單的表演，真可把整個的情魄畫出來，流出來。當他在戰塲上，和他的愛人魂靈相聚時，足足露出一種悲哀而又貫切的情况，至戰中受傷，雙目失明，仍然憤命的去尋他的愛人，一種不顧一切，不顧自身的激烈表演，眞可謂絕倫了。

我們再看一看他已經找到了愛人（是姬妮珍納Janet Gaynor飾的）互相甜蜜的擁抱着，真好像是『十年久旱逢甘雨，千里他鄉遇故知』那樣的快樂。在當時我以為是實事，萬一也想不到在銀幕中，這種傳情的技能，就是華倫鐵拿復生，也是望塵莫及。這時片子算告終了。可是我的腦中，印了三個很深的印象，就是『第七重天』『姬妮珍納』和舉世無匹的『法雷爾』了。

「六宮粉黛無顏色」新近已經演過了。他飾一個少年力壯，英挺絕倫，性情奇僻的一個酋長。女主角是曾做過『浪子回頭』的格瑞特寶苑Greta Nissen，這完全是一部圖畫的含有藝術極大的作品。沒有極多的表演，是用沉默，荒涼，自然而見出。如同『孤城血淚』『重見天日』一樣的有價值了。

片中當他和女郎初次見面跳舞的時候，他即時由性情奇僻，不喜見人的一個魯男子，而與變為一個體貼溫柔的美少年了。他不用外面的表情，而我們一看他，就是知道，這種內心的表演，現今的演員中誰能做得到。

到後來他因阿拉伯同歐洲的風俗不同生出許多障碍，經過許多周折，其中他的一舉一動一笑一怒，都含着有真情的而又被祖國禮教風俗所壓制的情像，總共說起來，他能做出自然而不虛假做，這是表演最難的一種。我們再看一看他的面貌，是若何的美。他的身體適中，精神充暢，真可稱為貌藝雙絕的電影演員，也可以說是華倫鐵拿還沒有死呵！

他近來又同『姬妮珍納』合演了一片『安琪兒』，同『黛麗娥』Dolores Del Rio合演了一片The Red Dancer，想不久就能到津開演，我們靜候着吧，定能使我們得到一百九十分的滿意。

Mary Pickford The Worlds Sweetheart

世界情人『瑪麗皮克馥』，現在已成過時代的明星了。但是她的儀容猶在。我們盼望不絕。她的影片近來太少了。真使人望眼欲穿哪。

期各影院上映的中外电影剧情、中外影星演技、个人生活新闻等，刊登《对于中国电影界的小小贡献》《电影之于人生》《对于有声电影之我见》《我希望是中国影片能够到外国去映演》《国产影片失败原因及前途之危险》《中国电影的略点》《中国影界漫谈》等影评、论文，刘先礼开设的专栏“电影琐谈”，颇有调侃性地指出了当年电影程式化的弊端，如“中国的影片中必有王梦石、黄君甫、周空空、高黎痕。哎呀！也太把影界看小了”，“外国的影片，一个女郎（女主角），她一定有凶狠或慈爱的父母，如果若是没有的话，那么一定就是姑母了”，“我敢断定，譬如一个很美貌的少年，他在片中的一节是饰一个满脸胡须的青年，那么在影片快要结束时，他依然还是翩翩可爱的少年”，“在爱情电影中，两个情人一定得有一次误会、失机、争吵、愤恨以致分手，但收尾还是以谅解而圆满”。从第5期开始，第二、三版内容合并，影剧交叉，每版图片由最初的5幅增加到七八幅。第四版初为两幅影星剧照和广告，后以连载《银艺短论》电影论文、外国电影剧本《莎乐美》取代了图片。

为了迎合追星族的猎奇心理，画报第15期发表了《北平名伶之癖》一文，很像是现在小报上的八卦消息：“王瑶卿，擅于绘画，花卉类尤佳；梅兰芳，亦善书画，并有文人之雅风，但近闻颇嗜阿芙蓉之癖矣；程砚秋，好幽雅清静，亦好书画；尚小云，善修饰，常着女人服出行，彼在喉中时出奇声；荀慧生，好交友，故捧之者众；朱琴心，好游，尤嗜电影；小翠花，好与人逗笑；余叔岩，好置房产，现每月给收入数百元之租金，又好养蟋蟀，闻人有佳者，不惜重金罗致之；高庆奎，好作瘾君子，近日时着中山服；马连良，好贪小便宜，虽锱铢之微，亦必较量；杨宝忠，好中西音乐，近日又开设胡琴铺于北平；言菊朋，好冶游，闻曾染暗疾；郝寿臣，忠诚之基督教徒，时传耶稣之道；侯喜瑞，好出风头，其所坐之洋车，竟有6个电石灯。”

RAMON NOVARRO 雷猛那佛羅

MARION DAVIES 馬琳黛維斯

名票友劉君先禮
扮提放曹裝
MR. LIU HSIEN LI
IN STAGE DRESS.

熱心公益之劉君先禮

（雪天）

本報總理劉君先禮。毅城世家之後。貌堂堂。性和藹。溫柔可親。誠一翩翩之美少年也。工書畫。善皮簧。幼時居鄂。曾幾度現身於紅氍毹上。知之者莫不道之。近因公事忙碌。不克再作此遊戲。故津人知者甚尠。今有慈惠女學校演戲籌款。幾次相請。君竟慨然允諾。未知劉君之佳音。尚能有當年之餘味否。

小梅來津演戲之結果

（三郎）

梅蘭芳等一行。此次來津。在春和演劇。原定三晚。後以小梅。不忍坐視園主虧累。毅然自動的加演一晚。全本宇宙鋒。已記前期本報。是晚記者。購票入場。時已九點有半。上座不過百餘人。小梅雖犧牲本身戲份六百元。然就王鳳卿。侯喜瑞。姜妙香。蕭長華。等全班人員。小梅本身臘眉兒。以及前後台。一切開支。統共算來。春和更是大吃其虧。反不如。不加演第四晚一工戲。倒可以少賠些。據云。即前三晚包廂散座各票。多由小梅本身代為派售。由此看來。舊劇當局倘不籌思根本解決方策。前途將不堪設想。平心立論。小梅之藝。為包頭門首席。固無庸置辯。成績尚且如此。其只以京朝派自命。暗襲外江野狐參禪之實者。宜作速自落身價。不然。將無人領教矣。

拉羅克。生平最喜獻狗。上圖是同他愛狗合影。（鄭汝銓女士自滬寄贈）

ROD LA ROEQUE AND HIS DOG.

波拉倪格麗自范倫鐵諾死後已有厭世思想了但後來下嫁王子現又重整旗鼓再努力電影事業而發揮她的天才使世人復欣賞她的藝術。

POLA NEGRI.

小生拉雜談

（雪豐）

舊劇角色。大別為生。旦。淨。丑。而角中又分鬚生。外。末。小生。今沽就小生拉雜記之如下。其餘各項角色。容他另文論之。小生之唱。雖用假嗓而與旦角有別。旦腔柔媚而小生剛直。總而言之小生之唱用旦嗓而腔近老生。說白用假嗓而雜以本嗓。字音尖團須咬緊。而陰陽平仄須分清。作工文雅而不露女兒態。勇武而不粗暴。方為合格。小生又分扇子（拾玉鐲等）。翎把（借趙雲等）。雉尾（黃鶴樓等）。窮生（鴻鸞禧等）。扇子生大都為風流倜儻之濁世佳公子。故須瀟灑自然。而不宜輕浮。蓋輕浮則形同丑矣。雉尾生須有文雅氣。翎把生所飾皆為青年儒將。雖身為武將。須有書生氣。蓋否則與武生無異矣。窮生寒酸氣固應表現十足。而不可露卑鄙之態。蓋窮生所飾之劇中人。雖當時窮困而將來則皆有出頭之日也。小生界人才。昔年當推徐小香。王桂官。德珺如。稍後於徐。王為青衣所改。唱工甚佳。藝亦不弱。現今當推（票友不供論）程繼仙。朱素雲。姜妙香。金仲仁。四人之中。繼仙可膺首選。文武崑亂並皆佳妙。素雲之所以次於繼仙者。不精崑把之故也。惜繼仙落落寡合。又因年邁。故已不常出台矣。素雲唱做皆佳。而年事亦非。前見其與尚小雲出演於春和。老態畢露。非復當年之風采矣。姜妙香原唱青衣。後改小生。初尚有脂粉氣。今已日趨隱練矣。且嗓音甚佳。雖高歌長唱。亦不露聲嘶力竭之態。金仲仁藝甚佳。專意學德珺如。頗為神似。惜近來體肥嗓敗。前與荀慧生來津演玉堂春。所歌各節幾不成聲。而作工神情因尤不失前輩之典型也。近來因旦風盛極一時。又因小生無多正戲。不能拿大戲份。故稍有姿者皆棄生而旦。旦盛而小生人材逐益形缺乏矣。程朱已老。金又敗矣。將來領小生之首席者。姜妙香無疑矣。惜姜不能崑把終非全材。而當此小生人材缺乏之時。亦只好從全耳。

（崇年）

安路裳麥勒頓和歐格白克拉奧娃。在新片『可殺之婦人』之一幕。

（進三自平寄）

NEIL HAMILTON AND OLGA BACLANOVA IN "THE WOMAN WHO NEEDED. KILLING."

王鳳卿小紀

王鳳卿亦名奉卿。字仁齋。王采林之次子。名青衣王瑤卿之弟也。工書善繪。性沉毅儒雅。初與交談者。絕不疑其為伶界中人。初師陳春元習武生。後從賈麗川。李順亭學老生。隸長春班時。汪桂芬見而喜之。納為弟子故汪調之摹仿該伶為最神似取城都。文昭關等皆佳。而尤以硃砂痣為最。十年前為彼全勝時。代近因嗜鴉片。故每登台輒敷衍了事。每劇能有數句可聽者。已數顧曲者之耳福。惟探母一劇則特別賣力。蓋因梅蘭芳飾公主也。唱腔精彩處不少。時下諸大名伶。無足與王較者。有二子長文棨。字少卿。初習鬚生。現改習琴。為其父及弟操琴。梅雨田後一人而已。次名文蔚。字幼卿。初習鬚生後。改青衣。為王瑤卿所親授嫡普。郎實惜扮像不佳。嗓不為重亦後起青衣之秀也。

出演春和之女票友倪淑貞女士小影
MISS. NI SU CHENG.

風騷女明星龍蘭提茜曼之新裝
TILYAN TASHMAN 'S NEW DRESS.

画报的第15、16两期，刊登了两篇关于梅兰芳带领名伶豪华阵容来津演出三天，却让春和戏院赔本赚吆喝。第15期《小梅之成绩》一文："此次春和戏院由平约来梅兰芳、王凤卿、侯喜瑞、姜妙香、萧长华等演唱大戏。兹据调查三晚结果：第一日《春香闹府》《宝莲灯》出入相抵，该院赔去600元；第二日《太真外传》，赔去480元；第三日《凤还巢》盈余600元。总计共赔480元。小梅询得真相，不忍坐视，遂自动的加演一日全本的《宇宙锋》，并牺牲本身一天包银600元，以调剂之。推原其故，伶人包银过昂，园中不得不提高戏价，加以市况萧条，结果焉得不坏?"

第16期《小梅来津演戏之结果》一文："梅兰芳等一行此次来津在春和演剧，原定三晚，后以小梅不忍坐视园主亏累，毅然自动的加演一晚全本《宇宙锋》，已记前期本报。是晚记者购票入场，时已9点有半，上座不过百余人。小梅虽牺牲本身戏份600元，然就王凤卿、侯喜瑞、姜妙香、萧长华等全班人马，小梅本身脑眉儿以及前后台一切开支，统共算来，春和更是大吃其亏，反不如不加演第四晚一工戏，倒可以少赔些。据云，即前三晚包厢、散座各票，多由小梅本身代为派售。由此看来，旧剧当局倘不筹思根本解决方策，前途将不堪设想。凭心立论，小梅之艺为包头门首席，固勿庸置辩，成绩尚且如此，其只以京朝派自命，暗袭外江野狐参禅之实者，宜作速自落身价。不然，将无人领教矣。"

这两则消息不仅展示了国剧大师梅兰芳的高尚品质，同时也告诉我们，纵然是在戏曲之乡天津，纵然是国剧大师也有走麦城的时候，这与他同年12月访美大获成功形成了鲜明的对比。

记录万福华刺杀王之春的《银镫画报》

1929年3月2日，亚欧美术研究社投资创办了《银镫画报》，由《大公报》美术印刷公司承印，魔影任主编，吴伟生、孔柏斯、孙梵、海棠楼主等任编辑，社址在天津日租界旭街（今和平路）。由于《银镫画报》存世较少，其终刊日期已无从考证。画报为早期的电影刊物之一，以"完全电影刊物"为号召。最为可贵的是，它从创刊号就开始连载包道平撰写的电影剧本《革命奇侠》，这个剧本详细地记录了革命志士万福华刺杀清朝钦差王之春的珍贵史料。

《银镫画报》为艺术类刊物，周刊，逢周六出版，8开道林纸，4版，图片文字各占一半。封面为外国电影明星剧照、生活照和广告；第二、三版报道国内、国外电影动态，预告各影院即将上映的电影，评述电影剧情，介绍电影演员，"卧葵轩银镫漫谭"和"小报告"为常设栏目；第四版除连载电影剧本《革命奇侠》外均为广告。

画报的第2期为"滑稽明星专号"，刊载《神速》（*Speed*）中的陆克（哈罗德·劳埃德）（Hraold Lloyd）、《心灵搅扰》（*Heart Trouble*）中的郎登（哈里兰登）（Harry Langdon）、《夜鸟》（*The Night Bird*）中的丹尼（雷金纳德·丹尼）（Reginald Denny）、《黄金时代》（*The Golden Age*）中的贾克柯根（杰克·库根）（Jackie Coogan）、《魔宅》（*The Haunted House*）中的康克林（Chester Conklin）

=每週出一次=　　▣完全電影刊物▣　　=本期共四版=

銀鐙畫報

亞歐美社刊物之一
銀鐙畫報部發行

每份大洋五分

第一卷第一期

No.1 Vol.1

5 cents

CINEMALAND

李察迪克斯 Richard Dix

中華郵政特准掛號立券之新聞紙
天津大公報美術印刷公司承印

每星期出版

十八年三月二日

Saturday, 2, March 1929.

▣創刊閒話　影魔

我們因爲今年廢除舊曆所以發出預告說十六日出版但是到了發稿的日期印刷工友都回家去過舊曆年所以我們出版的日期延長還是很抱歉的我想愛護本報的諸君一定可以原諒的

影魔的才力薄弱經驗缺乏幸有友人吳偉生孔柏斯孫梵海棠樓主等君幫忙始使這「銀鐙」產生與諸君相見但是我們極願意把本報的主權交與愛護本報諸君所以本報任何方面有仲諸君不滿意的地方隨時可以指導全人是卅四分歡迎

本報最榮幸的就是天津特別市社會局第一科科長包道平君（即包師瑪）把他親身經歷的事蹟編爲電影劇本全權委託於亞歐美社並由本報按期披露現此劇本由亞歐美社正與大中華百合影片公司通函接洽拍攝事宜想不久或可與吾人相見

此期本報內有懸賞徵求答案題目也不算難不過是留個創刊紀念吧了請諸君努力的猜猜但是仲與不仲我想也沒有什麼關係千萬不要因爲猜不對生起氣來如果此期猜不仲日後還有重金懸賞呢不多談了下週再見

克拉寶與查利斯瑞吉爾
Clara Bow and Charles Rogers in "The Wings"

▣介紹「革命奇俠」電影劇本

柏斯

「革命奇俠」電影劇本。爲天津社會局第一科科長包道平君（又名包師瑪）所著。劇情乃係包君昔日親身經歷之事蹟。述包師瑪萬福華刺殺前清欽差王之春一段慷慨悲壯之實事。不但驚險。兼有愛情滑稽。名人張繼。章太炎。西太后。張士釗。蔡元培。柳亞子。及先總理孫中山等。均爲劇中之主要角色。察其劇情。需演員數萬人以上。戰爭有數十幕之多。更有沉船行刺肉搏等驚險。佈景如皇后大厦。宏偉壯麗。全劇由日俄之戰起。至火復之戰止。不獨關於革命。並富有藝術之意味。如此劇本。可謂鮮矣。聞此劇本。已托上海某大公司拍攝。想不久即將與吾人相見於銀幕矣。

導演家華爾士 Raoul Walsh

導演家華爾許前曾導演「戰地鵑聲」一片頗得觀衆歡迎「卡門之愛」亦係該氏傑作之一

▣一部開中國新紀元的影片「駱駝王」

前大中華百合公司北方攝影隊。北上拍攝北方彩色之影片。攝製頗多。「駱駝王」一片。乃該隊此次所攝之一。內容有駱駝萬頭。誠銀幕上之大觀。該片描寫北方生活。穿插以兒女情史。演者爲王元龍。佐以幸運女明星譚雪蓉。珠聯合璧。誠不可多得之佳片也。吾人深望此片早日北來以飽眼福。

—駝駱—

碧麗杜芙與其愛物 Billie Love and her Dog

▣預　告▣

啓者下期本報爲滑稽明星專號望讀者注意

珂琳穆亞新片「丁香時節」之一幕
Colleen Moore and Gray Cooper in "Lilie Time"

臥葵軒銀鐙漫譚

▣謂什麼到黑屋子裏去？

一般人花着錢跑到黑屋子裏坐上兩個鐘頭，後方可恢復自由。但是凡出來的人還口口聲聲說值得很。這不是一件奇事嗎？雖然到黑屋子裏身坐在黑暗之中；但是眼前却有一線光明。那個光中表現着人生，和指導着人生的途徑。這一線光明就是二十世紀新產生的電影。電影也可以算是進化的戲劇；他表演舞台上表不了的表情和一切人生。表現在民衆的眼前我們民衆也可藉以休養每日八小時工作的勞苦；一方面也可奮與人生向前的興味。那就是到黑子裏面去的理由。

好萊塢有人組織一種公司專聘一般明星的兒女作演員拍攝片子左圖即該公司出品之一術者右爲導演家汪氏多成之子左持槍者爲傑克胡特之子鐵姆胡特

Son of Vno Strcheim and Tim Holt

等一批20世纪初活跃在影坛上的喜剧明星。而唯独没有介绍幽默大师卓别林。为此，画报解释说："是因为他在影片上表情虽滑稽，但是剧情却十分悲痛，他的笑料统统充满悲意。我们认为他是一位特别角色，所以请他回避了。"

画报每期一篇电影评介很有特色，也较为权威，从剧情到导演、演员、场景、音乐等无不涉及。如第3期对国产电影《战血情花》就给予了充分的肯定："导演方面说，如同王少芳与九小姐在花园中吸烟一幕，虽脱胎《欲魔》，但比较《欲魔》中吉尔勃与嘉波吸烟之表情，味道还深。王父与少芳各自归寝时，及王父与少芳同在九小姐数幕的对写，描写父子间双方的哑谜，颇含刺激性。北军军官、室中打雀、捉女人及夜中榻前的女性等，嬉笑怒骂，淋漓尽致。此剧分幕，独能将烦难缩成简单，数幕演员吃力之处，多用暗场写过，此处不可不钦佩其导演手腕可惊。表情方面说，王少芳从外归来，夜中九小姐的妹妹未见少芳，告九小姐嫁王父之因，少芳并且将九小姐赠给他的手帕交还九小姐的妹妹，挥手令去，表示他心中的烦闷。末后多用特写，按特写表情之难，不啻舞台上的两人独幕剧，如少芳重见烟盒数幕，元龙面部表情，足可压倒美国之李察迪克斯、孟特勃留诸辈。其余如摄影及光线较大中华以前的出口为佳，布景稍趋华丽，敌营一景仍用《上海一舞女》中之内景，及数幕《插入》（报纸）竟用它补摄上，可谓经济，然亦算大疵。总起来说，《战血情花》真是我前所未见之国产影片。"

革命志士万福华刺杀清朝钦差王之春的历史事件，人们早已耳熟能详，一些书籍中大多是这样写的：1904年秋，感于俄日在东北开战，中国面临被瓜分的危险，安徽合肥人万福华组织"拒俄会"。11月中旬，因向法国殖民者出卖利权而被革职的广西巡抚王之春到上海，散布割让东三省的"联俄"谬论，而王之春在1900—1901年担任安徽巡抚期间，曾将30余处矿山低价让给列强资本，激起公

=每週出一次=　　完全電影刊物　　=本期共四版=

銀鐙畫報

亞歐美社刊物之一
銀鐙畫報部發行

每份大洋五分
第一卷第二期
No.2 Vol.1
5 cents

CINEMALAND

陸克　Harold Lloyd

滑稽明星專號

中原公司

中華國貨　各部陳列
環球貨品　搜羅千萬

天津日租界旭街
電總　一九〇五〇八
話局　五五四八七〇

中華郵政特准掛號立券新聞紙
天津大公報美術印刷公司承印

每星期六出版
十八年三月九日
Saturday, 2, March
1929.

國民飯店

法界三十二號路　Rue Fontanier

THE NATIONAL GRAND HOTEL

華北唯一華貴大旅社

電話　三一八九六　三二一〇〇　三二六八九

大華飯店

英法交界戒酒樓後　115 Rue St. Louis

CAFE RICH

華北唯一華貴跳舞場

電話　三一九六三　三三六〇八

北平日月影片股份有限公司籌備處招考男女演員廣告

茲本公司進行拍攝影劇需用人材招考男女演員不限年齡以粗通文理或天性活潑為合格如有志願投考者請攜帶四寸半身像片乙張報名費貳元前來本公司投報如不錄取仍將像片報名費發還報名日期由登報日起

地址　東城海軍部後身水衛胡同四號　電話東局一一四二號

大中華百合影片公司新片

王元龍導演

駱駝王

「駱駝王」是北方攝影隊出品之一
「駱駝王」是開中國新紀元之影片
「駱駝王」是含有北方風味的出品
「駱駝王」是王元龍最得意之傑作
「駱駝王」是譚雪蓉的第二次作品
「駱駝王」是十八年一月份新出品
「駱駝王」有含蓄甚深彎曲的劇情
「駱駝王」有駱駝數萬頭蔚為大觀
「駱駝王」有勇極凶險之武打數場
「駱駝王」之外景乃取自中國北方

萬籟天導演

落日紅

本公司男女明星大合作
偉大新奇的奇義打武巨片

「落日紅」乃一劇盜之綽號顯此劇盜之行徑迥非尋常盜賊抑強扶弱乃其牢不可拔之主張也劇情固極曲折且多香艷之事夾雜其間穿插亦至適允當有烘雲托月之妙佈景方面有精雅幽靜之巨屋有峻險重疊之高山更有耐人尋味的奇巧機關誠開國內製片界新紀元之打武片也

宏基建築公司

本公司聘任歐美及國內各大學畢業工程師承辦一切大小建築上之設計繪圖估價監工及考察計算已建未建之鐵筋水泥工程並有信託部經售本埠各租界地畝房產如蒙惠顧無任歡迎

接洽處天津河北西窯窪一五九號亞歐美社

愤。万福华决意除掉这个卖国贼。他探知王之春与在沪的庐江人吴葆初（吴长庆之子）私交甚厚，乃请人模仿吴的笔迹书写请帖邀其赴宴。1904年11月19日晚7时，应约赶至上海四马路金谷香酒楼的王之春登楼时发现异常而惊诧间，暗伏在楼梯口的万福华急上前抓住王的衣领，高喊"王之春，卖国贼！"说罢扣动扳机。怎奈万福华枪法不精，又是情急之中，惊呼"刺客"以手遮挡的王之春仅被击伤一个指头，拥上来的王之春的警卫便把万福华捆了个严实，送往巡捕房。英租界法院以扰乱治安罪判处万福华有期徒刑10年，不久又因其策划越狱而加判10年。直到辛亥革命后，万福华才获释。

而时任天津特别市社会局第一科科长包道平（包师玛）在画报中连载的电影剧本《革命奇侠》，以事件亲历者的身份，详细地记述了他与万福华刺杀前清钦差王之春的"一段慷慨悲壮的实事"，不但故事曲折惊险，而且还兼有缠绵的爱情，孙中山、张继、章太炎、西太后、章士钊、蔡元培、柳亚子等中国近代史上的重量级人物，均为剧中主要角色。"察其剧情，需要演员数万名，战争有数十幕之多，更有沉船、行刺、肉搏等惊险场面。布景如西太后大厦，宏伟壮丽。"全剧从"中俄战争起，至火复之战止，不独关于革命，并富于艺术意味"。

剧本写道：清光绪三十年（1904年）秋九月，日俄战争爆发，"日本猛攻旅顺口时，西太后密召前安徽巡抚王之春于颐和园，命以联俄攻日。日本侦知即下哀的美敦书，中国危亡日夕"。时在沪革命志士如黄兴、蔡元培、杨守仁、赵伯先、章士钊、万福华、吴葆初、包师玛、高荫藻等，于上海英租界警钟报馆秘密召开会议，商议应对之策。当时年仅17岁的包师玛，初由日本返国参加革命工作，慨然请求组织派其前往刺王。会议通过后，包师玛怀揣手枪和王之春的照片，埋伏在英租界大马路跑马厅王家寓所门前。傍晚时分，"忽见着大礼服乘马车回寓，包师玛正欲拔枪施射，竟为护卫者推倒，

電影劇本 革命奇俠 本事（有著作權禁止轉載）

包師瑪編劇

第二章

其校長鄭素衣，慨然許之，萬夫人初離旅舍，而福華即率同巡捕至，幸速行乃免，師瑪將萬氏家屬寄託，即返明新學校，見校中寂無一人，爐上猶有大鍋米粥，不勝悲痛，入校長室，將各處往來密函燒之，忽聞人馬鼎沸，張目窺之，惟見刀槍林立，學校已被英兵及巡捕包圍矣，師瑪急登樓將衣夾中畢斯嗎克名片，毀於地，匆匆登三樓理化室，自度曰，今已危急，惟效諸葛空城計，或可倖免，時師瑪着西服，短小似日本人，急坐琴臺，彈風琴，唱日本天竹節歌，而英軍官及捕頭率數兵荷槍登樓，衝入理化室，英軍官作，中國語，問師瑪曰，汝爲畢斯嗎克耶？師瑪搖首不答，歌琴不輟，意態悠然，軍官與捕頭作私語，逕去良久，師瑪起視屋下，軍警猶林立，知有異，乃復彈琴，未幾，捕頭又偕中國翻譯至，問師瑪何人？師瑪於衣袋中，出和田三郎名片予之，翻譯曰，汝爲日人乎？住日本何地，答曰，余家住東京牛込區幾丁目幾番地，問在校供何職，曰理化教習，畢斯瑪克，聘約三年，余來方匝月，而畢蒙禍逃，余且不得歸，留捕畢，有以告我，俾得索金返國耳，翻譯亦深信不疑，與捕頭作英語而去，師瑪亦尾隨而下，見捕頭偕軍隊去，學校僅留巡捕四人守門，師瑪即出校語巡捕曰，有問我者，至日本領事府去矣，如捕畢時，（未完）

狐狸安的是什麼心？

（接二版）

尤不止此並且把我國的乞丐野雞統統拍攝入影片我國國體恐爲其形容盡淨

若是狐狸爲着保持交情我看還是自動焚毀免得以後學工「安琪兒」

本報價目表

每星期六出版一張零售大洋五分長期定閱每月四期大洋二角三個月十三期大洋六角半年二十六期大洋一元一角全年五十二期大洋兩元郵費在內蒙古新疆每期加郵費一分半外國各其他租界地每期加郵費二分報資先惠空函無效本埠定閱處益世報館河北意界西窯窪一號五九美亞歐鑑錄部社書報訊部法界巴黎道北洋廣告公司圖書部北平定閱處宣外魏染胡同京報館

急起而王已入内矣”。当时担任随同监视的蔡元培、万福华等，见包师玛行动失败，遂与包师玛立即乘车撤回报馆。“万福华大声呼曰：‘师玛年幼有才，当留大用，刺客我可为之！’坚欲行刺。”吴葆初说：“经过这次行刺，我恐王之春早已戒备，不可草率行事。我与王之春曾有私交，可假余名请其饮酒，届时可成也。”于是，亲自书写请帖，请王之春于是日（10月11日）下午5时，到四马路金谷香藩菜馆赴宴。

随后，包师玛与万福华来到英租界新马路民新学校。这所学校是革命党的一个活动据点，学校的会计室就是军械库。中午时分，他二人在此用餐，并且喝了些酒。“酒半酣，师玛往教室叮嘱学生不要外出，盖学生皆同志也。急返会计室，已不见福华。旋起视屉内之手枪，惊悉福华误持废枪以去。”包师玛于是急忙怀揣“枪实弹乘汽车驰往金谷香”。但当他赶到金谷香时，“适遇王之春自该馆下楼，福华劫王于梯，大呼：‘杀你卖国贼！’遂向王连轰三枪，而弹未发。福华乃当场为印捕所执，送交捕房矣”。

见此情景，包师玛立即意识到万福华的家人很可能有危险，遂急忙拔腿向万夫人所在旅社跑。等他见到万夫人说明情况，刚刚带着万夫人奔出旅社，进入安全地带时，大队巡捕即已赶到。当他将万夫人安顿好回到民新学校时，巡捕已将学校包围。

这里有多处记载与今天的文字略有出入。笔者查阅了许多资料，试图找到一些关于包师玛的记载，但除了查到包道平当年确与蔡元培有过交往，也曾在上海活动过，关于他与万福华的关系及与刺杀事件的关联则是一无所获。因此，笔者也不能确定哪种说法是事件的真相。

登载数百印谱的《玲珑画报》

1929年6月28日，天津名士刘先礼在改组《银幕舞台画报》的基础上创办《玲珑画报》，社址在天津特二区福安街青阳里6号。经理何泽生，协理刘子宜、张连仲，图画部主任胡定九，编辑杨山寿、王庾生、何怪石、陈阴佛、王直民等，在北平、上海、深圳、山西、沈阳、香港均设有特派记者。

《玲珑画报》属艺术类画报，以电影、戏剧、书画等为三大主题，而它连续刊登的数百方名家治印和历代钱币，则是该刊的特色，为研究中国治印史和中国钱泉史提供了可贵的资料。

《银幕舞台画报》创办后，勉强维持了4个多月后终于办不下去了。画报主人刘先礼找来津沽报人商议对策，众人一致认为画报定位在电影上太受局限，门类必须有所扩充，集电影、戏剧、书画、治印、收藏于一身，为此，刊名必须更改。于是大家七嘴八舌地提出“吉光”“琳琅”“金沙”“零碎”等10余种刊名，刘先礼听后都觉不妥，最后庸庸说：“那就叫‘玲珑’吧！意寓活泼玲珑之意，普通称美玉之雕刻精妙者曰玲珑，美人之体态轻盈者曰窈窕玲珑，山之峰峦奇妙者曰怪石玲珑，称人聪明机警者曰剔透玲珑，人之长于交际者曰八面玲珑……玲珑，联以剔透，取譬神思灵动，无窍不通；冠以娇小，表示体态轻盈，令人生怜，生怜然后生爱，有了人爱，

玲瓏畫報

THE LING-LUNG PICTORIAL NEWS

第一期

民國十八年六月二十八日出版

廣告刊費

本報價目

世界情人電影皇后曼麗皮克馥女士小影（雯博贈刊）

影界皇后曼麗皮克馥女士。玉容艶美。性情和藹。今雖徐娘半老。風韻猶存。其嬌小玲瓏。天眞活潑之態。尤能令人追憶不已。左圖係其扮演『迷龍記』時之古裝攝影。

MISS MARY PICKFORD, THE WORLD'S SWEETHEARTS.

張穆齋君篆刻潤例

石章 每字大洋三角

牙章 每字大洋一元

介紹人 趙幼梅 王雪民 張鈞孫 曹恕伯 孟定生 林墨卿 穆壽山 嚴臺孫 仝訂

收件處 法租界佩文齋 大胡同松鶴齋 日界利亞書局 估衣街文華齋

社址天津特別二區福安街青陽里六號

發刊宣言

本報以玲瓏畫報之名。重與諸君相見。以時間而言。本報與銀幕舞台畫報爲一而二者。而以空間論。則本報固銀幕舞台畫報之化身。固有而爲諸君嘉許者。不敢拋棄。本屬缺之而爲諸君所希望者。盡量收入。仝人依照所定改組之門類。力求完美。務期能獲得諸君之不棄。惟仝人等爲能力薄。難期盡善。極望海內諸君子。有而敎之。匡其不逮。

徵稿啓事

本報改刊伊始。力圖美備。如蒙以大著見寄。無任歡迎。

（一）圖片 名勝留痕。士女倩影。中西著名書畫。趣聞異事之照片。但必攝製清晰。題誌簡潔。

（二）文字 詞章。說部。談藝術。記風土。以及說奇誌異等。各種小品文字。不尋涉及風月者。但必文字清新。意趣雋永。

來稿一經錄載。酌奉薄酬。稿寄本報館編輯部。

秀鶴

興洋眼店

瑞星照像館

天津書局

藝術化平民化的

法租界泰康商場便門對過

新到外國電影明星照片 多種照片 新式書籍 各種畫報

（一）

本報由漢文平津泰晤士報印刷

郵政特准掛號認爲新聞紙類

登载数百印谱的《玲珑画报》

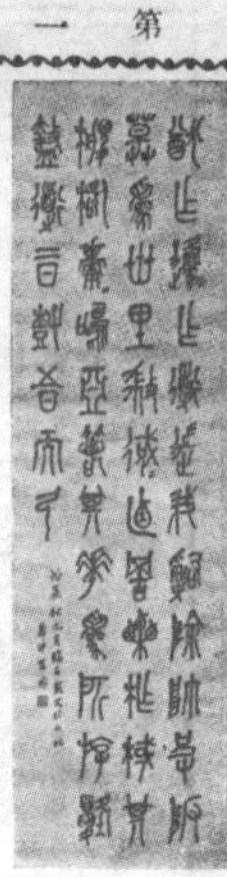

陳樹。字蔭佛。三十以後始習書。遠宗周秦。博涉漢魏。雖致力匪勤。而造詣殊深。本年春。教育部設全國美術展覽會於滬市。君出品凡五件。在會中頗蒙獎。此其五品中之一。

恭喜這小孩

（三郎）

銀五在文化昌明的時候降生。是個多好的時機呀。因為這孩子。天性帶來的美術思想甚深。他的一般朋友。又都跟他志趣相同。於是大家電影戲劇的研究起來。抱着一種提倡藝術挖揚風雅的目標。黽勉着向前奮鬥。向前工作。所以社會上。對於這純潔的孩子。歡迎的到二十分哩。近來跟他表同情的人。日益加多。期許他很深。對於他都抱着一種絕大的希望。說他的本領。豈此區區所可限量。況且又有關於文藝的許多人材。不時的來幫他的忙。所以他亦力為變計。擬擴大他事業的範圍。向不加限制的文藝方面作去。期望着在這全國統一。建設伊始的當兒。作一番補助社會教育進行的事業。他的老友們。因為他年歲既小。聰明可愛。所以給他改了個名兒。叫作『玲瓏』。今天是給他賀號的日子。吾們很希望他。連他的老友們。比較銀五時代。更要努力的去做。教他在社會上。作一個很有價值的人。他的身體。鍛練的很康健。那更是吾們馨香祝禱的呢。

胡定九君漫畫

南開票友楊君肖彭四郎探母戲像

『玲瓏』誕生的經過

（庸庸）

庸庸的開場白。是『玲瓏』誕生的經過。牠的母親是『銀幕舞臺畫報』。在牠試產的時候。主人為慎重起見。請到許多有名的中西派產婆。即如非牛非馬式的庸庸。亦參加助理。當『玲瓏』未墮地的當兒。大家計議給這個活潑潑的嬰孩起一個既秀麗又長久的名兒。向來給小孩取名。不是奶奶。就是大娘。不是姥姥。就是姨娘。再不然就是一間院的二大媽。現在主人既是獨除成見。約請我們來。何妨打破前規。大家贈以美名呢。於是仰視的。搖頭的。閉目凝神的。躊步沉思的。諸態畢呈。全想得一嘉名。以悅主人。這位說『吉光』吧。眾以為音近『爭光』。不吉利。那位說。『琳琅』吧。聲同臨狼。易齒纖吻。亦不妥當。又一位說『零碎』吧。顧名思義。活畫一個拾毛籃的。亦太不堪了。那一位又說啦。『金沙』吧。主人聞之色喜。（財迷）轉想準金假泥沙。浪子敗行。預兆亦不祥瑞。這一位就說『東簫』不好麼。大家連連搖頭說。這兩個字太堅澀。『簫』字是尖音還是團音。一時很難分的清。（要犯戲迷）再想想『東簫』雖是美材。究竟看起面子來。是殺人的利器。既礙和平。又不是明哲保身的要道。不妥不妥。又想了幾個像藝海。藝苑。藝腑。藝餘。命義不為不佳。可是藝字的頭銜。太牙慧化了。正在大家頭暈腦昏。搜索枯腸的時候。猛聽一聲怪叫。大家陡吃一驚。原來。某姥姥一時大喜忘形。失足墜地。將痰盂坐碎。臀部染赤了。姥姥忍痛發言。為一妙名兒。苦了兩片嘴唇。大家顧不及救護。與衆爭查問妙名。在那裏。姥姥慢慢手畫『玲瓏』二字。於是大家全數贊成。並客加解釋。聯以劇透。取意神思靈動。無竅不通。冠以為小表示。體態聲音。令人生憐。生憐然後生愛。有了人愛。就有人緣。有人緣。才有飯緣。主人聽到做像。不等辭畢。連聲認可。（趙匡高足）於是乎這個活潑潑的嬰孩。有了好的乳名。這才呱呱的出世了。庸庸當時唱了四句喜歌。寫在下面。作一個長生吉利話。（巧不巧）。玲瓏玲瓏。壽與天同。不脛而走。四海風從。

黃愼字癭瓢清人善寫意人物書工大草與畫筆絕相稱魄力之大幾成絕響

天津劉陳。字小亭。晚號東皋老人。工繪事。尤長南宗山水。精鑒賞。擅清吟。詩遊江浙名山。而所學益進。民國十三年卒。年八十又二。詩畫遺稿頗多。將來或有出版。張亭碧君藏。

津門名媛周瑞麟女士遊平攝影（捷三贈刊）

本埠舞臺現狀

（老曼）

雪艷琴雷喜福。出演天華景。中原約來章遏雲吳鐵庵。兩兩對峙。以作營業競爭。津市長期舞台。只此而已。以藝術論。豔琴年已二十有六。演戲老練。手脚地道乾淨。當然駕乎一般坤伶之上。遏雲芳齡二九。學有根底。唱念作打均佳。大有後來居上之勢。雷伶唱作。本大路貨。近以進欵稍豐。（在京演戲每日一元五角）不色飽驟淫慾。元氣為傷。嗓音頹敗。吳伶自六七齡登台。即有小老頭之目。現逾二十年。更覺變本加厲。傴僂搖擺。殊欠雅觀。討好處在哭。吳在腔。（嘰哩嘰嗒娃娃腔）獨出心裁處。吳尤甚於雷。討好心切。唱作過火。深對津人口味。故二伶均能得一部人之歡迎。該兩舞台。均在商塲。顧曲多堂客。演戲依本戲埋。爐火純青之老生。每癒不賣力之譏。園主以約來角色。所費無多。登台肯捨命將事。好歹先落個熱鬧。所以該二伶。能長期立足。

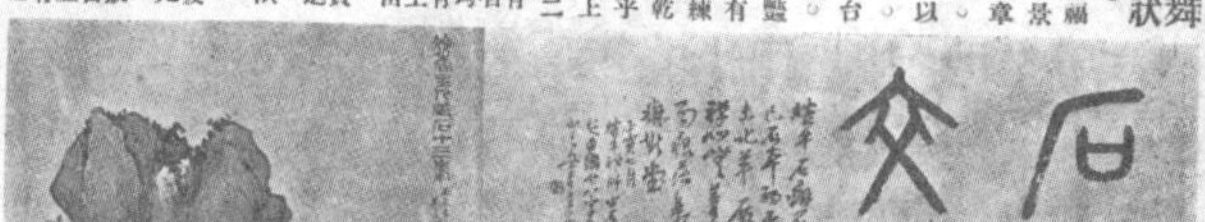

十三峯手卷（一）第一峯吳大澂畫

金彩。字心蘭。又字瞎牛。工山水。善墨梅。冷香館乃其齋名也。此卷即金公之物。現藏天津殷仲尤先生理石山房。

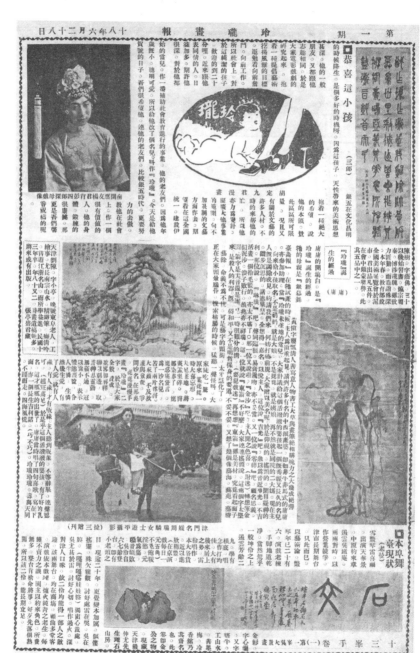

遼人墨跡

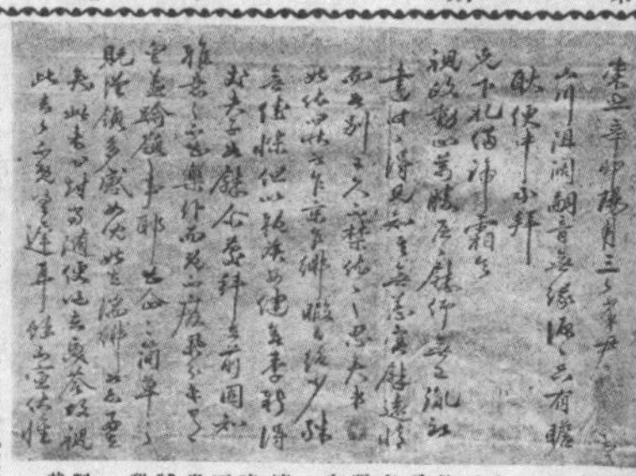

山陰周君。舊藏遼人手札墨迹兩巨浹。上有崇熙辛卯年號。按崇熙爲遼興宗年號。辛卯爲崇熙二十年。即宋皇祐三年。其字之體勢。頗具右軍神采。封面款識。亦頗奇特。且紙質純爲高麗箋。內有硬黃紙二開。的確爲遼時字箋無疑。又按當時遼人文字。例不出國境。致後世流傳甚尠。此誠希世之寶。今懇嚴君仲尤假來。擇其精者。攝製爲版。分期登載。諒讀者諸君。必樂先覩也。

治印淺說

章武王直民著

導言

余自髫齡即喜篆刻。稍長趣味尤濃。惟苦無所師。承詢之前輩。非語涉籠統。即不屑施教。求之古書。亦多語句簡闕。立論高古。無具體之說明。泛無所從。終於不敢執刀。乃於民國紀元。遂決然排除依傍。而自闢蹊徑。刻苦研求。於今十又八載。篆刻之藝。雖未能盡窺其堂奧。然已知其涯畧矣。茲將余十數載經驗所得。以淺近易解之文字述其大畧。並證以圖式。作初學篆刻者之指針。使之免受余昔日之困苦。非敢妄效前賢時哲也。

第一章　總論

第一節　釋印

印之名稱有鉥印。章。圖書等。由來有自。分述如下。

一鉥璽（圖一）

秦以前鉥爲印之通稱。尊卑與共至秦始皇始以天子之印稱鉥。臣庶不得用之。後代因之。民國後鉥字又可入名印。如某某之印。即可稱某某之鉥。

二印（圖二）

印始於三代。至秦漢而盛。公私皆可用。或專以私印別者。如某某私印是。

三章（圖三）

章即印也。漢丞相。列侯。大尉。前將軍皆用章。後又增一印字。與章字連用。或謂官印用章。私印則否。是未盡然。（未完）

高子儒君贈刊

張穆齋君治印

鐵漢　　山陰故里

張之萬字子青。清道光時人。工書法。善山水。秀逸蒼潤。人多寶之。嚴仲尤藏

王君直民花卉堂幅。此幀爲天津市國貨展覽會出品之一。氣勢雄厚。筆力矯健。毫無時人粗獷習氣。

推敲

（胡云）

自藝術家白宗魏在中原墜樓後。一般新聞消息。與民衆傳說。頗滋疑竇。爰把推敲的寫在後面。大家看看。

一。白宗魏究竟有沒有神經病。二。白宗魏爲什麼要有神經病。三。白妻金季聰究竟善不善外交。四。白妻金爲什向外交。五。白妻的外交究竟是對不對。六。對不對。那末報上當然有鼓吹捐助之舉嘍。七。那末報上爲什麼又給她們鼓吹呢。八。再說白宗魏爲什麼不用旁的法來解決而覺犧牲呢。

津市一般

古野

▲新奇的廣告　北方文化薈萃地的北平。近來因受移都的影響。漸趨於僻冷之境了。津市亦受着聯帶的影響。一般闊人大老。或者避居大連。或者奔走國都所以市面上亦蕭條了稍多。一般商人運用其腦力。大張廣告。具不才所目覩。可謂無奇不有。茲就尙能記憶的如『專醫子宮』（是某醫院專治女子花柳病的廣告）『令郎若看此片而不落淚者必早槍斃之』（是電影院的廣告。大概是父恩難報片子。是描寫孝子養親的絕世悲劇。卻登出這樣奇怪的文字來鼓吹。）『某某學校招生。校址坐落X地點。內有廣屋若干間。電燈電話電鈴俱全。一切用具。試驗品自來水等。皆備……』（是某學校招生的廣告。而書成招租式的了）。這不過是其中的一兩種。還有奇異而特殊的。容諸後日談吧。

▲賭　是這樣……果然這些鋪子。不是『大減價』『大贈品』『大拍賣』。就是『犧牲血本』『商業競爭』。再不然便是『傢俱出兌』『清理賬目』『閉門大吉』。就是大洋行公司等。也都是這樣。吾們細想想。天津的商家多半要破產了吧。

陳侯敦

陳侯作嘉姬寶敦其萬年子子孫孫永寶用

張穆齋藏

清雍正年貴妃神座。妃爲年大將軍之妹。先雍正而歿。當將軍驕恣跋扈之際。妃仍幽賢貞靜。率執婦德不移。故歿謚端肅云。息廬攝。素盦誌。

愛神（法國名畫）　　段之善君贈刊

登载数百印谱的《玲珑画报》

就有人缘，有人缘，你老兄才有饭缘啊！”刘先礼听后不住地点头：“好！‘玲珑’从今天开始就算诞生了！”

画报为周刊，逢周五出版，以“提倡艺术，弘扬风雅”为办刊宗旨。画报设计沿用《银幕舞台画报》形式，图文各占一半。为8开道林纸，每期4版。头版为美人玉照和广告，多为中外影星、戏剧名伶、名人名闺。第二、三版没有严格分类，浑然一体。设“庸庸漫谈”“博笑录”“见见闻闻”“消息”等栏目，内容有名胜古迹、中西书画、趣闻逸事以及论艺术、说风土、记奇异的各种小品文。初期刊登最多的是书画作品和书画家小传，有金梦石、郎世宁、赵子昂、姚元之、陆包山、王翼庵、新罗山人、毛承基、顾叔度、孟定生、罗云章、刘子清、徐涛等，而每期一幅的“辽人墨迹”为其他画报中少见，其次为影星、名伶剧照，影剧介绍，及王瑶卿、程砚秋、白云生、鼓姬小黑姑娘等伶人的介绍。西方裸体图片和胡定九的漫画是每期的固定栏目。连载章武、王直民撰写的学术论著《治印浅说》，不但内容翔实、文字严谨、论述清晰，而且配发了数百方印。画报中刊登的中国历代钱币和清末民初戏单则为各界收藏家提供了可供参考的珍贵资料。更为珍贵的是1929年8月23日刊登的《名优杨翠喜早年写真》照片，为编辑在某亲贵家淘得，照片除杨翠喜外，还有她的假母和4个姊妹。第14期刊登的《南开大学木斋图书馆》图片，因在“七七事变”中日本侵略者将其炸毁而凸显其价值。

1930年1月24日第31期开辟了张次溪主编的戏剧专版“伶苑”，分别由齐如山、时慧宝等题写刊名，由齐如山、吴洁厂、时慧宝撰写戏剧评论稿，刘先礼提供“菊讯”；同年2月7日，刘先礼又亲自主编了“研究银艺的园地”“银光”专栏，专门介绍中外电影，影星阮玲玉题写刊名。

刘先礼在后期开设的“东拉西扯”专栏里撰写的类似警句、格

有意思的新聞

（野）

從來詞章家。把閨人的心情寫個透澈。所以一個作者的集子裏。如宮詞閨怨等。在在可以接觸我們的眼簾。但詩人們多是男性。尤其是風流自賞以女性爲自身的安慰品的更多。所以他們所寫的嬌柔的女性的表示。亦不過爲『待他重與畫眉時。細數郎輕薄』罷了。雖然香豔。雖然有濃厚的愛味。我以爲是的確表現出已受訓練成甘於麻醉性壓迫下的她們。

點點星星的路燈。寥寥落落的行人。球歸來了。蕭索的態度。迷惘的神情。充分的表示他已深入歧途。他拍門了。拍他自己家的門。柔軟而嬌嫩的『誰呀』二字。衝破了沈悶的空氣。激醒了他。才覺得是自己的家門。入室了。模模糊糊的答應了她許多的問寒噓暖的話。但他覺得她總多說話。今晚更多。

他覺得輕快了。自從他來到天津。可以不周旋她。死心蹋地的和美住着。這亦是天湊人願。他居然在天津能得到一個很優的位置。不但離開她。生活還很安定。不過每月寄二十三十給她。他自已很覺着比時下一般男子強得多。因爲他沒有驅逐她。還要贍養她。算一算來津一個整年了。已竟寄去了三個月的錢。但這是實際上的情形。其實他並沒覺得寄去多少。因爲他沉溺在甜蜜的安慰裏。他那有工夫理會得這些事。箱篋的內容漸輕。質肆的接濟漸縮小。他們的票面的金額。阿美還撐着勁。好似比擬古烈女鹿車共挽的遺風。然而骨子裏有些厭倦了。可是政變後丟差事。他亦莫之奈何。他每天要讀新聞。這天在新聞紙上。他沒得到他的機會。因爲他的機會。是須某帥再起的。（未完）

想當然記

（一）

（姑妄言齋主阿桐）

小引

以姑妄言齋主人。而寫想當然記。不大似痴人說夢耶。特芸芸者伊誰不夢。人事變遷。俯仰之間。已成陳迹。夢耶。固非異也。都夢耳。詎可限於以今度古者。方可謂之爲想當然乎。吾意悠悠來者。因果相乘。則推變所至。亦可以意料及之。讀者諸君子。賢達何遜蘇髯。於吾所言。雖至詭異。豈不可以姑妄聽之耶。特東坡强人說者爲鬼。不才則爲諸君說人。諺云。畫鬼易而畫美人難。畫鬼忿其奇異。可以意爲之。而畫美人。則必肌理停勻。姿態端媚。在在有準繩。有規矩。故難耳。吾今說人其亦猶之畫仕女乎。然人事之屬於過去及現在者。不但已屬陳迹或將成陳迹。而有範圍。有標準。其難於刻畫。固如寫美女也。而若涉及未來。則以後種種。縱有因果相因。而大可恣意爲之。如其新穎。或可動諸君之聽。特事之屬於未來者。幻想耳。而吾甚希吾所云云。或係事理之想當然者。其不可姑妄言之耶。

十八年六月寫於姑妄言齋

一 夢境

境環境也。惟境之廣於夢者。方可唯意所之。一無障礙。故吾書託始。先寫夢境。夢人類之夢也。故其境雖奇麗。至於不可思議。而猶不能脫出於地球之表面。伊時地球之年齡雖增。而仍循其軌道以運行。海陸山澤。猶具故觀。山無童山。風景之綺麗。殆不可意喻。雖絕頂極峯。而遊蹤不絕。今日攀山大家。彼時早笑其無用。陂田纍纍。樹藝無水旱之虞。雨固可人力降。而亦人力止之。至於萬頃蒼茫。波濤水湧者。今之梯航不絕者。彼時則船舶寥寥。僅漁人之捕魚舟而已。且其捕治之法。亦非今日所夢見。百尺之鯨。舉手自獲。不若現在之艱難也。

（未完）

伶苑

齊如山

□創刊號□　□張次溪主編□

□下面聽者

張次溪

吾友劉君先禮何君澤生。屬不佞爲玲瓏畫報編輯戲劇專號。初未之應。恐力有不逮也。然二君之意甚殷。辭不獲已。及緘爲齊如山吳潔厂時智儂三先生。三先生皆樂相助。余意乃決。齊君以偕梅畹華赴美。整裝待發。來書謂倉促不及撰稿。先爲題眉。代定名曰伶苑。並以最近玉照見贈。並云。此行隨時隨地。如有所見聞。有所創獲。必即以快郵相告。以實本刊。情彌可感。名既定。續接吳丈書云。伶苑似覺範圍過狹。度曲並不限於伶工也。名論至當。然名既定。不可易。伶苑固限於伶界。然外界之書論。有關此者。亦兼收並蓄。編者之意。固不僅限於伶工也。至於選擇畫片。及文字。以有藝術及史跡者爲限。故敬請時君智儂。代爲徵集矣。並擬於數期後。發刊程長庚。時小福。余三勝。孫菊仙。方星樵。譚鑫培。諸專號。現已着手籌備矣。此爲本刊組織之始末。特書之以敬告讀者。

以風雅稱之名伶時君慧寶二十年前之造像

以演三國志戲著名之王洪壽（即三麻子）紅生劇照

本報駐平記者黃日華寄

□紀某老劇師之教育談

吳潔厂

理化博士。某君。語余燒窰磁師傳磁方法。多合化學原理。尤奇者。屋中溫度升降。喚之以鼻。竟與寒暑表不甚支離。吾國素重經驗。實有不可思議者。未可視爲無稽也。因憶某劇師之言。某老劇師者。安徽績溪人。其言曰。『凡科班子弟。年屆十五六歲時。（按此乃三十年前事。今則又當提前一二年矣。）一見其刷白牙。洗亮臉。衣服鞋襪加意修飾。即當晝夜防閑。（防其手淫）甚至宜其與同伴某人。格外觀察。即令隔離歇宿。不再同寢（防其貼燒餅）。如此用心。則十人中。能保全五六人。其嗓不敗。其體不壞』。防微杜漸。深含至理。非老於經驗者。不足知。非心存道義者。不肯爲。今之科班中。三樂斌慶無論矣。號稱嚴正之富連成。當民三時。爲發展營業計。招致趙美玉。于紫雲。諸女伶合演。耳鬢斯磨。于伶且共同超觔斗打把子。衆情顛倒。不兩月。科中子弟悉成啞伯。金絲紅。小穆子。科班之良規墜矣。一蹶不振。彌可惜也。至於縱令子弟與外界交接。程連喜。杜富興輩。皆收於是。捧角之風行。科班之良規墜矣。潔按。老劇師之言。不僅施之梨園子弟。即父之於子。師之於弟。亦當奉爲名論。潤鑒預防。不惟品德攸關。窮通壽夭。於焉繫之。鄙人三十年來體驗不爽。故許爲教育秘訣云。

由滬返津露演春和之名坤伶胡碧蘭　逢石贈刊

□菊訊

老伶工王瑤卿應新新之聘。實其平生傑作雁門關十三妹二劇。津中渴望王伶者。咸欲一睹其技藝。然以時間配角及價目關係。三上座殊不踴躍。惟以十妹一劇。不坐已屬難得。而王伶遭意外（足受重傷）。因是輟演。新新經理以前三日賠累百餘元。皆賴此一日補助。並可贏餘千元之譜。不料又出此意外。徒呼負負。新新時運可謂臻入倒霉地步也。（古野）

李萬春王少樓胡碧蘭藍月春李洪春諸伶。應春和之約。於廿四日起連演四日。第一二日成績非常圓滿。（鐵）

中原妙舞臺之雷喜福。合同訂爲一月日前忽患腿疾。回平休養。暫不出台。（次之）

楊氏雙菊金友琴。明年正二月。將有來津春和演戲之說。（西藏聖人）

馬艷雲病已全愈。業由大連去哈。偕艷秋艷芬等。出演哈爾濱大舞台。合同滿後。擬即回津。（古）

天祥新欣舞台之崑弋社。暫時停演夏歷正月初一。仍繼續演唱。（野）

出演春和之童伶三傑（王少樓 李萬春 藍月春）

□次溪仁弟主編伶苑爲題四絕

王瞻齋

奕其自古說長安。荊棘銅駝忍再看。我亦灰心抱窮事。朝官不重重伶官。

旦生淨末一齊收。誰是當年菊部頭。大以當人話天寶。蕭蕭白髮冷於秋。

天地無非一戲臺。朝歌夜舞不勝哀。海青已死龜年老。卻費工夫品隨來。

不作文章作戲評。如斯妙著最多情。料知幾度滄桑後。雛鳳清於老鳳聲。

□鈞天話舊

素聲

當同末光初之際。有孫春山者。以進士授職主事。資分駕部。性嗜音樂。於戲劇學研究具有門逕。升堂入室。貞欲將元白壓倒座中。於齊衣一門。尤有心得。行腔使調。一洗仲子之繁聲。每當逸興遄飛。引吭高歌。珠落玉盤。聞者無不擊節。雖不爲黃仲則之粉墨登場。而楊柳岸曉風殘月。唱由屯田。有井水處皆相倡和。即內行中人。亦均心折。輒從而爲仲由之請益。奉若龍門。余紫雲。張紫仙。名重一時。皆爲所指授。現今鼎鼎之德霖。亦其門牆桃李。當時羣呼之爲孫三爺。而未被三爺之指點者。如未經大匠之門。縱玉版禪參。人終視爲野狐之鄰近也（未完）

□北平西郊粥廠之義務戲

北平西郊粥廠。因款不足。幾於停閉。日前來津邀請平津名票於夏曆正月廿日演義務戲一晚。戲碼已定。朱君稷生。李君笑凡、馬連崑法門寺。倪素貞女士。楊賓忠。于雲鵬二進宮。朱君作舟。金錢豹。滄浪客小宴驚變。劉君先禮毛芝英女士汾河灣云。

王少樓『打棍出箱』戲像

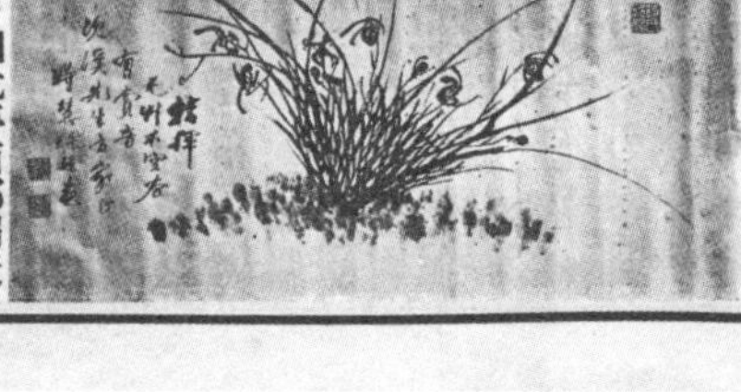

□智儂君寫蘭□　□張次溪藏□

言的东西，很有时代特色，是对当年某些社会现象的精辟总结和概括。如“坐汽车的藐视坐马车的，坐马车的小看坐洋车的，坐洋车的轻漫无车坐的。人生便是这样”，“女人对待男人唯一的秘诀是用她的哭，男人应付女人的唯一方法是用他的笑”，“富贵者、贫贱人，老爷、仆役，小姐、丫鬟，Sir、Boy，其间相差仅一‘钱’字而已”，“神、鬼、仙、怪、魔、妖，究竟有没有，令人难以揣测，世间事都是让这‘莫须有’三字给支配了”。这些文字发人深省，让人回味，启人心智。

第四版是阿栩的长篇小说《想当然》、名伶小史、图片和庸庸的短篇小说《婚后旅行奇遇记》等。

尽管刘先礼聘请了众多的平津各界名士撰稿，多次请他们为画报的生存出谋划策，但《玲珑画报》还是因销路不畅，不堪亏累而于1930年4月被迫停刊，约出刊41期。

记录天津警务的《公安画报》

1930年4月7日，《公安画报》创刊，天津特别市公安局刊行，约于1932年11月出版至第4卷第8期停刊。该画报较为翔实地记录了20世纪30年代初期天津的警务治安工作，对研究天津历史具有重要的参考价值。

《公安画报》属行业类画报，周刊，逢周一出版，每年50期。其办刊目的有四：一是把天津一切警察的职能、责任、设施等介绍给民众，让百姓了解警察的日常工作，架起民众与警察之间的一座桥梁；二是把一些警务常识以图画、文字的形式灌输给全市各级警察，让他们在工作中得以应用；三是记录警察的各项工作，“在民众方面看了可以明了，在警察方面可以格外勤励”；四是“以美育来陶冶民众性情，给大家精神上的一些安慰”。市长崔廷献为创刊号题词：“报以画名，意匠在手；图形铸怪，不胫而走；亦蓄新知，具备万有；公共安宁，书此弁首；世之览者，岂曰复讯。”

画报文图并重，8开道林纸，4版。头版是阎锡山、崔廷献、傅作义、张学良等军、政、警等各级机关长官的标准照和广告，从1932年1月21日的第2卷第17期起，由天津著名书法家孟广慧题写刊名；第二版以天津市警察局治安工作为主，报道警员训练、执行勤务、业余活动动态，如《公安局建筑之沿革》《天津消防队沿革》

《保安队演习打靶》《公安局之铁甲汽车》《公安局运动会》等，固定栏目“公安一周工作纪”则记录了天津公安局和各分局一周来的工作概况；第三版主要是警察业务介绍，如《警察须知》《指纹为证　古今相沿》《警察与指纹》《警犬介绍》等，间有全国各地名胜摄影和

公安畫報　（一）

公安畫報

天津特別市公安局刊行

民國十九年四月七日出版　◇　第一期　◇　每期零售大洋肆分

天津電車電燈公司　供給一切工業應用及馬達所用電流　定有特別價目，請即惠臨接洽　本市意租界三馬路二號　自動電話四零六九零

天津北馬路　國貨售品所　由四月一日至五月十日為止　白送國貨一天　定於五月十一日上午十時抽籤，抽出何日，凡持有是日計數券者，即可憑券取回所付貨價，藉以提倡

國貨眼鏡之大王　精益眼鏡公司　諸君欲配美滿而價廉之眼鏡乎？君或目力不足從速請至本公司用最完備之儀器，按目配光，方能助君偉大之工作，各界惠顧驗光，不另收費。地址東馬路東門口　電話總局一三四四號

中華民國陸海空軍閻總司令近影

發刊辭　記者

每種刊物在創刊的時候，少不得總要說幾句開場白，彷彿是戲台的引子。我們這個畫報初次與讀者相見，更覺得有說話的必要。因為普通人辦畫報，不外乎提倡風雅，或是消愁解悶，甚至于揭着發揚藝術的大招牌；但我們的意思却不是如此。照從前的說法，縣太爺是親民之官，但到了現代，和民眾最接近的莫過于警察。一般人把公安局的區署，當做是衙門，不敢高攀，因此警察和民眾中間，自然就有了隔膜。所以公安畫報的發刊，重要的使命就是把天津市一切的警務設施整個的介紹給民眾。同時再看警察的服務，比較任何公務人員來得吃苦。因為服務時間較多，所負的責任較重，因此對于本身所應得的訓練與教育，未免有無暇及此的痛苦。所以公安畫報的發刊，想把一切關于警察的常識，用圖畫文字，灌輸給他們。使他們為地方服務，能夠更有進步。

至于社會上一切不良的風俗與習慣，以及種種應該改良或剷除的事情，公安局既負保護治安，維持秩序的責任，當然隨時留意。那麼公安畫報的發刊，也就是實行這種工作的記錄。在民眾方面，看了可以明瞭。在警察方面，得此可以格外勉勵。

此外，我們還要聲明，除了以前所說的幾種使命以外，我們想用美育來陶鎔性情，給大家精神上一些小小的安慰。同時更竭誠歡迎天津的市民，老實不客氣指點出警察的缺點，使我們知道應該怎樣去完成美滿的結果。所以我們希望借這小小的刊物，將民眾和警察聯絡起來，共謀全社會的安寧，努力天津市的繁榮

崔市長題辭

公安畫報創刊題詞

報以畫名　意匠在象
圖形鑄貌　不脛而走
咸蓄新知　具備萬有
公共安寧　引而彌久
艱嘗歷勞　書此弁首
世之覽者　豈曰覆瓿

崔廷獻

公安畫報 (二)

天下為公 總理遺墨

公安局門前全景

公安局建築之沿革

公安局辦公房屋，係前清津海關道衙門舊址，庚子役後袁前總統督直，和約告成，派曹總辦嘉祥，接收天津地面，辦理警務，請建天津南段巡警總局樓房，方始動工，即行交卸，繼由趙總辦秉鈞蕆續落成，爭舒巡警道鴻貽，改為直隸警務公所，復蓋樓西大堂，略加修改內宅，并花園東西房及兩面游廊，民國成立，改為天津警察廳，續設直隸警務處，亦附於廳內，至丁前廳長宏基，折蓋拘留所樓房，曾局長到任後，從事整理，始稱完備，且於去秋自行籌款建築樓前院墻及鐵欄竿鐵門標語燈並警衛傳達各室，又於去冬建設圖書健體閱報陳覽接待各室，今春復籌款興築花園禮堂等項工程，但所用款項，均係於原有辦公費中撙節支用，並未另請公款。

警察須知

曾延毅

（一）各區所隊對於人民有所爭執，須設法排解。不了，然後送院。並非有事發生，不論大小，一律非送法院不可。但關於刑事及重大案件者，不在此限。（二）對於解案手續，須依照規則，切實奉行。不得私自變通取好於人，不得藉故騷擾，為害於人。（三）現值戒嚴期間，無論任何團體，如無長官命令，不得集會結社及散發傳單。（四）保安隊協防區所，須負責進行，不得稍忽，並不得藉詞推諉。所有官長，更須常到市鄉各區巡查。（五）各警對於直接間接官長，均須敬禮，表示團結精神，及彼此親愛之意。

小園春色

公安局後面，原有小花園一帷荒蕪已久，自曾局長到任以來，於公務之暇，即注意於修葺局內及各區署所官舍，並及於該局後院，除污穢禮堂外，並廣植花木，以為工作人員公餘休息之用，日來天氣晴和，各種樹木，已漸開放，闔為爛開之海棠，爛若雲錦，色極豔麗，該局人員，於工作餘暇，多往賞玩云。

公安畫報 闡揚警政 傳作義

傳司令題字

無形之網

追擊炮打靶情形

保安隊演習打靶

手槍打靶

本報定價 每期大洋四分 三月四角五分 半年大洋八角 全年一元四角

吉順帽店 專造各界四季帽品中山制服軍裝用品 設在鍋店街路南 電話（五）一四二六

天津錦章綢緞洋貨布莊 開設北門外估衣街西口

名家书画，“警界俱乐部”专栏是警界发表意见的园地，作者尽为全市各级警察，“公布栏”登载寻人启事、通报逮捕犯罪分子情况；第四版为整版的广告。

《公安画报》虽然只是天津地方的一个行政机关创办的刊物，但也以较重的图文报道了国内外的时政消息，如《蒋总司令对张副司令卫队训话》《张副司令在京招待新闻记者》《清废帝溥仪夫人倩影（婉容）》以及《1932年10月河北省主席于学忠参加国货展览大会》《日本首相滨口遇刺》《德国大总统与登堡参加英法联军退出德境后

之庆祝大会》《打破世界长途飞行纪录之比利时军用传信鸽，由南非洲至比利时仅62小时》和《印度王室公主》等。还有一些介绍国外警务的文章，如《纽约警士保学童之周到》《伦敦警察百年纪念》

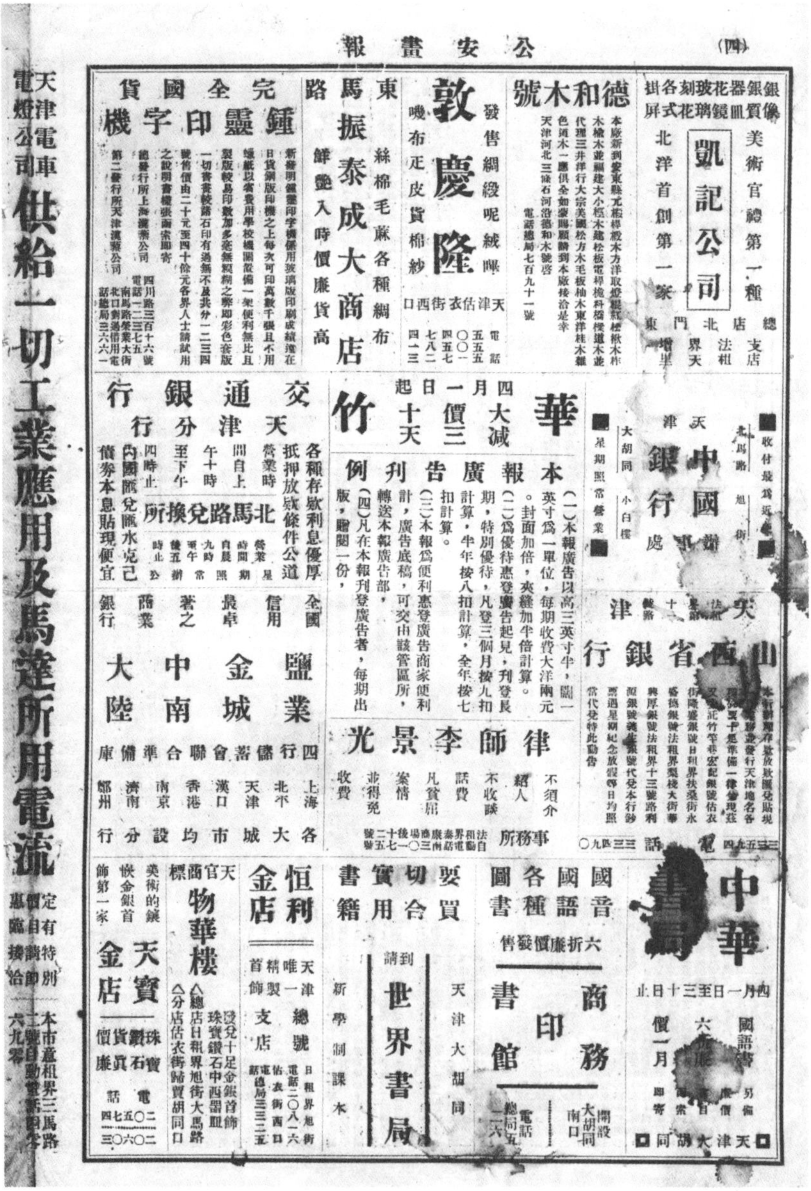

（四） 公安畫報

銀器花玻刻各 像質皿鏡璃花式屏
美術官禮第一種
凱記公司
北洋首創第一家
總店北門東 支店法租界天增里

德和木號
本廠新到麥東縣尤桅桿桅木方洋取燈桿紅松楸木柞木檜木並福建大小杉木建松板電桿槐科橋樑道木並代理三井洋行大宗美國松方木毛板柚木東洋桂木雜色舊木一應俱全如蒙賜顧請到本廠接洽是幸
天津河北三條石河沿德和木號啓
電話總局七百九十一號

發售綢緞呢絨嗶嘰布疋皮貨棉紗
敦慶隆
天津估衣街西口
電話 五五五 〇〇一 四五七 七八二 四一三

東馬路
絲棉毛麻各種綢布
振泰成大商店
鮮艷入時價廉貨高

完全國貨
鍾靈印字機
新發明鍾靈印字機係用玻璃版印刷成績遠在日貨鋼版印機之上每次可印萬數千張且不用蠟紙以省費用學校機關設備一架便利無比且製版較易印數加多毫無糢糊之弊即彩色套版一切書畫較諸石印有過無不及共分一二三四號售價由二十元至四十餘元各界人士請試用之說明書樣張函索即寄
總發行所上海漢泰公司 四川路三百十六號 電話一二三七五
第二發行所天津漢泰公司 南馬路榮業大街北口對過借用電話總局三六六一

天津電車電燈公司
供給一切工業應用及馬達所用電流
定價特別有讓自願接洽即
本市意租界三馬路三號自動電話四零六九零

天津中國銀行辦事處
北馬路旭街
大胡同小白樓
收付最爲近便
星期照常營業

山西省銀行
天津法租界十一號路
本行辦理存款放款匯兌貼現…發行天津地名各種鈔票…準備一律…現又託竹竿巷宏記銀號估衣街隆盛銀號日租界扶桑街永盛德銀號法租界梨棧大街華興厚銀號法租界十三號路利源銀號義生泉銀號代兌本行鈔票遇星期紀念放假等日均照常代兌特此廣告
電話 三三四九〇 三五九四 三三三

華竹
四月一日起
大減價三十天

本報廣告刊例
（一）本報廣告以高三英寸半，闊一英寸爲一單位，每期收費大洋兩元。封面加倍，夾縫加半倍計算。
（二）爲優待惠登廣告起見，列登長期，特別優待，凡登三個月按九扣計算，半年按八扣計算，全年按七扣計算。
（三）本報爲便利惠登廣告商家便利計，廣告底稿，可交由該管區所，轉送本報廣告部，
（四）凡在本報刊登廣告者，每期出版，贈閱一份，

律師李景光
不須介紹人 不收談話費 凡貧屈案情並得免收費
事務所 法租界泰康商場後十二號 自動電話南三〇一七一五號

交通銀行
天津分行
各種存款利息優厚 抵押放款條件公道
營業時間自上午十時至下午四時止
北馬路兌換所
營業時間 自晨九時至午後五時止 星期照常辦公
內國匯兌匯水克己 債券本息貼現便宜

全國信用最卓著之商業銀行
鹽業 金城 中南 大陸
四行儲蓄會 聯合準備庫
上海 北平 天津 漢口 香港 南京 濟南 鄭州
各大城市均設分行

中華書局
四月一日至三十日止
國語書六折 另備價目 價一月 廉索即寄
天津大胡同

國音 國語 各種 圖書
六折廉價發售
商務印書館
開設大胡同南口
電話總局五一六

要買切合實用書籍
請到世界書局
天津大胡同
新學制課本

恒利金店
天津總號 日租界旭街 電話二〇八一六
唯一精製首飾 支店 估衣街西口 電話總局三三二五

天官商標
物華樓
發兌十足金銀首飾珠寶鑽石中西器皿
總店日租界旭街大馬路
分店估衣街歸賈胡同口

美術的鑲嵌金銀首飾第一家
天寶金店
珠寶鑽石貨真價廉
電話 二〇五七四 二〇六〇三

等。更为珍贵的是多版的“张副司令晋京纪念”专刊，刊载了10余幅张学良戎装及出席各种活动的图片。

为增加可读性和趣味性，画报也刊载一些轻松活泼的小品文，如《谈谈女招待》《遇盗奇缘》等。1930年11月24日第11期《一个可恶的租界巡捕》讲述了这样一个故事：一天，作者正在某租界的街道上散步，“远远地还站着一个极凶恶的外国巡捕，可是中国人”。只见前方马路上来了一辆洋车，车上坐着一个中年妇人和一个五六岁的孩子，筋疲力尽的车夫不住地喘着粗气，拿他那灰色毛巾不停地擦脸上豆粒大的汗珠。“从远处来了一辆汽车，‘呜呜呜’地叫着，接着‘嘣嘣’，接着哭声、乱碎声，一起送入我的耳鼓。我回头一看，原来那可怜的车夫被汽车撞得四脚朝天，那坐在车上的两个人也随着摔在马路上。霎时间，那面目狰狞的巡捕走将过来，拿着他那很丧气的指挥棒，要打那车夫，复回头对那黄发碧眼的开汽车的外国人说道：不要紧，请走吧！但是，这一个外国人的脸上很带出一种过不去的样子，下了汽车走到洋车夫和那坐车的面前，露出很抱愧的面孔说道：对不起，撞着没有？便向袋里取出了许多的钱，分给那坐车的小孩和可怜的车夫，便又开着汽车呜呜地走开了。这个可恶的巡捕复向这车夫骂了几句，这才去了。”这个故事再现了当年天津旧租界真实的一幕，将一个在租界里为洋人服务的中国巡捕的丑恶嘴脸刻画得入木三分。

《天津商报画刊》报道影后胡蝶结婚消息

1930年7月，天津名士王伯龙在法租界24号路（今长春道）创办《天津商报周刊》。画报初为周刊，后改一周两期的《天津商报图画半周刊》，从1932年初开始一周三期，逢周二、周四、周六出版。1934年后曾出刊两种：甲种画报用白洋纸印刷，零售批发；乙种画报用普通报纸印刷，随报附赠。其间还出过日刊《天津商报每日画刊》。到1937年7月停刊，出版至第23卷的第39期（每卷50期）。

《天津商报画刊》为综合性刊物，其主旨为“规规矩矩为读者办一张画报，不给某人做宣传，不替哪一方面张目，不对某一件事吹捧、谩骂”。办刊风格基本模仿《北洋画报》，为8开道林纸，4版。头版上半版是明星照，多为电影、戏剧、舞场明星的美人照和名闺生活照；下半版尽为天津地区各商场、银行、医院的广告。第二版为时政版，登载官场消息、政府要员行踪、中国驻各国领事代表往来、体育比赛、名人逸闻等，间有国内名胜、外国建筑图片等。第三版戏剧、电影、书画、漫画、儿童专版。初设“剧画”，自1934年10月6日第12卷第29期始开辟由王伯龙亲自主编的“戏剧专号”，介绍戏剧界名伶动态，戏园演出剧目，各戏校消息等。同年10月11日第12卷第31期开辟“电影专号”，介绍各影院上映的电影，电影明星行踪、日常生活、逸闻趣事、花边新闻。从1935年开始大量整

The Tientsin Shanpao Illustrated Review.

天津商報畫刊

內政部登記證警字第壹捌零叁號

第十六卷第三十二期・民國廿五年二月十三日星期四

明星朱秋白近影・劍華女士贈刊

天津
商報美術部
精製銅版鋅版凹版
設備最新 出品最精 定價最廉 交貨最速

甲種 商報畫報 用白報紙印刷
零售每份售價六分 長期訂閱—本埠每月一元 訂二十期 外埠每月一元 訂十八期 外埠批發十份起碼批價四分
乙種 商報畫報 用厚報紙印刷
隨天津商報附送不另售
—本外埠一律—
本館 館址特三區二緯路三號 電話營業部四〇一五七

大中銀行
法租界中街十五號
專營商業銀行各項業務
發行
大洋及輔幣兌換券
準備十足 隨時照兌
電話 電報掛號〇〇三一 經理室三四二二一 營業室三〇一〇九 公用三三三七一
分行 北平 上海 漢口 長沙 哈爾濱

本市代兌處

同陞和鞋帽店出品
新式男女時鞋
花色繁多 定價克己
地址・法租界・東馬路・估衣街

大長城香烟繼續大酬謝
五十枝裝 一元三桶 十枝裝每包廿大枚
每購三桶加送一桶
每購兩包加送一包
南洋兄弟煙草公司津局謹啓

中原公司
百貨美備 價格低廉
附設函售 遠客稱便
各界惠顧 無任歡迎
總店日界旭街 分店法租界二十六號路 分銷處北平王府井

美麗牌香烟
五十枝裝售洋四角
十枝裝售洋八分
有美皆備 無麗不臻
中國華成煙公司出品

開辦多年的
中國銀行新辦的
儲蓄
會計獨立。董監事負無限責任。
利益優厚。一切手續力求便利。
行址—法租界八號路 電話三三一三一四 三一三七八
本市辦事處 梨棧 東馬路 北馬路 大胡同 金湯路 小白樓

注意
海王星牙膏
特點
絕對不含肥皂
絕無含硬性粉粒
配合消毒良劑
黏度調和適宜
保持經久不變
各大商店均有出售

《天津商报画刊》报道影后胡蝶结婚消息

電話三一七二六號

劉雲若著

春水紅霞

頭貳兩冊現已出版每冊售銀大洋四角本館發行

◇◇津市保安司令劉家鸞氏與俄國正副領事合照・中華攝影公司附刊◇◇

◇◇王卿晉先生遺像・迪生寄刊◇◇

◇◇上海集團第六屆結婚新郎新娘偕入禮堂時・國際社攝◇◇

德國總領事貝斯與津市保安司令劉家鸞氏合照・中華攝影

這幾天來（煥勢）

日前益世報，刊載蔣中正先生演講「禁煙總會的使命」白話文，向全國人民大聲疾呼……

◇◇南京中國貨幣銀行新建行址全景・國際社攝◇◇

◇◇新任巴西駐華公使賴谷與其夫人・國際社攝◇◇

晉先生逝世之回憶（迪生）

王卿晉先生逝世之回憶

◇◇北平青年會春節化裝聚餐合影・王德子橋◇◇

我國女飛行家李霞卿女士（又）在檀香山參觀美國軍用飛機場後與我國駐火奴魯魯總領事（中）及美國空軍司令夏丹路將（右）等合影

攝影八折
外贈放大
沖晒滿壹
元者附送
放大壹張
良機莫失
請速賜顧
中國攝影
公司謹啓
地點在
法租界廿四號路
電話二一一八五

獎金加賞利（吉拉）遊藝場是津市最有興趣之遊藝場內部設備完善彩金最富（每一角之票可得十一倍之多）對於遊賞不但能使君倍增興趣兼試君之運務望諸君前往一觀無任歡迎門票每位兩角

本場謹啓
河沿十二號

◇◇聯華影后梁賽珍韓蘭根滑稽鏡頭◇◇

◇◇影后梁賽珠舞姿‧傳德攝◇◇

介紹王敏新作（編者）

王敏在春假的時候，譯寫了兩部小傳，一篇是碧血忠魂的故事，一篇是神秘女郎嘉寶私生活，共有五六萬字，預備在本刊陸續佔一個不重要的地位，分期介紹給讀者，嘉寶的私生活，當然的事實，因為完全是按著原文直寫，讀起來很……

影評 第六十三期

怎樣救濟題材的單調（傑）

去年，文壇上有人討論創作的題材的問題，認為題材太單調也是使創作不振的原因之一，我就想起電影來，說起題材單調，我們電影中所表現的故事題材，留心一下，就覺得它們是比文藝作品還要單調的。

◇◇龔稼農玩鳥的表情‧遺德攝刊◇◇

嘉寶的私生活（王敏譯作）神秘女郎

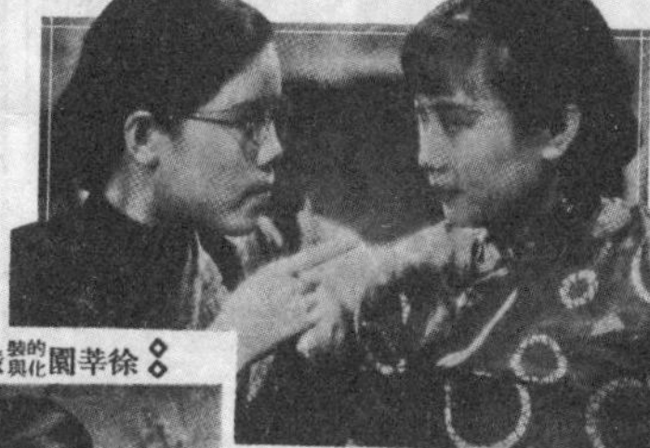

◇◇劫後桃花胡蝶舒繡文一幕‧攝◇◇

◇◇徐莘園表演‧製作與化裝‧攝◇◇

◇◇聯華出品天倫陳燕燕之表情一◇◇

◇◇明星公司總經理張石川之公子打皮球‧傳德攝影◇◇

紅杏出牆記　雲若

第十二回　驚風換巢春殘月來花弄影　飄花醒夢鴛字燕去鶯還枝　（七二三）

編者因病不能執筆乞讀者原諒。

㈢梅花專欄（二）　（李小霞）

生路？

失業的青年○像海嘯狂濤般的澎湃○大學生領到畢業證書○是像玩名人字畫樣的鑑賞○如果我們能在教育當局探聽到每年發出多少畢業證書○那末我們便能預料到又增加了多少與我們同一樣的可憐青年○這秭青年都與我們一樣的會感到失業○中國整個國家都感到經濟恐慌○社會不景氣○農村破產○於是一部份青年們的出路成了不可言喻的絕大的問題○一個人能向社會抓到飯碗是第一步○「名」只好例爲第二○

某私人招聘庶務兼教授幼童一人○高中資格僅有舖保月酬十八元○報名者四十餘人○其中居然有持大學證書者二人○結果中學生是名落孫山○

倣倖○他居然被取○當然他是大學資格○在他已是不致再每日喊着失業的痛苦○于精神經濟似乎都有了慰安○他應如何如何地給人家盡心服務？在他的幻想中○他先開始接任○由西廂圍留了八字鬍鬚帶着十足老官僚派的主人翁○狠客氣的對他說○

（舍下的家事狠瑣碎○先生多勞神○犬子每日有五小時課程足矣○下房的西角一間房○作屈尊先生之下榻○這裏是幾薄每月收入支出的帳簿○銀櫃……………）

天剛發曉廚子來叩臉門○是取銀二元買午菜○五元豬狗飯錢○隨着汽車夫取汽油錢○姨太太取大衣手工錢○……

……他像汽車輪子樣的忙忙碌碌一筆筆寫一筆筆開發○老爺經來一批一批的公文要他抄錄下來○小姐一封給朋友問安的信也請快寫○大少爺請畫地圖小少爺請講故事……

（？～？～？）這樣他的像醒後頭髮樣凌亂的腦際畫起無數的問號○他終於在次日黎明○鳥鴉出林時他也像鳥兒出籠般的跑出這所謂公館的罪惡之淵○長吁了口氣○回視朱漆大門煙霧彌漫○在他腦際盤旋的還是失業○飯碗問題○

版刊登全国各地书画家简介、作品精选、画展消息和摄影作品、收藏知识等。从1936年1月30日第16卷第26期开始专辟的“漫画”版和同年10月20日第12卷第35期特设的“儿童”版，为该画刊的两个特色版面，这在当时其他画报中极为鲜见。第四版长期连载刘云若的《红杏出墙记》和登载各地广告，其间因刘云若患病未能及时供稿时，该版面临时改刊一些《点石斋画报》和《飞影阁画报》。

因为影后胡蝶童年时曾在天津天主教教会女子学校读书，因而画报也就格外关注她的成长，曾用多个整版报道她的消息，尤其是胡蝶结婚前后的一些情况报道得更为翔实，最具特色，最有影响。

1935年11月23日，位于上海九江路和江西路口的一座教堂里人声鼎沸，影后胡蝶与上海德兴洋行的总经理潘有声正在这里举行结婚典礼，并在南京路英华街的大东酒楼设宴。明星公司的田汉和洪深联名为胡蝶发去了贺电，在婚礼仪式上，明星公司的同人们齐声唱响了周剑云为胡蝶所作的《胡蝶新婚歌》。远在北方的《天津商报画刊》在婚礼的前几天便做了详细报道。

同年11月21日的《天津商报画刊》首页上方是一幅“影星胡蝶女士游戏造像”；第三版是“蝶婚专页”，内有8幅照片，其中有订婚照、生活照、《夜来香》剧照、胡蝶访欧时与德国影星丽琳·哈蕙的合影等，刊发《希望婚后的胡蝶》的文章则在表达对胡蝶与潘郎“白头到老，子孙满堂”祝福的同时，也希望婚后的胡蝶不要离开银幕，“抛下数千万拜倒在酒窝儿下的观众”，专页上还别出心裁地设计了两个空白签字格，希望“一双酒窝儿，装满了几千万人的热与爱”的胡蝶与潘郎两位新人，有机会的话，一定要给报纸签名留念。

同年12月19日《天津商报画刊》的电影版，报道了胡蝶的婚后生活，刊登了梅兰芳、丽琳·哈蕙等赠送的礼品照片。署名“进德”的记者以《在“蝶宫”中一个早晨》报道了他在胡蝶新居的见闻：

由十月一日起
攝影八折
外贈放大
冲晒滿壹
元者附送
放大壹張
良機莫失
請速賜顧
中國攝影
公司謹啓
地點在
法租界廿四號路
電話二一一八五

（吉拉）
遊藝場是津市最有興趣之遊藝場，內部設備完善影……
（每一角之票可得十一倍之多）
本場謹啓

第六十四期

程硯秋王泊生寶蓮燈劇照

名票 張錦波 戲照 中國攝影公司贈刊

名票 張錦波 探母 戲象 中國攝影公司贈刊

名票 徐慶珠 張頂 錦戲 劇照

中旅「看了幹」

名伶 李盛斌 花蝴蝶 戲象 附刊

坤伶 雲艷霞 御碑亭 劇象 中國攝影公司

名伶 馬富祿 戲照 公司贈刊

李寶櫆 劇照

“胡小姐”三个字一喊出口，立刻又咽了回去，忙笑着改口呼了一声潘太太。她害羞极了，脸上浮起两朵桃花来，常言道习惯成自然，喊惯了的胡小姐，竟成了一个过去名词，呵呵！一间美丽而带新房气味的客室，分坐四个人：一是房子的主人翁潘有声君，一是他的新夫人胡蝶女士，一是潘君老丈母娘——胡女士的母亲，一个是我。在大家都感到快乐的时候，找不出一句适当的话祝贺他们。我是为摄照而来的，不必消耗人家宝贵而甜蜜的光阴，当下拉下镜箱，请他们三位合坐一只沙发上，拍了一张照，这是影后蜜月期中第一张处女之作。胡女士说你来得恰巧，我有几件最可爱的礼品，请拍两张照，因为今天天气太好。说着立了起来，领导着我指向一只玉雕蝴蝶，这是市府李大超先生送我的，这玉是云南产，又白又腻，你看它的光多么柔和而美丽呀！一转身，指着壁上镜框中镶着一幅合欢偕老图，下款是“梅兰芳”三个字。这幅画真有历史价值呢！遂又领我踱入寝室（洞房），在妆台上面拿起一只手镜，镂银的边缘，背面用五色绒屑堆成蝴蝶一只，栩栩如活，像要展翅飞去。她说这是丽琳·哈蕙在巴黎寄来赠给我的。拍完之后，她侧身倚在绣满蝴蝶的枕头上，望着挂在卧榻上面的一架金边镜，大红缎子镶裱的一张画儿，原来是本刊主编王伯龙夫人增丹玲女士画的5只蝴蝶，并有老名士方地山的题词。无怪胡女士要与这张画蝶合拍一照。凡是到洞房来的亲友，谁不啧啧地称赞几句啊！

记述李叔同出家过程的《中华画报》

1930年，天津名士管孟仁在天津滨江道恒安里创办中华通讯社，自任社长，王受生为编辑，记者有金新吾、俞志厚等，每日发稿两次，分供天津各家晚报、日报。1931年3月，管孟仁将中华通讯社无偿让与张家彦经营，创刊《中华画报》，社址在法租界33号路（今河南路）仁和里10号，自置全套印刷设备。画报初为周刊，不久即改每周三刊，逢周一、周三、周五出版。

《中华画报》属艺术类刊物，以“表现时代精神、介绍艺术结晶、暴露社会内幕、暗示人生片段”为办刊宗旨，文图并重，内容丰富，主要刊载艺术品介绍、文史知识、书画作品、摄影作品、明星伶人照片、小说连载等。其自诩“有大报的材料，画报的味道”。

画报为8开道林纸，每期4版。头版为流行的美人玉照，多有名闺和学生照，间有明星照。“良心话”是该画报头版的品牌栏目，几百字的短评，点评社会热点问题，把握时代脉搏，切中时政要害，初由编辑王受生撰稿，1932年3月王突然失踪后改称“时针”，由编辑竹心撰稿。1933年4月12日《独裁不适宜中国》指出：“开放权力虽不是应付国难的好办法，却是实逼此处，必走这一着。”第二版报道时政新闻，记录政要行踪，介绍娱乐场消息，《在半壁山抗敌的宋哲元将军、张自忠师长》《石河战地印象》《浩劫话滦东》等及时报

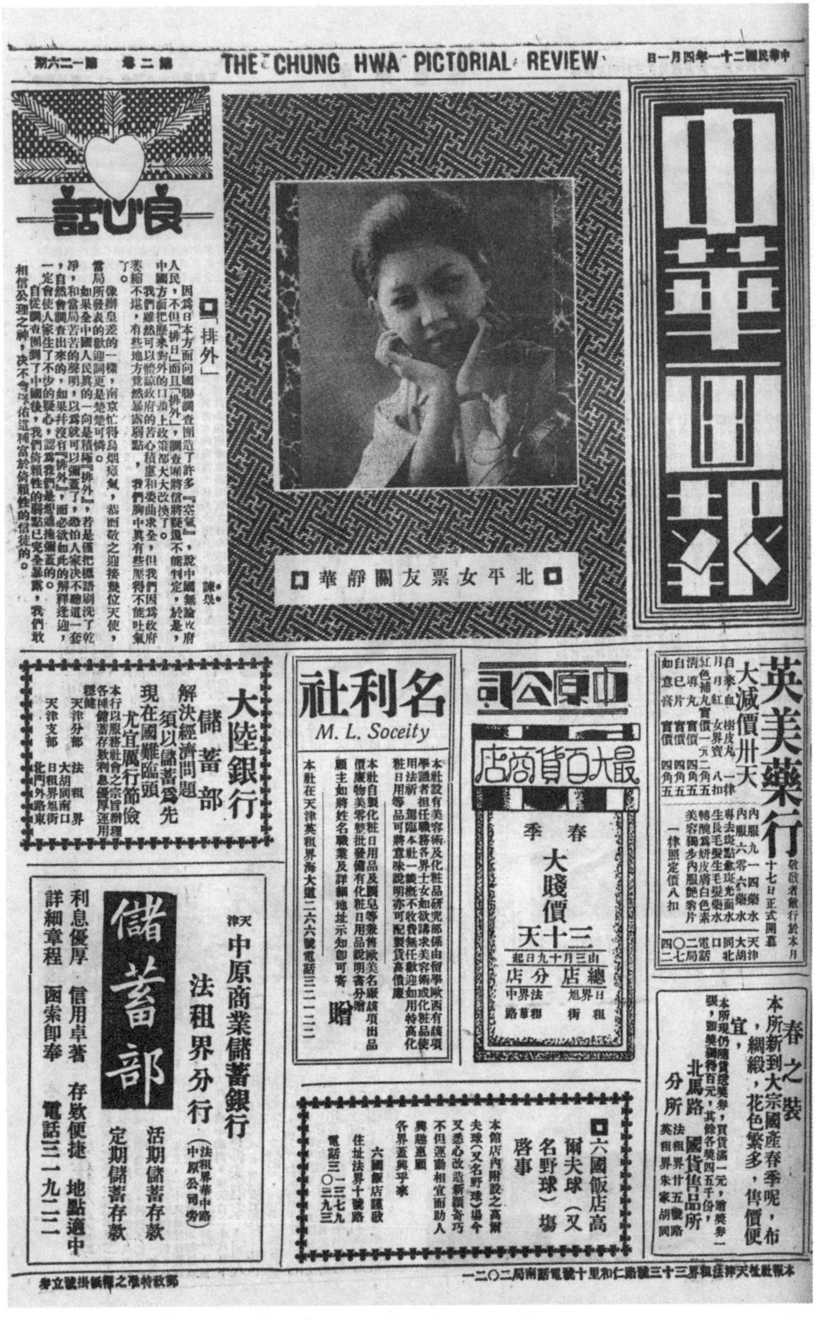

第二卷　第一二六期　THE CHUNG HWA PICTORIAL REVIEW　中華民國二十一年四月一日

良心話

□「排外」　諫果

因爲日本方面向國聯調查團造了許多『空氣』，說中國無論政府人民，不但「排日」而且「排外」，調查團將信將疑還不能判定，於是，中國方面把歷來對外的口號上政策都大大改換了。我們雖然可以體諒政府的苦心積慮和委曲求全，但我們因爲政府萎縮不堪，有些地方竟然暴露弱點，我們胸中真有些壓得不能吐氣了。

像辦皇差的一樣，南京忙得烏烟瘴氣，恭而敬之迎接幾位天使，當局所發表的歡迎詞更是楚楚可憐。

如果全中國人民真的一向是積極『排外』，若是僅把標語刷洗了乾淨，和當局若干的聲明，以爲就可以彌蓋了，恐怕人家決不聽這一套，自然會調查出來的，如果並沒有『排外』，而必欲如此的解釋逢迎，一定會使人家生了不少的疑心，認爲我們是想遮掩彌蓋的。自從調查團到了中國後，我們倚賴性的弱點已完全暴露，我們敢相信公理之神，決不會保佑這種富於倚賴性的信徒的。

□北平女票友關靜華□

中華畫報

本報社址天津法租界三十三號路仁和里十號電話南局二〇二一

郵政特准之新聞紙掛號立券

天津學界近憤日人暴行，爰於日本瀏民有贈金捐與飛府以政機華備侵，之用月於兩發前亦集起共十金二元餘萬美，向大訂購門號戰架機一名，定號抗訂機，該日於亦運已起，昨飛已號日東津機停東，子航局埠定容日飛明應機京用。調

□本莊繁有子

●寄自東京N●

日本莊繁爲日本軍閥中之大將，抱大陸侵略政策，所謂立滿洲國及成偽國之一切陰謀，均出本莊之手，其名字爲日本所稱，本莊亦常以本大肆其業之時，本莊之帝國主義之惡，國人多不知之，但其子本莊繁，爲法學博士，素性卑鄙，從不與人交，其友人亦多恥之，日前中國人以余爲其父之罪，爲一般國人所不齒，並在日本之親友，亦多不屑與之爲伍云。（莊任要職，近年本莊以來，國中人以目爲偽國軍司令部參議）

溥儀赴韓

□哈爾濱通信

——兩個珍聞——

記者今欲報告一出人意外特別消息，即溥儀已於就職後一日被日人監視由長春挾往朝鮮，此事日人秘不發表，記者有俄友樂斯夫，即在鮮京爲新聞記者，當溥氏抵京城驛時，於大衣袋中代爲攝得一影，寄示記者，此片有×者爲溥氏夫婦，左爲到站歡迎之韓王李昺，溥儀身後戴呢帽者爲土肥原氏，此片蘇俄各報均已發表，恐關內未必能見到也。

瀋陽大火

瀋陽於二十日大火，附屬地南滿站起火，原因不明，由南滿站起火，附屬地當局檢查甚嚴，消息不許發表，此項照片直至昨日（二十五）由哈埠友人傳說中畫刊，付某君供職南北滿鐵路，爲起火後不久，以日警備情形太甚，一般不得將瀋陽之南滿站完全燒盡，吾特檢出示烟霧迷漫之照片數張，吾人想此兩張照片，乃我國人所不忍觀者。此將寄東北三省人觀，又此兩張照片，由哈寄來，設法於書內夾寄，必悉是否收到，刊物不敢，恐檢查甚嚴，面封照片及稿件，信件粘入書本封面內，甚願中國人注意之。

記者按：此兩係用中東路出版之月刊撥寄，記者所用此法，開日本未及封，中有破損處，甚關心及，其有意無中厚閱後，發現甚佩。

小消息

□名妓賽金花於昨日到津，處裕中飯店，關係由其二十年前之熟客招來，並將作一「庚子回憶錄」，昨日有各報記者多人往訪，賽擬在津久住，托大公報記者吳微明兩君爲之筆錄，由彼口述，已擬訂章則，日內即可動筆。

□吳君昨晚在賽處止，吳君日前與北書記者施君厚，許劇一家聯合上海賽寄刊小香檳票一張，永貴中出二元，購得二元合一，雜誌大宴實客。

□各洋五百餘元，其弟玉仁，因患病，特來津診視，日前到津，係因其弟玉仁在北方寓所，已過蜂牌千餘路情形，馬到津後即下榻。

□三馬，各神，馬玉山，其弟玉仁現已加入聯華公司，合同已定，女一爲「苦人兒」。

□明星公司小說家何海鳴君近已得南京某部聘任爲高等顧問，何

□日坤伶章遏雲自首途。

□擬日內結花節，放於北洋工物學院植物學教授某君昨日前往遊

□西沽桃花節釋放，昨日起，突然怒放，游春士女於北洋植物學院，凡崎形病發展，授某君稱，花放後最

□今年桃花開放甚早，如此凡崎形，恐花今後

本市國民飯店，因營業近日上有發展，供求屋頂，行加蓋八層，將已添計樓廳大施，頂抗上層，將高五層，施工「交通」「中惠」院，最近情形。

有大報的材料畫報的趣味

中華新聞畫報

歡迎訂閱……每月三角

當局重視，此項珍貴圖片及稿件，而且封日報何開新聞，多爲各家報紙所發表，惟者似乎發生要，讀者無不知一津亦可見矣。

瀋陽大火！

右爲火起時南滿站日警之警備，下爲烟霧迷離之南滿站

本報記者

王受生君失踪

本報記者王受生（諫果）年來皆喜瀏覽佛學典籍，與新青將軍暢討論佛學，久之，因學佛故，以致意態索然，對一切事均抱消極，近又受某種事件激刺，惟來精神愈不安定，二十八日晚在社將封面良心話寫完，即告社役謂即返寓，但至昨日晚仍不見到社，深派人往其寓中詢問，據云自二十八日下午出外後即未返家，同人正在驚疑，突接王君自車站發寄一信，謂已乘車南下，但信中未提及目的地，殆已遁跡空門歟，同人除分函王君各友好處，如遇王君時請代爲設法勸導其回津外，深願與本報有關係之讀者，及王君友好能探得王君確息見告者，本報不吝重酬。

道了东北的战事和东三省沦陷后人民的苦痛；《所谓“日满亲善服”》，揭穿“日人侵略野心毒辣而深刻”；多次报道溥仪在东北的行踪，1933年5月1日更以《傀儡成婚添逆种》报道了郑孝胥的孙子与溥仪之妹结婚并在伦敦庄士敦家中生女的消息。第三版先后开设戏剧专刊、电影专版和书画栏目。第四版连载何海鸣的《藏春记》、王受生的《奇人奇事录》和王伯龙的《银羽集》等长篇小说。

1932年8月1日画报改版，改版后文字与图片的比例为1∶3，文字更加着重趣味性，特别得到了天津小说家刘云若的襄助，他不但在画报上连载长篇小说《婠婳英雄》，而且还每期撰稿一篇。画报除保留“戏剧特刊”外，每周增出一版专刊，如8月8日出版的“奥林匹克专刊”，报道第10届奥运会盛况；1933年8月23日的《二南舌画专页》。此外，为了突出地方特色，还连载了《天津的12个月》和《天津剧馆考》等系列文章。

该画报何时停刊没有文字记载，现存至1933年9月第3卷的第346期。

1933年5月17日，画报刊登了出家后17年的弘一法师与其两个弟弟最后的纪念合影和署名“证因”撰写的《李叔同皈佛记》文章，简要地记述了李叔同的生平和出家过程：“三津望族李叔同先生名文熙，为名医李桐冈之弟。髫龄失怙，母氏鞠育辛勤，叔同先生授室既早，甫20岁时已生二子，因大家庭中有难言之痛，弃妻子奉生母走沪滨，寄寓于大南门金洞桥许氏之城南草堂中。主人为许幻园先生，与叔同先生为义兄弟，待叔同先生甚厚。叔同先生清才隽逸，抱负不凡，所为诗词歌赋类多愤世嫉时之作。未出家时之诗词书沪，沪上许幻园、胡寄尘、丰子恺三君均有收藏。胡寄尘主编《小说世界》时，曾将叔同先生墨迹刊入。

光绪三十一年（1905年），叔同先生生母弃养，此时先生年只

戲劇特刊

（第廿二期）

□程艷秋將受德國博士學位

程艷秋於上月已抵巴黎，昨有函致本報記者王受生君，謂抵法後，備受歡迎，而德國熱布大學慕程名，特贈與文學博士學位，亦為披露，當為關心程訊者所樂聞也。

「……（上略）備受熱烈歡迎，德國[illegible]……（下略）」

定期赴滬勞軍十九路軍之女票友沈麗鶯女士近影

□記溥儀學戲

曼秋

去年這時候，平津各報[illegible]

北平女票程太太裝

□劇訊

[illegible]

□汪笑儂革命未成

[illegible]

湖揭居士反串李子花飾黃龍基之神情

□釣場

[illegible]

劉彥驗譜……「志忧檜」

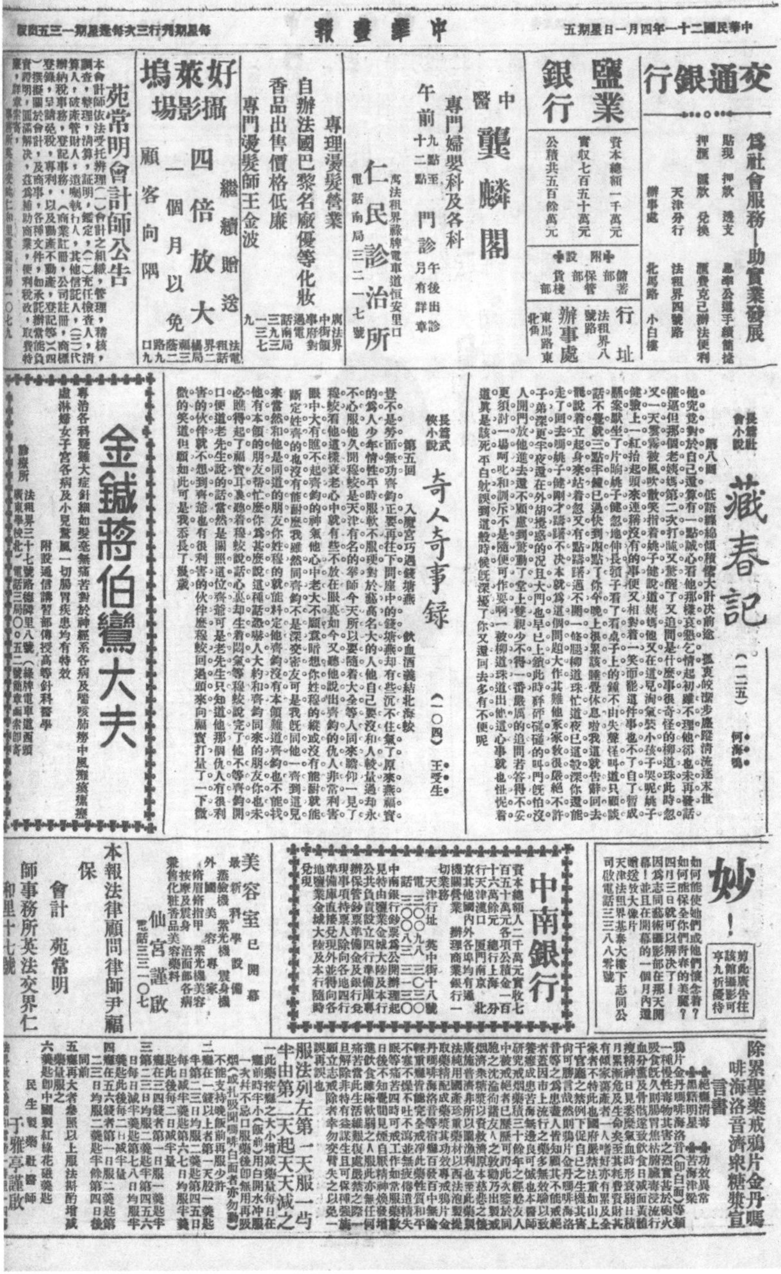
中華民國二十一年四月一日星期五
中華畫報
每星期刊行三次每逢星期一三五出版
交通銀行
爲社會服務—助實業發展
貼現 押款 透支 息率公道手續簡捷
押匯 匯款 兌換 匯費克己辦法便利
天津分行 法租界四號路
辦事處 北馬路 小白樓
鹽業銀行
資本總額一千萬元
實收七百五十萬元
公積共五百餘萬元
附設 儲蓄部 保管部 貨棧部
行址 法租界八號路
辦事處 東馬路東北角
中醫 龔麟閣
專門婦嬰科及各科
門診 午前九點至十二點
午後出診 另有詳章
仁民診治所
寓法租界蘇牌電車道恆安里口
電話南局三二一七號
專理燙髮營業
自辦法國巴黎名廠優等化妝香品出售價格低廉
專門燙髮師王金波
好萊塢攝影場
四倍放大
繼續贈送
一個月以免顧客向隅
法租界福蔭路口 電話二局三二九九
苑常明會計師公告
事務所英法交界仁和里 電話南局一〇七九
長篇社會小說
藏春記
（一二五）
何海鳴
第八回 低語纏綿傾積愫大計決前途 孤衷皎潔步塵蹤清流逐末世
他究覺對於自己還算有一點誠心看他那樣哀懇乞情起初雖不理他卻也未再發話催逼但那個老姨媽第二次打瞌又驚醒了又追問是什麼事很奇怪的柳道珠此時忽又一天雲霧被風吹散笑指着姚子健說道姨媽他又在這兒淘氣裝小孩子哭呢姚子健臉上一紅抬起頭來連稱沒有的事便又相對着一笑而能這件事也不了自了暫成懸案默坐了片晌姚子健忽地伸長頸子看了看桌子上的鐘不由失聲怪叫道只顧談話不覺就三點半鐘已過快到四點了你今晚上很累該睡覺休息啦我這就告辭回去罷說着立起身來站着忽又有點躊躇邁不開一條腿柳道珠忙道夜已這般深你還能走了回去嗎姚子健剛才躊躇不決本就爲這個問題大作其難他家家教很嚴絕不許子弟深更半夜還在外胡攪惑的況且大門也早已上鎖此時砰砰磕磕的叫門既怕沒人開門放他進去還不顧慮到驚動了堂上雙親少不得一番嚴厲的追問若答得不安更須討一場呵叱和訓斥不是隨便可作耍啊一被柳道珠道出他這心事就也忸怩着道真是該死平白躭誤到這般時候既深擾了你又還回去多有不便呢
長篇武俠小說
奇人奇事錄
（一〇四）
王受生
第五回 入魔宮巧遇錢塘燕 飲血酒義結北海鮫
豈不是勞而無功齊鈞正要再往下問座中的錢塘燕卻有些沉不住氣了原來燕福寶的爲人少年情性平時服軟不服硬對於藝高名大的人他自己要沒和人較量過卻永不心服他久聞穆較是天津有名的拳師今天所以要隨着大全等人同來瞻仰一見了穆較看他這樣衰老心中就有些不放在眼裏如今又聽他說出齊鈞的仇人非常利害眼中大有瞧不起齊鈞的神氣他心中老大不願意暗想你姓穆的縱或沒有能耐就能斷定姓齊的也沒有能耐麼我雖然同齊鈞不是深交密友可是我既同他一齊到這兒來當然和他是同道的朋友你姓穆的就能料定他齊鈞沒有本領難道齊鈞也不能找他有本領的朋友幫忙麼你爲甚麼說這種話恐嚇人大約和齊鈞同來的朋友你也未必瞧得起了福寶耳裏聽着穆較說話心裏卻生着悶氣等穆較說完了他不等齊鈞開口便道老先生說的話當然是關照這位齊爺可是老先生只知道他那個仇人有很利害的伙伴就不想到齊爺也有很利害的伙伴麼穆較回過頭來向福寶打量了一下微微的笑道但願如此可是我忝長了幾歲
金鍼蔣伯鸞大夫
專治各科疑難大症針細如髮毫無痛苦對於神經系各病及嗆咳肺癆中風癱瘓瘰癧盧淋婦女子宮各病及小兒驚風一切腸胃疾患均有特效
附設通信講習部傳授高等針科醫學
診療所 法租界三十七號路德隣里八號
妙！
如何能使她們或他們懷念着？？
如何能保全你們青春的美麗？？
四月三日就可以解決了！
因爲志同藝術攝影部在那天開幕！並且在開幕的一個月內還贈送放大像片
天津法租界基泰大樓下志同公司啟 電話三三八八號
剪此廣告往該館攝影可享九折優待
中南銀行
美容室 已開幕
最新科學設備
仙宮謹啟 電話三三一〇七
本報法律顧問律師尹福保
會計 苑常明
師事務所英法交界仁和里十七號
除累聖藥戒鴉片金丹嗎啡海洛音濟衆糖漿宣言書
服法列左 第一天服一瓶半 由第二天起天天減之
民生製藥社醫師
于雅亭謹啟

二十有六。越四年，因参加革命工作，避祸东瀛。先生有艺术天才，在日本组织春阳社新剧团。《茶花女》《椿姬》两剧，博得留学生及日人热烈推崇。日本出版《芝居》杂志，松居松翁对于叔同先生景仰至深，彼在杂志上批评叔同先生演《椿姬》饰主角椿姬，大意为："李叔同先生有过人的天才，饰椿姬优美婉丽，决非日本俳优所能比拟。有许多留学生受了他的默化，立刻抛弃了学业，跑回中国从事新剧运动，可见李叔同君确是在中国放了新剧最初的烽火。"按以上评语，已足见海外景仰叔同先生之一斑。民国4年返国，仍流连沪上。天津之美满家庭（有兄弟妻子，有先人遗产）未曾一来，大约已早存出世之心。至民国5年12月1日，决心皈依三宝，乃入浙江大慈山定慧寺叩求剃度，乃依佛门戒律，坐关断食。断食7日半，身心灵化；断食10日，欢乐康强。此殆所谓有宿根欤？师赐名"弘一"。布衣蔬食，古佛青灯，梵鱼贝叶，了却一生俗欲。现在杭州洪福寺为住持，每日一餐，一月只费蔬菜资一元五角。此像为最后寄津，与家属做最终纪念者。叔同先生之夫人，度凄凉岁月30余年，可云惨矣！于前数年逝世。所幸叔同先生两哲嗣，均为有为之青年，定可奋力前途，一吐乃翁一生之块垒耳！

民国第一校园画刊《青春画报》

20世纪二三十年代是中国画报的出版高峰期，时政、电影、戏剧、游艺、摄影、收藏等类的画报比比皆是，但唯独没有一本主体记录校园生活的画报。1931年9月5日，《青春画报》在天津创刊，它的编辑部设在南开中学校园，编辑、记者也多为在校学生，内容更是以记录全国各名校教学、社会活动、体育运动及教师、学生对时局变幻的反应和看法为主。因此，成为名副其实的民国校园第一画刊。

《青春画报》为十日刊，每月5日、15日、25日出刊，自第23期改为周刊，每周三出刊，8开道林纸，共4版。营业部设在法租界32号路93号，由位于老西开教堂后的中和里百城书局承印，后接受社会捐款3000余元，购置印刷设备，从第22期开始实现自工印刷。画报拥有完善的通讯网络，在全国各名校均设有通讯员，画报刊登文章除头版“社评”外，其余均为通讯员来稿。由于来稿踊跃，刊发稿件只能择优选取六分之一。画报存世较少，约于1932年年底停刊。

画报头版除刊登全国各校毕业生、高才生照片和广告外，“编者的话”是与读者沟通的一个园地，发布画报改版消息，回应读者提出的问题和建议，更正前几期的错误。而“社评”是画报的品牌栏目，就社会热点问题发表言论，虽然每篇文章不过千字，但观点鲜明，语言犀利，字字切中时弊，很能代表民意。第二、三版以图片为主，兼有文字，开设“学生的话”“时髦消息”等栏目，报道各校教学消息，介绍名校特点，交流学生学习心得，发表对时局的意见。第四版为小说连载和广告，有皂公的《街头之泣》、老道的章回小说《连理枝头梦》、鸿音的言情小说《霭如的梦》、璞的《被捕——纪念我的好友步魁兄》等。从第23期开设“体育馆”专栏，由南开校父严范孙的孙子严仁颖主编，及时报道华北地区各校重要体育赛事，配以比赛现场图片，撰写各体育名家小传和趣闻逸事。自第24期聘请北平中央医院医生生景清先生开设“常识讲座”专栏，发表他关于医学常识的文章，解答读者医学和疾病方面的问题。

“九一八事变”后，日本关东军为掩护炮制伪满洲国傀儡政府的阴谋，由关东军高级参谋板垣征四郎串通日本上海公使馆助理武官田中隆吉，蓄谋在上海制造事端。田中隆吉与女间谍川岛芳子策划，于1932年1月18日，唆使日僧天崎启升等五人向马玉山路中国三友实业社总厂的工人义勇军投石挑衅，与工人发生殴斗。田中操纵流氓汉奸乘机将两名日僧殴致重伤，日方传出其中一人死于医院。随即以此为借口，指使日侨青年同志会一伙暴徒于19日深夜焚烧三友实业社，砍死砍伤三名中国警员。20日，又煽动千余日侨集会游行，强烈要求日本总领事和海军陆战队出面干涉。21日，日本总领事村井苍松向上海市市长提出道歉、惩凶、赔偿、解散抗日团体四项无理要求。22日，日本驻上海第1遣外舰队司令盐泽幸一发表恫吓性声明，以保护侨民为由加紧备战，并从日本国内向上海调兵。27日，村井向上海市当局发出最后通牒，限28日18时以前给予满意答复，否则采取必要行动。国民党政府为集中兵力在江西“剿共”，对日继续执行不抵抗政策。军政部长何应钦急电第19路军忍辱求全，令上海市市长吴铁城于28日13时45分全部接受日方提出的无理要求。

青春画報

每十日發行◉逢五出版

Miss Gloria Lee 爲北平師大英文系畢業生

◀北平真光攝影社贈刊▶

▲本報社址▼ 營業部設天津法租界三十二號路九十三號 編輯部設天津西南城南開中學內
▲本報價目▼ 零售每份大洋五分 訂閱全年大洋壹元伍角 半年八角郵費在內
▲廣告價目▼ 廣告以四方吋起碼價章另定 函索即寄

中華郵政特准掛號立參認爲新聞紙類(五五三)

NO.21

編者的話

上一期的顏色的是第一次採用，配色上較有不勻，的確是初試的原故。

近來稿件的擁擠，實在是打破了以往的紀錄，就拿各地學界投來的消息來說，差不多都是五六段裏，摘取一段最有價值的刊登出來，但是仍然有不少好的消息向隅，這實在是件很抱歉的事！

現在有一個好的消息報告給諸位！就是同人最近得到幾位特別愛護本報的先生，允於捐助大洋數千元，爲購買印報機械之用；一切印刷用品，同人均在分頭籌備中，縮短出版日期，自工印刷，諒來不久即可實現。

本報徵求本外埠各校同學代銷，報酬特別從豐，請直接投函本報營業部接洽。

▶老西開教堂後中和星百城書局承印◀
營業部設鈴詩寶康道恒安里四十六號
營用電話三局三一六八號

社評

道德與法律

[illegible]

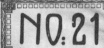

北平女子學院潘君芳女士 ▶北平同生林東寄◀

時髦消息

南開中學師生出版物南開雙周，於上星期出版委員會本屆第一次開會時通過改爲南開月刊。現正在接洽印刷，徵集稿件中，不久當可出版矣。——道——

中西有新考入高中三年之陳女士，於作文堂中由某文範中抄襲律詩一首，題爲「春日」，老先生閱後，大加讚賞，給分九十，且懸諸成績欄中。過往同學，或咋咋讚美，或曰：「我還會背這詩呢！」「我似乎念過」，我則曰：「抄得很妙！」——彬彬——

中西女校手工班，新近由女師聘得教員楊清我女士，規條甚嚴，首次上堂，立約法三章，同學等自此將不敢輕忽手工矣！——彬彬——

中山中學體育健將五人，已轉入法商高中二攻讀，內中並有朝陽體育會朱文涵女士云。——瑞——

法商學院自發生拒檢運動以來，數星期於茲矣；該院師生本「拒檢不忘讀書」之宗旨，竭力維持，迄今仍照常上課云。——林泉——

北平輔大校內前數日有貧民抗債團宣言，內云「天不下錢，地不長錢，家不來錢，多不出錢，小館要錢，公寓索錢，債主討錢，學校繳錢」，可謂新鮮之至。——鎮中——

北平師範學校孫世慶師長，年將六旬，神足氣壯，尤若青年，近聞該先生與某女士發生戀愛，於本月二十七日舉行結婚典禮，想彼時定有一翻熱鬧也。——婷——

清華大學梅校長，素日老誠持重，不好言笑，四日晚我軍佔領閘北消息傳至清華，清華學生歡呼若狂，一時呼聲四起；七時王造時代表上海各團體聯合會在清華講演，梅校長在未介紹以前，先對全體學生言：「吾正在食晚飯時，忽聞呼聲四起，大驚，疑係又發生校長問題，後知係因我軍勝利，同學歡呼，吾不禁又飲三杯……」按此係梅校長第一次向學生們說兩句玩笑話。——璞——

日來嘉興傳聞朱家角已有日軍登岸，但朱家角與「楓涇」祇十餘里，而「楓涇」至「嘉善」及「嘉興」附近，每日飛機時來偵察，飛行極低，盤旋天空，每日偵察時間，約十餘分鐘，故人心頗爲驚亂，所有縣立女子中學及中山女子中學學生，大多束裝逃避，學校當局頗殊難維持，於昨日起先告停課云。——鳳麟——

嘉興江淮同鄉會，因此番滬變日人利用無知江淮人民潛入各地，或爲間諜，或圖投擲炸彈，奈嘉興爲滬杭中心地，處重要，現由該會組織偵察隊，會同地軍警嚴厲偵察，遇有形跡可疑者即驅逐出境云。——鳳麟——

西洋攝影佳作——期望 ▲南開商行贈▼

慈善家的新事業

狂生

文化萌進的潮流裏，誰都感覺灌輸新學識的需要，總期望着造成一個學識賅備的新人物，爲自身爲社會求些新的貢獻。事實每每是違背你的願望的，那怕你盼望的如何的急切，籌思的如何周密，他決不能使的想到做到，硬叫你不能染指；給你一種阻礙力。你看着，有多少多少的窮青年，爲了經濟而斷送了他那偉大的前途。徒具有一付聰敏的腦子，一種堅強的意志，不能施展，不能表達。紈絝的子弟却又適蹈其反，徒有千百萬的金錢，盡情揮霍，而不向學業上用功夫。這雖然不能斷然決然的如此來判斷，但根據以往的實例，拿造就的青年的數舉來比較一下，窮子弟實在要勝出一籌。

在中國積極的需要人才的當兒，偏是有堅決志向而缺乏經濟的幫助，經濟十分充裕的却又不能專心，這種肯讓的現象是多麼的不可思議？不知道以救濟社會爲前題的諸位慈善家，有沒有注意到這點。這實在比救濟災民還要重要的多。諸位慈善家！有多少社會應做的事，應有的人才，由於這點而致誤？如果你們是真實的爲社會謀福利，就應該從這一小點做起，籌有一種具體的經濟援助方法，做個個有志爲社會求些新貢獻而受經濟壓迫的青年，都能踏進社會的建設軌道上。盼望讀的書做新事業的都能如願，那應社會的前進舉，當然可以顯然的增加，那時諸位慈善家的功德豈只歌頌可以了之！

北中名交際明星夏亞男女士 ▲北平異光寄贈▼

中西女校青年會全體合影 ◀彬彬贈刊▶

記者於上星期赴忠信堂參加爾界張君式譚王女士素娟婚禮，新人雙雙，均年三十左右；男係續弦，女係再醮。在禮堂的東南隅，高懸突悌之喜聯一村云：「一雙新人物」「兩塊舊傢伙」。中堂爲「譚兮娟兮，娟兮譚兮，倆人婚兮，我眼饞兮」。賓客滿堂，見者無不捧腹。——綠——

上月二十八日滬上戰事發生後，明星與聯華二公司，皆四出攝製新聞片，聯華公司攝影員，皆抱大無畏精神，勇往直前，致有攝影隊所乘汽車一輛，爲日人扣留，新聞內容，可想而知，聯華當較明星更加豐富多矣。——紹基——

伊士特曼先生——柯達公司總理——遺像 ▲錫璋贈▼

伊氏爲柯達公司之投資者，美國之百萬富翁也。柯達公司爲其一手創辦。熱心公共事業，常將巨款捐助教育，音樂及慈善事業。本月十四日，忽以手槍自殺，時正因病，想係病魔所致。享年七十七歲。

西洋名貴攝影——傾雪 ▲南開商行贈刊▼

暂时下野的蒋介石委托国民党元老张静江说服蔡廷锴避免与日军冲突，并调宪兵第16团接替上海第19路军防务。日方接到吴铁城答复表示“满意”，却又以保护侨民为由，要中国军队必须撤出闸北，不待答复，驻上海日军有海军陆战队1800余人及武装日侨4000余人、飞机40余架、装甲车数十辆，分布在虹口租界和杨树浦，另有海军舰只23艘，游弋在长江口外和黄浦江上，由海军第1遣外舰队司令盐泽幸一指挥。1月28日午夜，陆战队分三路突袭闸北，攻占天通庵车站和上海火车北站。上海军民义愤填膺，担负沪宁地区卫戍任务的第19路军3个师共3万余人，第60、第61师分驻苏州、南京一带，第78师2个旅驻守上海，在总指挥蒋光鼐、军长蔡廷锴指挥下奋起抗战。“一·二八”淞沪抗战爆发。战斗一直进行到3月3日。中国守军接连打退日军多次进攻。

战斗一打响，《青春画报》立即派出驻沪摄影记者李为伟到战斗前线拍摄战况，第22期出版的“沪战专页”，以《巨炮轰击杀人无数》《富村闹市尽成灰烬》《流弹击毙逃难人民》《残体裂尸随波漂流》《农民住房尽被焚烧》等图片，记录下日军的侵略行径，揭露“日人残暴之万一”，以使民众铭记“这不可磨灭的一页，暴日对我们民族那样无人道的摧残、违背公理的侵袭”，“希望华北同胞观后，一致奋起，督促政府收复失地”。

1931年9月18日，日本侵略者制造了“九一八事变”，派兵侵占中国东北。21日，中国政府致函国际联盟行政院，请求“立即采取办法，使危害国际和平之局势不致扩大”，30日，声明请求国联“派遣中立国委员会至满洲”进行调查。12月10日，国联行政院通过决议，选派以英国人李顿为团长，英、法、美、意、德五国各一名代表组成的国际调查团来华视察。1932年3月，调查团抵达中国。

为此，《青春画报》除刊登了10余张国际调查团抵达平津的图片外，还表达了自己的看法：“国际联盟调查团自命负着维持世界和

街頭之泣（續）

◀公晃▶

「怎樣輸法？」大家笑着轟起來。

「我知道我一定要走。你們不信咱們就輸東道。我要不走，今天的包子錢全由我會了。」

「好好好大家多吃，讓這小子會賬！」大家哈哈的越發笑起來。

一歇，包子買來了。店夥計打開荷葉包兒來，一陣陣的熱氣騰得迷人眼睛。王君還是找着人開頑笑。我獨自替他悲悽。我知道他的心比誰都急。他和人輸東道的頑笑底下藏着一層求神問卜的心理。我知道，他對於這東道，他決不願意贏，只要有人能給他一個安全的保障，別說這點包子賬，再大些他也不吝惜去輸的。我知道我是如此，所以敢斷定他。我嘴裏咬着包子，眼裏看着他那種裝出來的瀟洒，心裏一酸簡直不知包子是甚麼滋味了。

「喂老李，老訴……」王君嘴裏塞了包子舌頭掉轉不靈，竟把字說成了訴字。「我說這回要被裁的咱們不要以爲就是咱們猜的幾個。咱們應該向自己身上猜。別儘以爲是別人，忘了自己；到得終結落到自己頭上來，那才是一場沒趣呢。」

劉君暗暗的問蘇君道：「爲甚麼這位王先生這樣多心？」

「信他呢！……他和老徐都自己有把握，偏要這樣鬧着形容人。」

「老蘇你別說我老徐，我們打開窗子說亮話，誰敢說有把握？」我這樣反駁着蘇君，但我同時心裏也暗暗一驚，所謂的「把握」在我的意念中曾不如一縷消烟還有個影兒呢。因爲不相信自己，由不得便有些相信人。希望從人家的口風裏抓住一些可靠的「把握」，所以聽得蘇君這樣一說，如同又得了一張「上上」的靈籤。他既然說有「把握」大概有些「把握」吧，假使他有「把握」，我也應該有「把握」。我看蘇君說我們有「把握」的時候，那神氣他分明是有「把握」的樣兒。

李君坐在自己的床上。他最怕被裁，也最嫉妬王君有不被裁的機會。他似眞似假的諷刺着回答道：「老王」，可不是嗎，別人不被裁你也得被裁。你來得又早，作事又多，走得又晚，筆下又流利，不裁你裁誰！……………

（未完）

連理枝頭夢（續）

社會小說

第二回

夜靜更深對月溫故雨
夕陽斜掛依海餞情人

老道●

拿手顛了一顛，似乎要想看看份量够不够似的，顛完之後，才由亂書堆裏拿出一張單子，瞇糊着眼[illegible]

（未完）

霧如的夢（續）

鴻音●

[illegible]

（未完）

被捕

——紀念我的好友步魁兄。

璞●

[illegible]

呼哨月刊

四月一日出版

青春画報

體育館

耿順卿君之小史（附耿君小影）

耿順卿君河北省阜平縣人，現年三十六歲，於民國十一年，卒業於北平國立師範大學體育科，曾任北平[illegible]敎員，至十三年始敎河北省立法商學院體育主任，[illegible]氏性情純正而豪俠，熱心公益，並無一切嗜好，又善射擊，每於假期內即歸里尋狩飛禽走獸，無不奇中，故津中著名射手，如吳向忠、張幼忱昆仲等，均與而為友好。[illegible]無不擅長[illegible]即由氏奔走而告成功者。氏之家鄉中，曾於民十六七年，受軍閥之劫掠，歷九月之久，遍野哀鴻，目不忍覩，幸有氏熱心呼籲賑濟，難民得不死者有數千之譜，但氏之書籍什物均皆犧牲淨盡，若氏者堪稱為濟公好義者也，此事有氏所著『鐵蹄下之阜平』一書所述經過甚詳云。

各校專電

「滬訊」足球名將李寗，本擬今春二月與閻抑珠女士結婚，奈適值滬戰發生，婚事遂受戰事影響延期，[illegible] ──紹基──

法商學院國術會，已成立二載有餘，會員多至三四十人，精神頗佳，本市名家邱蓮樓先生擔任教師，並規訂每日下午三時半至五時為練習時間云。 ──解仙──

本月十三日為北平中國大學十九週年紀念日，是日舉行運動會，曾代表北平出席華北之學生張新民，沈保亮，劉潤等，只參加表演，不爭任何獎品，以示激勵後進云。

小個子張新民，都未參加比賽；前每出風頭之曹大哥（桂恩女士），去年每跑必後之曲大姐（紹卿女士），亦未到場，大哥大姐找不到之，大家都說『沒勁』。 ──璞──

聞名全國之女運動家孫桂雲小姐，現遊歷來平，有投考女一中之消息。又訊：曾代表遼寧出席全國運動會之同澤女中體育健將，並以七・八四五米成績，獲得鉛球第一，鼎鼎大名之何振坤女士，亦行來平，現借讀於平民大學政治經濟系云。 ──璞──

[illegible]育主任[illegible]建築一小規模之體育館，現正徵求學校當局之意見，如採納，則暑假定能實現云。 ──江──

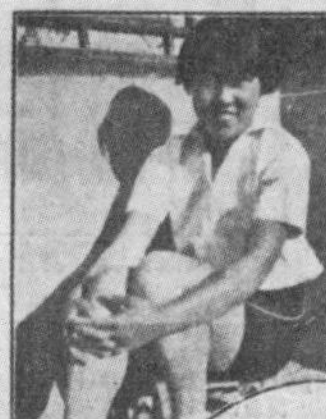

北平市立師範學校籃球健將史濟引女士（璞贈）

法商體育主任耿順卿君

北平中大春季運動會之[illegible]（璞）

中西女校春季運動會拾零

卡女士為何不到塲？ 要君

素來以「嬌小姐」一名聞社會的中西女校，近來也是特別努力在運動上求進步，覺於本月十五日下午開了一個小小春運會。加入的人數總在全校五分之三左右，不加入的人也很多，雖然體育主任曾以「叩十分」一來通知她們，所以她們的態度就自然的不同了，大半是為愛惜「十分」而不得不勉強加入。不參加的除去少數人有特殊原因外，卻都是笨的落伍者，和所謂「道學先生」與「文學家」了！

開會前的一個星期中，小小的體育塲上無時不感人滿之患，各人在積極的準備奪標，教職員們也是手忙脚亂的準備幫忙。最使她們快活的就是「風先生」對她們特別面子，自開會到散會時，送給她們一個清明和煦的春天，剛剛結束了，大風又呼呼的飛揚起來了。這次因為卡菊年女士未到，所以她的第一名，都穩穩的送與別人！

二時半，鐘聲一敲，全體師生齊集院內，大門緊緊的關起來，並置一名守衛兵（以防學生逃出），先升旗唱國歌，中文校歌，和英文校歌，以後全體繞塲一週，便起始比賽。校旗高懸，獎品高羅列，五光十色，也值得旁觀的落伍者們垂涎三丈！

中西合作的精神，在任何事上都能很明斷的看出來，教職員們都是分工合作：有的充監察員，有的裁判員，有的幫忙量遠度，計時員，記事員，攝影員、指導員，[illegible]

賽跑的健將高中組為雷愛嬉，張徵鏡，朱瑞琳諸女士。[illegible]

報告員，運動員……全體都疲勞的[illegible]

[illegible]自然同學們都為她們慶賀，鼓掌。小小一個春運會，卻能表現中西的好強，合作，謙讓與運動的精神。

十分鐘 四月四日創刊

特闢這個小小園地！集珠萃璣栽植在其裏！供大家的玩賞！滋大家的興趣！

出版者：十分鐘社（通訊由百城書局轉）
發行者：百城書局老西開教堂後中和里
經售者：百城書局各經售處
定價：每期零售大洋二分全年二十期大洋四角不加郵費

醫學 常識講座

醫林瑣話 景

在這消遣品中談醫不大合適，遐應本刊編輯先生之請，本宣傳醫學常識之宗旨，隨意寫下，以供海內名哲之參考：

腋臭（俗名狐臭）又[illegible]

[illegible]

（一）局部療法：即使局部的汗腺分泌停止，[illegible]

[illegible]（未完）

體育周報

二十一年四月十六日出版

第十一期節目

由日本女子田徑的沉悶說到中國女子田徑賽 偶美
美國大學體育哲學談（七）
短笛
女運動員服裝之演進 陳樂橋
檀島混合棒球隊征日[illegible] 村
青大排球隊在濟始末 陳嘉震
中大閘瀛籃球戰紀 奇
警察勝滬粵聯隊 畬
濟南市的籃球隊 陳嘉震
一顆網球新星 唐華緒
讀者園地：奈何！ 求美
本屆歐林匹克運動大會之前瞻（五）：
大會神話 敏
大會珍聞 健
平育英最近的體育 銘者
運動界記事 記
長篇小說——野馬 隱者
名人傳——「高梓」 无記
碎錦
編餘

天津法界廿六號路基泰大樓十九號

啟事

長篇小說下期準登

租售小說專人送閱

本社備有小說千餘種用費一元即可遍讀群書請君快來加入無任歡迎

公餘讀書合作社 泰康商場樓下 借書電話二四七六

平的夸大使命来华了，一般肤浅的人认为国联对中日事件要有种公平的判断了，其实不然，我们先看看他们自命是‘和平使者’，是‘人道’、‘正义’、‘公平’的代表，但是翻开他们历史看看，几乎完全都是列强经营非、亚二洲殖民地的名人。……国民党政府充分表现其无组织及无用，所谓国府委员，集名贵美妇于一堂，夜宴调查团，一切招待之奢，何可尽言？所只差者，即所谓国府委员先生们长跪于国联调查团之前了。”在“风凉话”中说：“国际调查团来华，不是考察中日方面的问题，是来游览中国的名胜！国际调查团来华，各地官员特别欢宴，这一笔靡费，买卖军火去抵抗暴日，够多么值得！暴日的侵占我国，有显然的事实可以证明，而国际调查团还要调查事实，可见得他们所需要的事实绝不是真事实。”还一针见血地指出，调查团的真正目的是“瓜分”和“共管”中国。

而事实却不幸被《青春画报》言中了。1932年9月，调查团在北平完成调查报告书，报告书所认定的事实以及所作的部分结论基本上客观、公正，但报告书中的建议及其他部分结论却偏离了它所辨明的事实，提出以国际共管取代日本独占中国东北，这无疑是对日本侵略行为的偏袒。

风月中有风骨的《风月画报》

《风月画报》创刊于1933年1月1日，为津门名士叶庸方出资主办，经理为宁波人吴葆甫，主笔是诸暨人魏病侠。1935年由姚惜云接办，姚本是盐商子弟，常年游山玩水，遍历南北名胜，无暇顾及，画报业务全权委托魏病侠主持。选址旧法租界兆丰路兴义里3号，旧日租界旭街（今和平路）利亚书局和旧法租界24号（今长春道）路佩文斋南纸局均设分理处。

画报主要反映天津、上海、北京等地娼妓、舞女、女招待的生活，因而人们称之为"黄色画报"。在谈到办刊宗旨时，画报有文曰："本报以风月为前提，并不是导淫倡嫖，那么本报罪过太重了。实则本报的意义乃是寓警于娱，在谈笑之中，无形中可以示以嫖之利害，以及社会上一切黑暗狡诈等真实的情况……"

画报初为一周双刊，逢周三、周日出版，8开道林纸，4版。头版通常是头等苏州班子名妓照片，北地妓女次之，间有舞星、女招待、影星和名伶照片；第二版为不定期专刊，设有"游艺""女招待""酒排间""火焰山""戏曲"等栏目；第三版以妓院新闻和妓女生活为固定内容，设"花丛志异""花丛琐记""嫖学讲座""西洋人体美""月下花间""花间碎语""奈何谈"等栏目，连载《天津小班竹枝词》《风月掌故》《青楼术语》《20年津桥花市》等文章；第四版

風月畫報
第九卷第二十九期 中華民國二十六年一月三日星期日出版
四周紀念特刊
賽美會冠軍林妹妹新年為本報特攝

治療口部與牙齒各種病症，拔牙等，保無痛苦，鑲補各式義齒，精益求精，負責適用。諸君若患牙齒黑暗，口臭，有礙美觀者，鄙人用科學方法括洗，立可淨白，滿口清香，決無傷害牙質，與酸痛等弊，醫治藥品，鑲補各種材料，均用美國上等貨品，收費特別從廉，尚祈各界士媛光顧，或介紹親友無任歡迎。

牙科醫師 黃振慶

△診時 九時至十二時 一時至六時 星期預定

診所天津法租界二十一號路渤海大樓

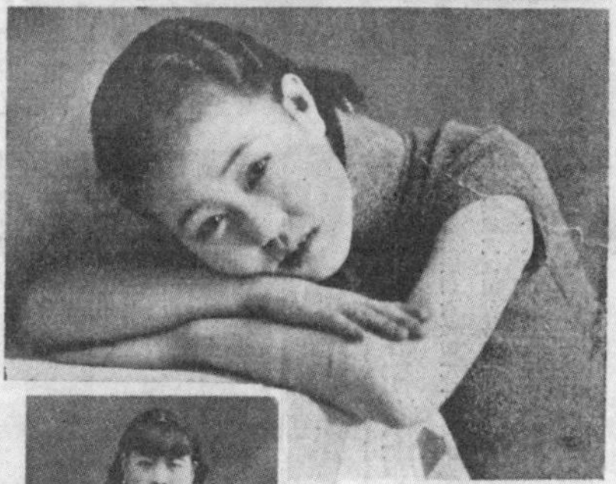

愛書來 鈴寓鳳（遠東攝影公司贈刋）

青樓佳話（續）

破書鈍劍樓主自洛寄

△悼亡詞

父母及大哥愛小蓉過甚，過去半年常曠課不用功，進步毫無，文卿好強，往往氣的流淚，曾不稍假以辭色，早晚得閑教新問候，筆算習字，詳加指導，煞費苦心，後來小蓉居然知道自己用功，不用人催，起早貪晚，勤讀不輟，成績可觀，文卿剛剛歡喜的不得了，熱意遭逢不幸，竟無再見之期。

飯生病裏藥爐香，鎮日更烹調理忙，為祝阿郎清恙好，不辭親手洗偎瘡。

余方患痔瘡甚劇，每日早晚熏洗兩次，彙句未愈。

斜陽淡影映西山，收拾前庭手不閑，向暮緣何更洒掃，親朋明日會嘉筵。

晚飯後文卿提壺執帚，洒掃庭院，大哥笑說，天已向暮，不用掃了，卿笑曰，明天不是請客嗎，家中年年於四月初九日請客過廟節，初九因人不齊改十一日，嗚呼，豈知此番文卿洒掃，竟成為最後一次了呢。（未完）

名花雙娜老九（中國攝影公司攝刋）

名伶盛國風（時代圖贈）

公平話（七）

龍眼董六

△讀被盜記後

在這個空間，道爺與貴友當然目難旁視，心無二用，那能顧到小褂子裏的大洋錢呢。倘若沒有別的客人來，那末：老媽伙友背着進來，做那勾當，道爺也未必知道呀？致累姑娘遭此不白之冤，也是意料中的事啊。第三：道人說；腰裏只趁五元交通票兩張，一元中國票六張，合計纔十六塊大洋，恰巧够一個住局，和一個盤子錢，要是半路中途，出點別的岔子，如碰摔了鷄蛋，攏破了沙鍋，或是遇上新知舊兩，乎這點滿兒嗎？況以香霽那樣的唱手，焉能好，我想她決不能做道不名譽的行為，作傻包月客人，偷着出去隨時開個房間，拉個舖，實在恐怕有點兒不富裕，幸虧失去的不過二分之一還不到，為數有限，講究人還在單單偷你七塊錢？又何必那樣厚道，還給你留下一大半呢？她現下固然抗刀，事由不賊和笨蟲啊，衆之她本是有牌子的姑娘，就是手無分文，最低限度，儘可以背着他的，不上一兩個鐘點，也能撈摸個十元八元的，豈不比做小偷強得多嗎？何苦偏要看中了你老的錢呢？道爺你要再思再想，不是幹別的花了，一時忘記了吧？第四：道人即便作香會那裏果真丟了七塊錢，說句良心的話，就算是她偷了，這份代價，也沒有白花呀，請想想；現在御河的鯽魚，還賣三四毛一斤，等到銀魚上市，一塊錢也不過買三條兩條，休說是沒刺沒鱗的活肉魚，外帶着還給個桃吃呢。還種口福，不知那世修來，若果道爺並不是賭說，香雪實給你桃和魚吃了的話，七塊錢不特太便宜，太够本，就是花上七十七百，我也不嫌貴，在下就是當棉被，實爺借崩崩利，印子錢，也得去嚐嚐，到底是什麼滋味啊？第五：道人這次丟錢，又該怨你太含糊，為什麼不當時發作，給她個教訓，以做將來呢？何苦舞文弄墨，費那腦筋呢？你老旣是寬大關綽於前，不加追究，為什麼又懊悔心琢於後呢？豈不太嫌矛盾，太覺度量淺窮嗎？要知道事過境遷，無贓無証，信口設來，壞人名譽，是要賠價損失的，而且是刑事犯啊。最後，在下鄭重的敬問道爺，這事是真的嗎？或者是坐了米桶換了甩，一肚皮悶氣，無從宣洩，才想借題發揮呢，要是另有作用，你可太不對了，人家孩子自從知這一段消息以後，再也沒上過台，每日哭天抹淚，你心中舒坦好受嗎？萬一因此尋了短見，那就缺了大德啦！難道你就不念吃魚，嚼桃，抽燻，上勁的前情嗎？得啦！道爺積點德，修點好罷，倘若還想舊歡重拾，見邀下走，定當奉陪，要是尋毆打架，祗好另請高明，如果你提出質問，在可能範圍內，或可掬誠答復發句，提到筆戰，怨無餘暇，特先聲明，還請原諒，道爺，再見！（完）

鳳班筋小 樓愛琴影（蚌佛齋主贈刊）

最近脫離家庭而更名美成之圓圓老七

有聊寫「對子」

千八

△贈向榮小老

一　鎮靜處世別轉向　淡泊律己與有榮（粉底格）

二　向後轉回頭是岸　「榮得來」行道有福（升冠格）

福合花向榮老姑娘，乃于八之「人兒」也，「上道」日淺，僅具「如賊」資格（兩次觀光，另寫「章台學走馬」一文詳記之），衆處未久，認識不深，泛寫兩聯，不足表現「馬打玲」之個性及身份也。

行將分娩之舊都南花曇蘭（吳珊贈刊）

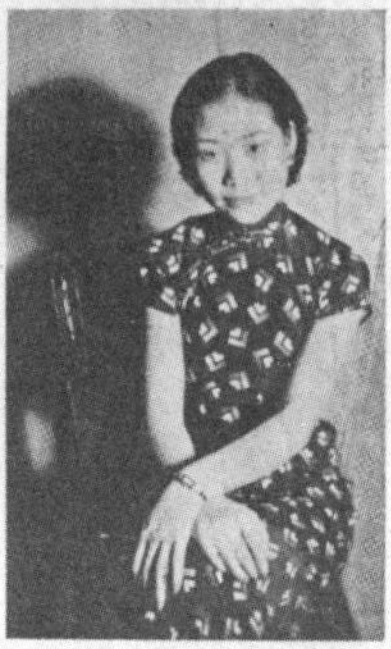

●留春園洪玉倩影（樂詠西攝贈）●

雜說書後

梅花道人

道人飄泊半生，綺懷早冷，但因閱覽本畫前載綺樓君之「星期雜說」，又不禁死灰復燃，雀兒思動，則君之行文香黯，設想高妙，可以想見？其中論有：『纏足婦女，脛瘦股肥，臀猶豐滿，而私處未有不墳起者，交歡之樂，酣暢逾恆……』斯誠過來人語。惜貧道無福，一過搭門，而覓個大嚼機會，眞終天憾事，可以撫膺長歎者也！綺樓所言，以意度之，確有至理，此公或不我欺？必嘗試已屢，觀玩尤多，而不忍自秘，宜示於衆也！鄉下人之蠢語，有云：『好女難得包頭鷄，好男難得饅頭×』，蓋謂得對方有此利器者，可享非常之樂也。「饅頭」之形式，譯爲文言，恰合「墳起」二字。在聊齋誌異中，蕭七一則，曾載「私處墳起」一語，余每讀之，即覺心旌搖搖，蒲公松齡，洵老於此道者矣。果如綺公所述，則深感滄桑易局，鼎器已還，「饅頭×」將隨「三寸蓮」同時絕迹於人間，吾儕現代男兒，曷福薄緣淺，以致於斯乎？再進一步言之，不知女子之具此最佳性器者，於交感時，亦另增妙趣否？如果確與普通大脚女子之滋味不同，則進可酬其忍痛行纏之苦；否者則徒供男子片面快樂，爲女人者，又大可憐矣！希靈犀，綺樓諸君，於搜集蓮瓣資料時，對此附帶條件，亦不容馬馬虎虎：倘得纏足女同志之現身說法，大闢玄秘，則道人願促起一般愛蓮君子，共稽首慈靈之下，以表崇拜之忱焉！

◉賽美會冠軍妹妹七寶祝本報四週紀念攝◉

◉南花胡蝶老四（吳珊贈刊）◉

關於章秋谷（一）

△釋題

章秋谷這個名子，只要看過九尾龜說部的一望而知是九尾龜的主人翁，九尾龜是描寫嫖界惟一的著述，所以稱他一代嫖學專家算可當之無愧，他在本書中有不可少的旖旎風流的趣事，和排難解紛的俠舉，在嫖界中算是一位不可多得的人才，現在不才把他的事跡仿照年譜格式，提綱揭領的記述出來，以時間的先後，排其次序，至於准確的日期，有不少在原書記載含混的地方，只好記其大概，很難翔實，讀原書語意，此書開始大約在庚子年間，本文亦姑以庚子年起始，至於他二十歲以前在嫖界的事跡，頗難詳考。

記賽金花逝世事（續）

幽黔

永依香塚爲鄰，紅粉長埋，得附江亭不朽，使後之登臨憑弔者，感慨欷歔，憶舊院之荒蕪，望故宮之禾黍，蓋有不勝其低徊不盡之思也已。（關於詠寫賽氏之詞章，以樊山兩曲爲最佳，晚近作品，似寡佳者，筆者擬略徵各界關於哀悼賽氏之詩文，俟集稿到後，當於本報擇尤刋布）。（完）

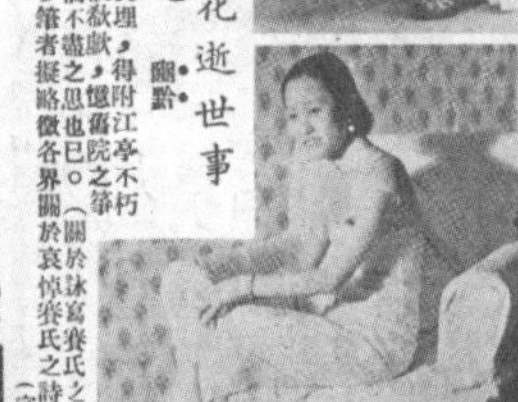

◉聞已從良之湘妃五嬪倩影（樂詠西攝贈）◉

△居住惠中四樓之王鳳妹老三，日前以看戲爲名，乘機投奔救濟院，請爲安排，據云事先老三有一熟客爲其畫策，聞該客識三僅月餘，且係茶房介紹，不意雙方竟一見鍾情，私訂白首也。

△惠中九十三號之老八，聞係永記理髮所掌櫃之第四妾，數月前因雙方感情決裂，八乃下堂求去，老八花信年華，丰韻極麗，聞尤擅壯第工夫，爲南花中之僅有者云。

△前在同慶後金鳳樓之花敏茹老大，近移幟于翠香班云。

◉愛鈴書寓四姐妹（遠東攝刊）◉

金瓶擷艷錄

好風月兒

前兩期本報刊登雲若兒撰寫「一夜風流識小名」一篇，以品三兩字暗暗象徵「仰之彌高，鑽之彌堅」之大體雙變特殊接觸，按此頗描寫，當以舊說部金瓶梅爲最細密，試閱各卷之中，記品玉文字，不下二三十次，尤以試葯後數章爲詳盡，若分析記云，凡曾經榮靄品題者，如金蓮，李瓶兒，王六兒，李桂姐，如意兒，愛月兒等六七人，就中有小詞點綴者，惟瓶兒，金蓮二人，委態最佳者，當風愛月，如「低垂粉頸，緩啓櫻唇，半吞半吐，嗚咽有聲」。（未完）

●惠中飯店之珍秀老六（華中攝贈）●

是姚灵犀撰写的小说《瑶光秘笈》连载和广告。第一、四版每期颜色不同，天蓝、深蓝、绛紫、深绿、棕色等逐期轮流使用；第二、三版每期各登6至8张图片。

画报每年都要出版一期纪念专刊，请一些名伶、名流、书画家等撰文、作画。方地山、何海鸣、王伯龙、张聊公、何怪石、刘云若、巢章甫等津城名士都是《风月画报》的撰稿人，北京同仁堂的乐咏西长期供给画报梨园名伶、青楼名妓的照片。该画报之所以能吸引这么多社会名流，是因为主笔魏病侠的“敬业精神”。他不但自己才高八斗、学识渊博，而且待人真诚，第一次约请名流撰稿时，他都要软磨硬泡，直至对方答应赐稿。

画报每期售价5分，在北京、青岛、济南都有一些固定订户，印数在500至800份之间，每半年另装订一本合订本，销路不错。为此，1936年3月1日画报改版，由每周两期增为三期，每逢周三、周五、周日出版；内容上也有所扩充，“每期轮流增刊漫画：各种刺激性或软性作品；舞台上：评剧、话剧、大鼓、杂技及凡属舞台上之一切作品；美术：金石、文玩、书画及艺术摄影，美术雕刻、塑像等类；水银灯：关于电影图片、文字；新时代：站在时代以前之各种人物、建筑及最新发明之一切物事的照片、文字；十字街：都市生活写真及评述；大自然：国内外风景名胜图片及记载”。

天津沦陷前夕，在时断时续的痛苦挣扎中，画报于1937年7月出版了第11卷第10期后停刊。

这个低俗的画报也有其闪光之处，它记录了旧中国被压迫、被蹂躏社会下层妇女的真实生活，揭露了上层社会一些达官贵人在风月场中的丑恶表现，明确地指出：是这个畸形的社会逼迫她们走上了这条出卖肉体、出卖灵魂的道路！这在署名“五帝”的《关于取缔女招待》一文中有所体现：

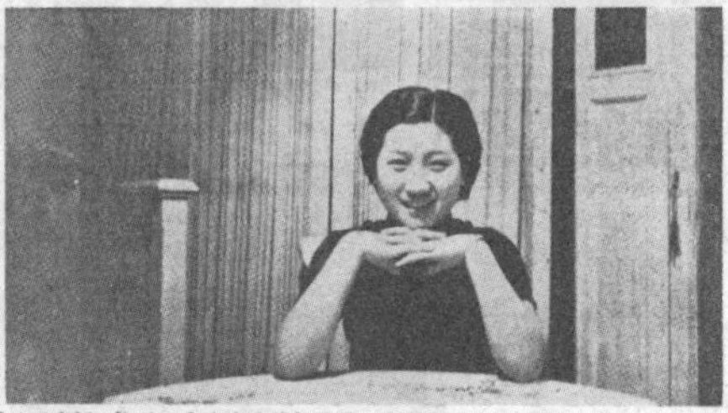

◉瀟湘館妹妹老七倩影（惜雲攝贈）◉

◉中華台甘小玉桂（問漁贈）◉

特別牙籤

繼聖

羊雜碎 刻光穆

星期六，偃如師兄與余並阿大班三人，由永興國劇社出，擬下館小酌，阿拉大班經濟士也，倡言下小羊肉館，偃如曰，小羊肉館價廉物美首推北門裏劉記，時尙早，我們慢慢走着去何如，適余病脚氣，不良於行，由四面鐘同乘電車至北大關下車，面西行不幾十步即達矣，舖面單間，進門食客已滿，因上樓，樓爲二通間，客復擠擠，堂倌殷懃招待，在櫃台傍稍坐，約三分鐘，靠總一席客去，得就座焉，偃如要白酒三兩，菜二色，「干爆羊肉」和「爆三樣」，移時菜上，食之覺其味鮮美遠乎他家之上，後又添包子六碟，羊肉餅二張，稀飯三碗，包子皮薄餡多，十分地道，計值不到七毛，大班遂稱便宜不置，當食時，余無意中見壁上懸有黑漆白字小木牌一，上書「特別牙籤」四字，嗽口畢，余正欲問堂倌索一牙籤，而偃如已先我指壁上牌向堂倌曰，「拿特別牙籤」，堂倌笑指曰，二爺，這個是，憑隨便樂着使，偃如與余不禁莞爾，所謂「特別牙籤」者，乃掛於牌下掃坑條帚也，枝梗盡禿，像害癩痢頭要漂亮而理分髮者然，油光光底沒有幾根毛，任客攀拆用代牙籤耳。

△花蓮閣，嫵媚老二，昨偕一少年觀劇於新中央，怡情正醋，忽一老者奔少年處，扭而擊之，一時闥中頓現紊亂，而妮子面有愧色，逡巡不倚，幸經茶役極力勸之，老者始偕其客而去，並向老二作詈不已，此老者其少年之父乎。（勤）

△巴黎舞女謝天香，富康健美，有男士風，前夜晚，忽遇一短小之舞客，大跳「餓死一」，該客舞時傍及謝乳，彷彿「那個」，觀客無不大笑。（劉）

△玉君老三，多情女也，因其多情，故大有無客不熟之勢，近來聞花和尚已不大前去，外傳老三已有吞鴉片之消息云。（四）

◉巴黎舞星謝天香（四公子贈）◉

（十七）許欽文出獄後之傑作

小說家許欽文氏（數年前轟傳一時之陶思瑾慘殺劉夢瑩案中被牽連在內之男主角），最近在「論語」「宇宙風」「天地人」半月刊中，寫「無妻之累」「小桃源日記」諸文，內敘該案之因果，始末，以及彼個人之冤獄，吾國司法界之不司不法，監獄中之暗無天日，囚徒之日常生活，手筆之使人增加不少清淅，常識。觀

（十八）苦幹硬幹

在新新曾數度公術演後赴滬而至今仍未離津一步之中國旅行劇團，傳開經費已滯，專候唐槐秋在南京酬欸動身，然忽忽數月，杳無消息，團員衣食住已生問題，近開團員鋪蓋不覺而飛者，日可數見，該團仍本苦幹硬幹精神，靜俟佳音，決不稍懈，令人敬佩。

◉中原女侍王九英（即卿攝贈）◉

閒話大方（續）

巢章甫

設有觸犯數十年交誼，以此壞吾不忍公亦不忍也，間再四，曰，與民更事而已，問將何之，曰，知我莫若公，含公其誰歸，公其月致數百金，派我八大胡同行走可矣，項城笑諸之。

先生有弟名爾成，字澤山，十四驟解元，不幸早世，先生每述及，曰，吾弟如張翼德，於萬人中取上將頭如探囊取物，勝吾十倍。

先生與寒雲丈爲師弟，又爲親家，寒雲丈長公子伯崇，先生壻也，兩家過從極密，寒雲丈事先生惟敬，而親，寒雲丈死，先生哭之慟，題墓字先生所書也。

寒雲丈書名滿天下，獨以爲不及先生，曰，夫子書如亂筆必空靈不可提摸，假我數年或可追步先生，每書字寒雲丈書爲伸紙拓印，丈死，先生拓印多倚邪糊餘，余過先生求，亦爲先生伸紙拓印，先生怡然曰，吾今見子如睹寒雲親筆，丈必求書，雲況子書尤類寒雲耶，小子勉之，余竊自慚悚，雖數年前學丈書殊不似，今且雜以他體，負先生謬許矣。

余耳先生名久，先生亦知有巢章甫其人，初不相識，相識自武越之介始，余與武越游大羅天，遇先生於稔，武越爲介，立談，且半小時，時隆冬天寒，武越久病新瘥，頗不奈，先生談極健，往往如此，今武越死矣，追懷往昔，不禁惘然。

先生撰聯之多，不可勝計，贈大千夫子聯至七八，余僅記「世界山河兩大，天下原道路幾千」一聯，又先生贈妓來輻一聯，云「一人既來然肯，我亦自求多福」，夫來輻至俗之名，出諸先生之口，雅而趣，且天衣無縫，非仙才曷克臻此。

（未完）

◉玉君老三（惜雲攝於風月樓）◉

◉名花嫣妹老九與其女友◉

在提倡女子职业的呼声中，所造成的现象只是茶楼、酒馆、戏园、影院增添了千百的女招待罢了。她们虽然是良莠不齐，未始没有身家清白、性行端重的，受了环境的支配，或是经济的压迫而走上这条黑暗的路，做了社会的玩物。因为社会经济的崩溃，失业的多，花钱的少，她们为换取金钱，博得衣食，不得不牺牲肉体，出卖灵魂。这是谁的罪咎呢？

她们的收入多寡，全凭面貌的丑俊，她们得穿着华丽的锦衣，擦着馥郁的香粉，露着藕白玉臂，涂着猩红的樱唇，显示出诱惑，卖弄出风流，来勾引她的主顾。这种行径固然与娼优异曲同工，不啻变相的神女，遍地的游娼。北平市政府曾经加以取缔。的确这是一种善政，但取缔之后，又将何以善其后呢？这成千累百的女侍，和成千累万赖以糊口的，又将何以为生呢？无疑是一种严重的民生问题。希望当局对于她们这般可怜虫，应有彻底的了解，尤其对于这畸形的社会，应当加以深切的认识，而谋以救济和改革。

屡出特刊的《银线画报》

1935年初，津门报人张圭颖、刘一行在天津创办《银线画报》，社址在今河北区建国道菜市胡同，现已不存。画报为6开本，周刊，以电影为主，兼有戏剧、文艺小品。1937年7月天津沦陷后，天津大部分报刊被勒令停刊，《银线画报》也在其列。同年9月，张圭颖与大陆广告公司经理华诞九合作，复刊《银线画报》，改为4开本，日报，由每日一张增至两张半，每周另出一张6开本画报，至1942年时改为三日刊，定名《华北银线画报》。但在日伪的黑暗统治下，画报几度因宣传爱国而被停刊，又几次在张圭颖的努力下顽强地复刊，《银线画报》就是在这时断时续的状态下生存了10年有余，直至1945年抗战胜利后彻底停刊。在画报出刊的300余期中，竟陆续出版了70余期各种特刊，这在民国时期的画报中是独一无二的。

《银线画报》为娱乐类刊物，每期多种彩墨轮换印刷，图文并茂，版面讲究，由天津各家电影院代售。编辑、出版、发行、广告阵容强大，社长张圭颖，编辑冯贯一、宋昆、李木、王伯龙、巢章甫、王敏、杨鲍等，采访阎朋鸟，广告冯承璧，郑梦塘负责电影版，刘炎臣编辑戏剧版，窦宗淦主编漫画版、文艺版。1942年社址迁至特二区兴隆街85号，法租界利安北栈大楼设立办事处。著名报人吴秋尘，漫画家冯朋弟、黄冠廉，摄影家郑桐和，木刻家杨镶等都是

華北 銀線畫報

三十一年五月十一日 第二六九號 每份零售一角

社址：特二區興隆街八五號 辦事處：法界安利北大樓 電話三一九五六號

下期五月十四日出版

富國紗

旗袍料大賤賣

每件只售五元五角

新巴黎綢緞公司獨家經理

特別行政區中街

大華綢緞公司

春季 特別賤賣 非常犧牲

男大褂料，女旗袍料

法租界壽德大樓 電話三〇五三七

談男子的佔有狂

自國家權力至女人玉帛皆欲佔有 是一切成功的動力也是萬惡根源

天津特別市公署社會局舉辦第五屆集團結婚紀念攝影 遠東攝影公司贈刊

樂生活難再享受 美國日用品施行配給 每家兩週只許購糖一磅

托爾斯泰之孫 竟流落爲氣球

驚人之巨額戰費

菲島全部奠定 東亞解放告成

現正訪滿受全國民衆熱望的和平鬥士汪主席軍服近影

天祥綢緞呢絨服裝商店

美利時行七週紀念

敬贈鴻運獎券

派拉蒙金筆字券

金筆原料缺乏，存貨供不應求，成本飛漲數倍，售價不及血本。

美利時行

新亞藥廠新貢獻

PLACEMON TRADE MARK

胚生蒙

上海新亞藥廠華北辦事處

上海新亞藥廠製造 藥房均售

屡出特刊的《银线画报》

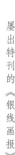

易哭庵三代奇才

藍鳳長之女公子藍小頑小姐

世事翻覆

雷鶯

乾亨重寶

（微塵）

南漢劉龑，本名巖，自取飛龍在天之意，杜撰龑字，有武國之風，此錢字體甚古拙，大方舊物，以爲似藝術顏碑字，予以爲類大方體也。

敬謝冰天樓主人賜刊殿板圓明園圖記

克里浦斯與邱吉爾兩人之間意見益深

出版消息

圓明園圖記

微塵

李木纙處世奇術之後又一奇書

相人術與成功術

—原名：怎樣衡量你的能力並增加你的收入—

第四章 皮膚顏色的異同

臉與皮膚的顏色是九種異樣中最容易看得出的。（筆者按本章所論白皮膚金髮及棕皮膚黑髮的人對西洋最爲恰當，東方人種當不太相宜，惟其論據頗有事實真理，故亦譯出以爲參證。）最近著者曾聽見兩個年輕人爭辯，一人說麗弗蘭西絲是好萊塢最紅的女影星，另一個青年斷然說瓊琪麥是非其他女伶所能及的。我聽了他提說瓊琪氣很引起我的注意，因爲一個月之前我才替他分析過個性。

瓊琪姬與麗弗蘭西斯恰是白膚色與棕膚色人的最好的代表。但是他二人爭辯又有何用，除非他們明白這兩種人的性格個性不同的科學與歷史背景。

爲甚麼你喜愛金髮女郎？小姐爲甚麼你愛面皮棕色黑眼睛的男子？這些答案裏深究心理學與歷史的全部經緯。這關繫一個民族的興衰，和帝王興運的長短。

你在學完第一課科學個性分析法之後，大多數的人你都可以將他們分類爲白或棕膚色。當然人羣之中有的正介于中間既不太白也不太棕，那時我們只可由別的形體異樣去判斷了。目前我們只說純粹的白或棕色人的個性。

據大科學家傅克爾說所有的人種都可以分爲兩大類：深色皮膚與淺色皮膚。我們可以再分爲精確一些，按頭髮，眼珠，膚與鬍鬚（假如是男性）四樣的顏色分。西方人把白髮淡色眼珠，金髮灰色眼珠，紅髮藍眼珠的人都算作白色。淺棕髮藍灰眼珠，棕髮深藍眼珠與髮淺棕眼珠的人介于白黑之間的人。深棕髮深褐眼珠，黑髮黑眼珠，白或黃種人及黑種人均歸爲黑膚色人。

當你起始分析自己時先看你是屬于何種顏色的。但是爲甚麼是白或黑色呢？你的頭髮眼珠皮膚的顏色從何而來的呢？爲甚麼人類不都是一樣的顏色？這不是很有趣的問題嗎？但因多數的男女人士都不明白，只會回答，噢，我生來就是這樣的。

人類學家研究原始人其進化所得的結論確定最初的人類是生長在熱帶與近熱帶的地域。許多人類學研究專家都公認原始人的膚色是極棕的並且他們最初生長在沿地中海，紅海及印度洋。

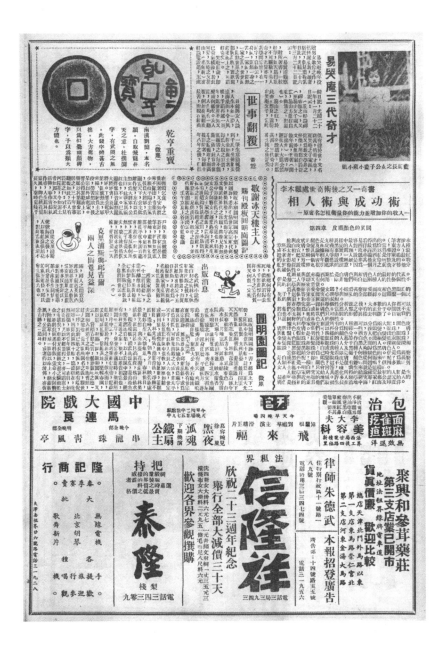

扶風馬之數齣好戲

千公

八姐九妹

夏冰

慶頂珠

一捧雪

舞場初聞

有感於李明之死

「大亞」新姿態

寒廣小任起日五十

公演名劇「正在想」

名坤伶樂文娟近影

老伶工程繼仙與稽古社學生紀美華合攝奇雙會劇照

大華飯店

附設咖啡部

新附設

特為

通宵營業

東仙

白雪國樂隊

五月十一日舉行七天 五月十七日止 茶舞週

淋病當日止濁

治 五日根

頤和診療所

戲裝照像

免收化裝戲衣費

新金山攝影公司

小總會舞廳

今晚通宵營業

易容香蜜粉

勸：每天節省四角錢

中央儲蓄會

法租界宏豐線店

大衣

牙醫博士徐景文弟子

周啓緒大夫診所

百貨售品所

五元飾大犧牲

由四月廿五起兩星期

獨具特色 驚人便宜

耳

各病

鳳祥滿月禮

地址法租界廿五號路

该刊的撰稿人。

日伪时期的《银线画报》为6开道林纸，4版。头版为文艺新闻版，介绍近期在平津一带举行的各种大型文艺活动和新书推荐等。第二版侧重文艺、书画，连载李木长篇小说《相人术与成功术》、殿版孤本珍品《圆明园图记》，漫画家冯朋弟开设连环漫画“老白薯”专栏，刊登臧岚光、沈斐庐、向迪琮、刘云来、王又余、溥松窗等人的书画作品，每期刊登两枚古币，配以百字说明文。第三版主要是戏剧、电影、舞场等内容，介绍戏院、影院上映的最新剧目、故事情节、名伶动态、明星逸闻，开设报道舞场消息、舞女广告的“弹性网”专栏，连载《全津红舞女总评》《北平舞讯》等。第四版纯文字版，刊登文坛杂记、天津掌故、诗歌、散文、小品文等，特约刘云若、宫竹心、吴云心等的连载小说《情海归帆》《外遇》《阴山背后》等，邀请著名医师林崧、范权等介绍医药常识，解答读者提出的医药问题，开辟“医药问答”栏目。

画报即时应景地数十次出版特别纪念刊，如著名曲艺名家刘宝全、金万昌、荣剑尘、林红玉等来津在大观园演出，画报每日增出特刊，随票附送；评剧女伶喜彩莲在北洋戏院演出时，画报编印戏单式特刊；“一方面鼓动话剧界朋友们前进，一方面要引起社会对于话剧的真正认识”，1942年5月26日第274期出版“银线话剧专刊”；为“让家长们认识到儿童除了有健康的身体，更不应该忽略儿童的内心和人格的完整”，第275期出版“儿童健美比赛专刊”；第287期辟有“贝多芬作品演奏会专页”；第309期出版由冯贯一主编的“艺术生活”特刊；第320期出版“菊花”特刊；同年10月18日，刘止庸、冯朋弟、张大夏、王又余、章德表、刘月芳等6名书画家在天津永安饭店举办联合画展，第321期出版“六人联合画展专刊”。此外还有“妇女家庭”“青年园地”“木刻绘画”“健康医药”等特刊，逐期轮流刊载。

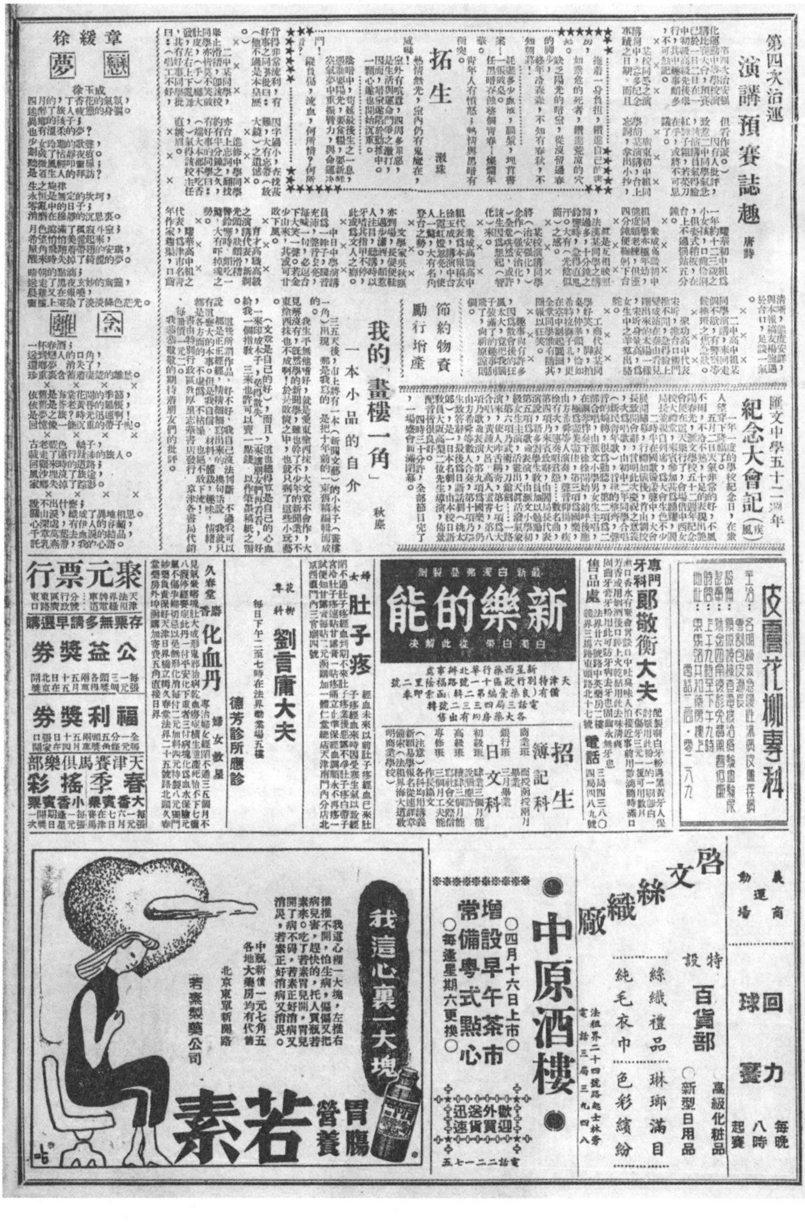
第四次治運演講預賽誌趣　唐詩

拓生　激珠

章緩徐

戀夢

徐玉成

四月的，丁香花的氣氛，
迷醉了旅人疲憊的身軀。
異鄉的孩子；
也有溫柔的夢？
少女玲瓏的歌聲，
劃破了恬靜夜痕。
聽微風輕叩窗扉；
是否生人的拜訪？
生之旋律
永恆是無定的坎坷，
零亂中的日子；
消磨在窈窕的沉思裏。
月色瀉滿了孤寂斗室；
希望悄悄美麗起來，
屋角飛翔着帶翅的安琪，
醒來時失掉了綺麗的夢。
晴朝的點滴；
送走了黑夜玄妙的痴靈，
晨雞又在催曉，
窗檻上渲染了淡淡綠色花光。

念離

一杯春酒；
送到戀人的口角，
還鄉夢 消失了，
珍重裏含着淒楚的離愁。
× × × ×
依舊是海棠花開的季節，
依舊是昏老黃昏的羅帳，
是夢之旅？時光迅速啊！
回憶像一條沉重的帶子呢。
× × × ×
古老藍色 轎子，
載走了遠行跋涉的旅人。
回顧來時的道路；
風沙埋沒了旅途，
家鄉失掉了蹤影。
× × × ×
說不出什麼；
隔山溪，橫成了異地相思。
心深處，有伊人的存顧，
千章萬葉去血淚的結晶，
託乳燕帶，我的心語。

我的「畫樓一角」
一本小品的自介　秋塵

匯文中學五十二週年紀念大會記（疾風）

節約物資 勵行增產

聚元票行
存票無多 請早選購
公益獎券
福利獎券
天津賽馬俱樂部 春季大香賓 搖彩小香賓

久春堂 麝香化血丹 婦女救星

德芳診所應診

花柳專科 劉言庸大夫 每日下午二至七時在法界勸業場五樓

婦女 肚子疼

最新白濁專發製劑
新樂的能
白濁白帶 從此解決
新星西藥行華北事務處
天津特別行政區十一號路福陰里二號
備有（良藥彙編第二輯）函索即奉
電話三局四三三二號轉
各大藥房均有出售

招生 簿記科 日文科

專門牙科 郎敬衡大夫
售品處
電話 三局四三八〇 四局四八九號

皮膚花柳專科

義商運動場 回力球賽 每晚八時起賽

啓文絲織廠
特設百貨部
高級化粧品 新型日用品
絲織禮品 琳瑯滿目
純毛衣巾 色彩繽紛
法租界二十四號路起士林旁 電話三局三九四八

中原酒樓
四月十六日上市
增設早午茶市
常備粵式點心
每逢星期六更換
歡迎外賣 送貨迅速
電話二二一七五

我這心裏一大塊
推推病兒來開消災，病若不吃若素正好消病又消災。我這心裏一大塊，左推右推推不開，心裏怕生病，偏偏又害了胃病，托人買瓶若素來，若素正好消胃病又消災。
中瓶新價一元七角五 各地大藥房均有代售
北京東單新開路 若素製藥公司
胃腸營養 若素

銀線話劇專刊

王水

秋塵主編・第一期

王水贊

標準花金子
絕妙小甜瓜
曾思談數媳張
再串翠喜稱霸王

論話劇的推進工作

為銀線創刊話劇專頁作

秋塵

[illegible]

組織科班化的大亞話劇團

凌川

[illegible]

自白

甯公

[illegible]

陸文霞贊

京戲名票
話劇皎皎
六載文秀
駐顏有術
繁濱之笑
蓋世無雙
何來妙劇
展彼奇才

「財狂」與「正在想」

——評大亞的演出——

[illegible]

曹禺名劇「正在想」之一景

大亞演出

盧明贊

[illegible]

持訊

大亞劇團
今日開始
公演曹禺
名劇原野

[illegible]

（貢南）

1944年后，每期画报另设刊名，如《银叶》《银星》《银流》等。

殿版木刻《圆明园图记》，时为孤本，系清世宗、高宗两代御制，附园中全景40幅图，每幅皆有四字景名并题咏，镌椠精整，为"修文偃武时圣代之真迹"，"或为离宫别馆，或为田园庐舍，或为琳宇，或为书院，可称集游观之大成"，园内景物尽在其中，历历在目，为圆明园被焚后的最完整图记，为研究圆明园园林文化提供了最宝贵的图片资料和文字记录。津门名医陈微尘"无意中以廉价得之"，其女陈师簪逐页摹绘，由谢学瑜抄录题咏，从1942年5月17日第271期开始刊登。

讲述“名人轶事”的《中华新闻副刊画报》

1935年3月，《中华新闻副刊画报》在津创刊，创办人袁润芝，主编昼寝斋主，社址在南市大舞台东22号。画报属发行量小、寿命短的一类小报，走的是通俗、娱乐的路子。但其中每期刊登的“名人轶事”，多为正史中没有记载的内容，为研究民国时期的各界风云人物提供了补充资料。画报存世较少，终刊日期不详，现只知其出刊至1936年4月6日第6卷第33期（每卷50期）。

《中华新闻副刊画报》属娱乐刊物，二日刊，方形16开本，4版，普通报纸。第一版有名闺玉照、连载昼寝斋主的武侠小说《好汉英雄谱》和广告。第二版为“名人轶事”，如《吴佩孚顾念贫民》《戴传宾有精神病》《毕庶澄的姨太太》《余叔岩的略历》等；“吃喝嫖赌”，如《打麻雀》《“大相公”忽然和了》等；“杂言录”，如“光拿鸡毛做毽子，没钱不行”“短信子炮仗，一点就着”“英商开赛，跑马啦”“吊死鬼塑娃娃，泥（你）小子不是人”“庄稼老儿不会说吊膀子，对眼儿了”等。第三版设“风月场中”“歌舞台上”“电影圈里”等专栏，报道妓院、戏剧界、杂耍界、电影界的消息；“平民生活”专门刊登一些全国地方民俗图片；连载昼寝斋主撰写、郑证因校正的《谐讲聊斋》。第四版的“一期一印”，每期刊登一方名家治印；“奇闻轶事”，如《云台山白蛇出世》《太太私通小和尚》

《关于大火之谣言》《枪毙淫犯王司令》等；连载郑证因的社会小说《买卖人》；还有每期一张人体美摄影作品和广告。

每期一段由昼寝斋主撰写、郑证因校正的《谐讲聊斋》，可说是《中华新闻副刊画报》一大亮点，其风格有点像今天在中央电视台“大讲堂”一炮走红的易中天写的《品三国》。它将《聊斋》里神鬼妖狐的故事，以通俗的语言叙述，结合现实，借古讽今，诙谐幽默。让人们在娱乐中读懂《聊斋》、品味《聊斋》。

北洋军阀张宗昌，吃喝嫖赌抽五毒俱全，人称“狗肉将军”。鲁迅称其不知道自己有多少钱，不知道自己有多少兵，不知道自己有多少太太。因此，又有“三不知将军”的诨名。其手下第八军军长

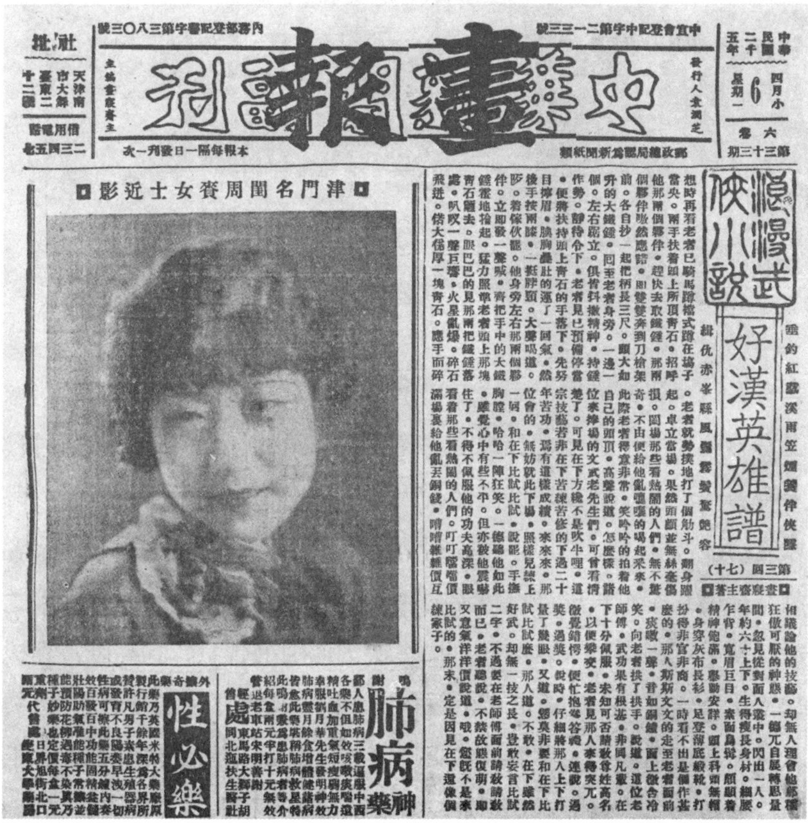
中宣會登記中字第二一三三號　內政部登記警字第三〇八三號

中華畫報副刊

中華民國二十五年四月六日星期一　第三十三期

發行人袁潤芝　主編晝寢齋主

郵政總局認為新聞紙類　本報每隔一日發刊一次

社址　天津南市大舞臺東二十二號　借用電話二三四五七

津門名閨周賚女士近影

漫武俠小說　好漢英雄譜

第三回（十七）　晝寢齋主著

肺病神藥

性必樂

■平民生活「市上所見終日勞苦忙於建設之石匠」

■名坤伶吳麗琴之便裝近影

吃喝嫖賭抽

■打麻雀

■藏傳實有神精病

■余叔岩的略歷

■畢庶澄的姨太太（滬友）

■吳佩孚頗念貧民

■雜言語

■交際明星趙曉鏡女士

兼海军司令毕庶澄在上海之时，也是终日沉溺于灯红酒绿，曾迷恋上富春楼的老六，经常在妓院一住就是几天。《中华新闻副刊画报》上署名“沪友”的《毕庶澄的姨太太》一文，记述了毕庶澄的一段风流韵事：“已故之狗肉将军张宗昌，出身行伍，部下多屠狗卖浆者流。惟第八军军长毕庶澄风流文采，不失儒将风度。毕亦有寡人之疾，惟不若狗肉将军之滥耳。毕军次沪壖羽书告急，犹高卧富春楼头，竟坐是杀身。论者惜之。毕有妾谢氏，毕业于津门某教会女中，富有新智识。毕死，不容于大妇，走海上，旋沦入青楼。记者尝于酒边遇之，与谈当年齐鲁间事，如数家珍，有白头宫女说玄宗之慨。

惟每提及毕，辄唏嘘不置，寻寻泣数行下。阖座为之不欢，勿顾也。尤难得者，谢氏虽纸醉金迷之场，而淡扫娥眉，终年不着华服。盖犹未能忘情于毕，聊资纪念耳。亦风尘中之奇女子也！”

著名谭派老生余叔岩，与杨小楼、梅兰芳在京剧界鼎立而三，并称“三大贤”，代表了20世纪20至30年代老生、武生、旦角的最高艺术水平。

《中华新闻副刊画报》署名“睡客”的《余叔岩的略历》一文，告诉读者，余叔岩曾走过一条并不平坦的从艺之路：

諸講聊齋

霍生

畫寢齋主著（七）

鄭證因校正

風月場中

歌舞臺上

電影圈裏

好萊塢影星「妙女郎」克拉寶麗姿

全国欢迎之余叔岩，原名小小余三胜，学名第祺，叔岩其字也。湖北罗田人，自乃祖老余三胜迁居北京（即今之北平），时以须生名于世。父余子云，清同、光间唯一之花衫也。叔岩兄弟4人，惟叔岩能继祖业。幼年在津，从某学剧，皮黄之外，兼习武工。性既聪颖，又复专心，不数年而艺成。登台一歌，四座倾倒。时津地盐商极盛，每有堂会，非叔岩不欢。未几入京，又名噪一时。老谭（谭鑫培）尝曰："后生可畏也！"惜不久喉涩（俗称倒仓，不敢奏技），说者谓天限之也！

子云有妾，因是媒孽其短，故尝不家居。其母以其不能自立，

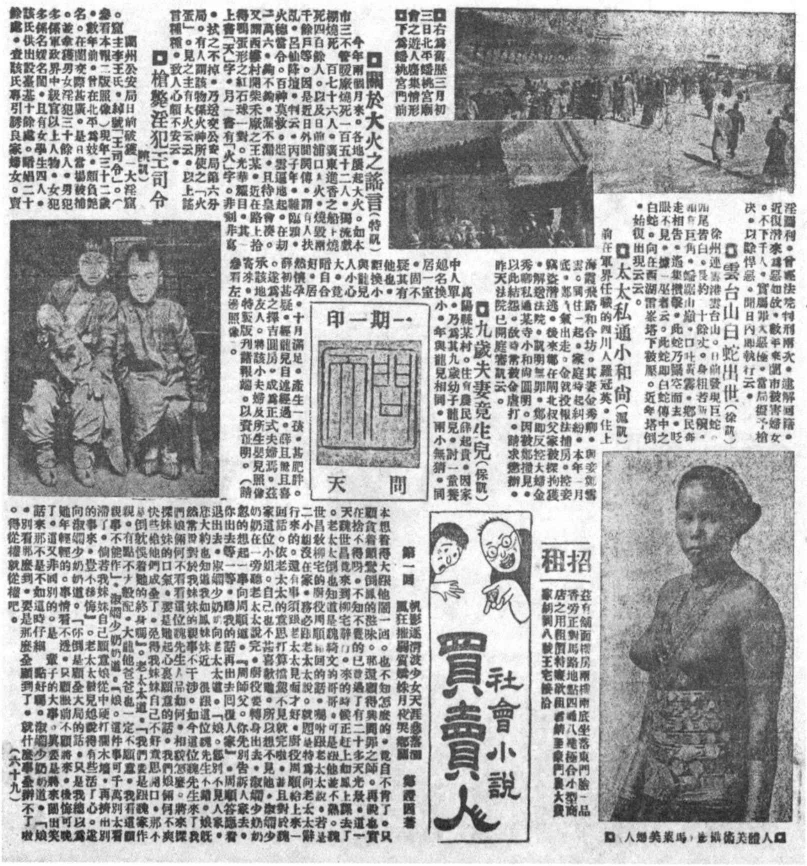

關於大火之謠言（特訊）

槍斃淫犯王司令

雲台山白蛇出世（徐訊）

太太私通小和尚（滬訊）

九歲夫妻竟生兒（保訊）

問天 一期一印

招租

社會小說 買賣人

人體美構造之馬來美婦人

亦每加呵责。兄弟又时以白眼视之。叔岩奋发对艺事，修炼揣摩，寒暑不间，嗓音渐复初。旦角名宿陈德霖知其非凡才，器重之，妻以女。旋奉老谭为师，亲承指授，历8年之久。凡老谭向得之余三胜者，至是一还之叔岩。鑫培故去，南北顾曲者，咸公认叔岩为谭派第一。近年来，且为须生泰斗。每闻叔岩登台，则必空巷往观，其魔力何如哉?

义和团运动重要史料《天津画报》

民国时期的画报多为私人创办，且寿命短暂，你方唱罢我登场，在不同时期，画报重名的现象屡见不鲜。这里要介绍的《天津画报》虽与1921年创办的石印《天津画报》重名，但画报从内容到形式却迥然不同。1935年7月，报人晴川在天津创办《天津画报》，社址在特三区四经路北9号，终刊时间无从考证。它连载的历史笔记《故都政闻回忆录》，以亲历者的身份详细记述了义和团运动的始末，是研究义和团运动的重要史料。

《天津画报》属综合性刊物，二日刊，8开本，4版，普通报纸。第一版初期连载杨玲华的长篇小说《春色恼人录》，开设“中华今代名人传”专栏，刊登民国时期军政要人生平和照片。从第80期开始，在同样的版面、同样的位置改登名妓玉照。这样突然的转变，这样巨大的反差，让读者很不适应，甚至觉得有些滑稽，人们或许要问，“中华名人”怎么能与“名花名妓”相提并论呢？也许画报编者考虑到军阀、政客和妓女同样都是从事着金钱交易而把他们归为同类的。第二、三版除登载平、津、沪三地名妓玉照，电影明星、戏剧名伶剧照、生活照，故宫文物、天津风光、名人书画的图片外，文字则有天津时政、名人传记、电影评论、名伶介绍等，也有反映天津地方特色的《津市平定》《招待被窃记》《说便宜话》《儿子》等小品文，连载清人笔记《故都政闻回忆录——庚子拳乱的见闻一束》。第四版除广告外，连载云鹤的《侯门艳史》、杨玲华的《粉腻脂香》、王乐民的《泪痕》等。

画报最为珍贵的是，画报多期连载清人笔记《故都政闻回忆录——庚子拳乱的见闻一束》，此文从义和团兴起讲至《辛丑条约》签订、庚子赔款，从文字到内容虽有偏颇，但仍不失义和团运动研究的参考资料。

商业神祖崇拜，是旧时民间信仰的一种重要形式，各行各业都有自己崇拜的神祇，戏园业也不例外。戏园的后台常供奉有神像，但因各园演出剧种有所侧重，而神像的模样也就不尽相同。《天津画报》第81期《谈喜神》一文，讲述了北方梨园界为什么要供奉“老郎神”。

在京津一带，戏园子后台常挂着一张布制的画像，外衬两扇小红门帘，这就是梨园行所供奉的祖师爷——“老郎神”。据《唐书》载：唐明皇李隆基酷爱戏曲，曾在禁苑梨园中选戏曲艺人300人，与宫女一起排练戏曲，如“声有误者，帝必觉而正之”。由此，后世的戏曲艺人遂被称为“梨园弟子”，而老郎神自然也就是李隆基的化身了。

各戏班儿也供奉着老郎神，不过，梆子戏和京剧供奉的老郎神还不大一样。梆子供奉的是皇上，画像是胡生模样儿，白面皮，三绺黑须，戴王冠，穿蟒袍；京剧供奉的是太子，画像是小生模样，戴太子盔，穿蟒袍。戏班进某园子演第一场戏之前要拜老郎神，武生上场前也要拜，徒弟第一次登台演出前要拜，演出成功后也要拜，口中还要念叨着“感谢祖师爷赐我这碗饭吃”。通常文角作揖，武角下拜。据戏行讲，唱戏不拜老郎神，装什么不像什么，拜了老郎神，心里就有了底，上场才不会发慌，这也是一种心理作用吧。

行拜神礼时，祖师爷下面通常还要摆放一个布娃娃，即喜神，

中華民國二十四年十一月二十八日　天津畫報　（第一版）

天津畫報

（第七十期）

▲本報登記證▼內政部警字四千四百四十九號 中華郵政特准掛號按照新聞紙類

▲廣告刊例▼封面每方寸大洋二元四毛 普通每方寸大洋二元 中縫每方寸大洋一元八毛

▲本報價目▼本埠每月價洋一毛五分 零售每張一分 每月兩角 不加郵費

▲地址▼天津特三區四經路北頭門牌九號

中華today代名人傳

張錫元字嘏民、京兆密雲縣人、由山海關武備學堂畢業後，充定武新建等軍教習歷任熱直鄂晉等省軍職、前清甲午、庚子二役、皆在軍中、宣統叁年、任河南陸軍第二十九混成協總領官民國元年、改編爲河南第一師、任師長、補授陸軍中將、二年剿白狼、克復冊陽、叁年改爲第九師師長、四年第九師裁撤、關奉據箭關副官、發路軍府參軍、?年任近畿第一旅旅長、駐通縣、六年復辟事起、率師肅清京邑、改爲第四混成旅旅長、七年赴陝剿匪、及援晉有功、十年任陝西潼關鎮守使、拾一年沉?戰事、任西北後路司令、累戰皆捷，五月調任察哈爾都統，時值察西多匪，月餘悉爲剿平，舉辦清鄉，嚴查戶口，匪患平靖、地方安寧，拾二年兼浦封車事起、嚴令沿路軍隊、切實保護、京綏路，毫無匪警，整頓捐稅，以裕收入，較原額超過數倍，整理興業銀行，設立口北造幣廠，以救濟錢法，推廣墾務，改良牧政，請設教育廳，提倡教育，以荒地爲教育基金，立實業中學，及蒙人學校，組設司法公署，創設新式監獄，隨時派員考查吏　，嚴禁種植鴉片，拾叁年七月，洪水爲災，倡捐巨款，設立救濟委員會，旋放食品，極救難民，並修路造橋，興辦市政，商民愛戴，後升陸軍上將，錫威將軍，古北口向無高等小學，特捐貳萬元爲基金，遂得成立，生平樂善好施，不近聲色，不置姬妾，實爲軍人之模範云。

張錫元先生肖像

中國攝影公司

▲▲冲晒膠片大落價▼▼

本公司自開幕以來承蒙各界仕女踴躍贊許今爲酬謝顧主起見所有照相冲晒以及各種照像材料無不減輕價目藉答盛情如蒙照顧無任歡迎也

今將冲晒價目列下

一二七　二分　一二
七　二分五　一六　一二
〇三分　一一六
四分　二二五　六分
九四　二一二　七分
一二二　一毛

天津法租界梨棧二十四號路

中國攝影公司謹啟

電話二局一一八五號

凱記公司

▲精良夾銀出品堪登大雅之堂市上捐俗之物不可并頭陳列

本公司出品爲保持藝術價值特別提高資料特別加工細作特別減低價格

出品特點

文人寫繪　藝術刻製

美雅巧細　決無匠氣

▲總公司天津北門東商會對過

▲分公司天津法租界梨棧大街

▲北平王府井帥府園口

義興自行車商行

本行專門製造德國十二號五車及法式子式美式自前精三

造式車架子並做美式子堅固美觀不惜重資細研究經久保用保載百餘斤如不漏信立即保單

請諸君認明本行麒麟商標以免錯誤

專配各國零件零整批發竭誠歡迎

婦嬰科專家王子彝施醫

對於婦女經血不調及產前產後乾血勞瘵等症小兒驚風危險大症皆能應

手奏效力起沉疴

每晨在南市大舞台傍慶善大街十三號

止疑室醫

候診

肺病保好

求各界諸君傳名幸甚

男女一切肺癆咳嗽吐血痰喘遺精等症約期保好

診治時間上午八時至下午二時

門診一概不收號金

出診隨時

肺病專科

劉學斌

大夫寓法界西開教堂西敦仁里十號

大夫側用電話三局三一零一號

中山牙醫社

牙醫師史振山專門牙科在津已數十年對於各種牙齒之病手到病除無不神效電氣拔牙不受痛苦諸同志有患此症者請到敝社診治價錢特別優待若實在感覺金錢困難本醫不收手術費敬請諸君惠顧方知言之不謬矣

社址天津南市首善大街、樓仙對過

天津馮氏斷癮救苦金丹

經全國禁烟委員會張主席聞明除惡生書中央衛生試驗所化驗會得天津覽百分一衛生局莊冊化驗社會局出示保諱江西胡

南省禁烟會化驗專戒嗎啡金丹海洛英香鴉會用鴉片輕者一食十天重者不過兩星期均能斷除根不吐不瀉痛苦毫無每盒一元本堂出售此丹

歷六十七年非似市上藉廣告售假藥騙錢欺人者可比也天津各藥房生春陽售品所中原公司均代售招請外埠

經理　總號　天津西門北官詳所對過　峻芝堂

分設　法界天祥市場

津市名著痔瘻專家張玉亭

本任痔瘻醫家顧問

本醫專理痔瘻一科近來頗受各界歡迎對於此症專心研究不期下數年之久如作醫十日之期眾如所有無論痔瘻如何患病者務請大洋四角開設北門外上施診

西北駱駝隊之遠影

故都政聞回憶錄

庚子拳匪的見聞　一束

[illegible]

名菊金扮玉黛

續

數人、跟着向北一走、不到半里地、就是英國倫敦會的福音堂、和尚是依樣畫葫蘆、福音堂燒毀之後、和尚並未向寅焚燒、福音堂係臨街講道之處、其後邊有許多的房屋、如醫院、禮拜堂、及牧師教友的住房等、是時街上人山人海、都來看熱鬧、和尚站在煤渣胡同東口外、將拳匪集齊、進了煤渣胡同、

愛的契約評

老窮

祗有在「供人娛樂」這一點本領上、英國電影的導演者們、從來就不及好萊塢小丑們（美國電影導演）、[illegible]

……也就[illegible]

觀衆呢、假如片子的導演也能像編劇者那樣聰明地欺騙、還、子一定會做得很動人的、但是導演者不能夠、不過、這片子很有些可愛的串插、

（未完）

一對小黑星

龍泉試茗

梁上君子誤入洞房

意外笑劇

棠樂生

甘州一富紳、入贅爲子完婚、有賊乘人雜之際、混入洞房、潛伏床下、俟夜半行竊、不意新婦陣送客者、晚、賊因二晝夜水米未曾沾口、饑急而出、爲該宅捕獲、交與當官深究、賊於急中智生曰：「我非盜、乃醫也、新婦素患癲病、介我相隨爲其調治耳！」官詰之再三、然賊言婦家甚詳、蓋床下新聞枕邊語也、官益信之、繼票傳新婦來證、富翁以顏面攸關、求免、官不從、遂問計於老吏、吏即與官商曰：「新婦初嫁、遇此突乎其來之事、[illegible]」官曰：「善、」遂選一妓、服新婦之裝、[illegible]賊呼曰：「汝請我治病、何謂爲盜也、」官視情大笑、已悉其實爲盜矣、遂重懲賊而[illegible]焉。

美國最近提倡停止收買白銀之前美國大總統胡佛及其孫女之影

●本報緊要啟事●

啟者本報昨因印刷機器臨時發生障礙未能如期出版故暫停一期請讀者諒鑒爲荷

本報啟

英老吏下圖爲德國警官訓練警犬時之攝影

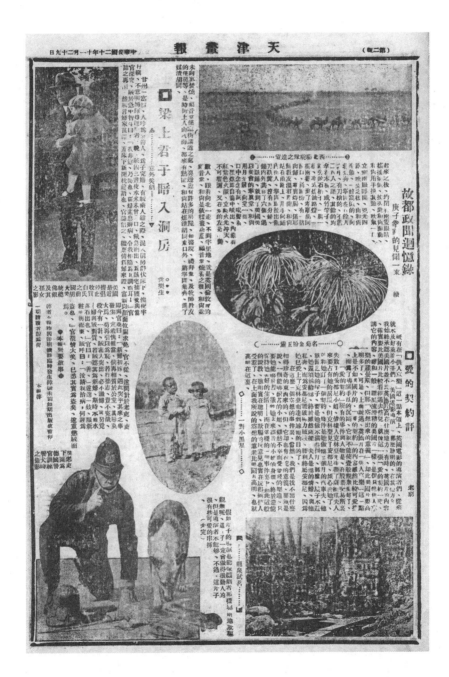

招待被竊記

（續）　津門居士

未幾數日、少年復赴影院、甫未坐定、女士一靚麗蘭墳詢、即怔少年曲難之、並口作言不已、一時場中觀衆、甫開暗嘩、旋來圍觀、顯現擾擾之勢、當經彈壓、警士、來女阻擎、己詢彼等之原因、僉云稱伊騙余於某飯店、事後、余熟睡、既至醒勸、女皮爽已、謂伊竊去、但是飯店亏貴還未付及余之指責悉使在作押中、女士轉首復、詢少年、少年因以無理答復、竟欲奉趙、遂將女之皮夾掏出付於女士、並由警士於某飯店去電、嘱其將無指證於某影院、須要果爲送至、少年畢將房資付過、戒備復交於女士、後經警士傳懸、、少年於是狼狽而去、援筆誌記、

故宮之銅鼎

果報循環

甲埠的舞場極爲發達、舞女誰都知道小乙的鼎鼎大名、羣以獲小乙的一跳以爲榮、

至於小乙、所以馳名舞國、無非靠着他父親給他留下的數十萬元造孽錢、因之他能日夜的浸沉在紙醉金迷粉紅的環境中、

因爲他揮金爲土、舞上闊綽、自然博得了許多舞女的好感、在勢力與金錢雙重威權下、舞女受他誘惑而失身的、確也不在少數、至於和他有擁抱一跳之緣的、那更是罄竹難數了、

在兩三年的時間、數十萬有現的金錢、完全隨着當場管樂聲中、流入舞女袋內、小乙在典質殆盡、一無所有之後、就拋棄家裏妻女悄悄的離開甲埠、不知何往了、

從此舞場裏、再也不見小乙的踪影、上年之後某大舞場突然發現一顆亮的舞星、遂爲舞后、一般闊少公子、願作入幕之賓、拜倒石榴裙下的、不知月幾故、計每夜舞票的收入、爲數總在二三百元、因之他雖是伴舞、倒也漸漸的富了、

後來據熟識的人說、這顆明亮的舞星、就是年前把數拾萬的錢化在舞場、小乙的親生女兒、這也可以說是果報循環了、

青島之要塞砲今已廢矣……平自青寄

名妓張慧貞近影……花郎贈

叁桂班之小老近影……樂贈

津市平定

自衛團已被解散

今晨還居者甚少

自衛團首領王明由竹平有被扣說

（本報特訊）前（二十五日）晨、自華北民衆自衛團將東馬路宣講所占據作爲敉死隊本營後、並赴市政府及保安司令部請願、本晚八時、已被當局方面解散、將黃色制服解除、多係因背鄉之人、外傳該團司令王明義死隊長田治平、有被日警與扣留說、一千昨（二十八日）晨尚未釋出、（又訊）本市昨晚由十時起、時解嚴、市面照常、入夜尚安定、遷租界者已漸稀少、各商店照常營業、保安警察、維持治安、甚爲得力、除租界外、不特別一二叁區爲嚴、定云、

中華古今名人書畫山水册之一

黛德麗說

樂樂

我愛沈默我愛長褲

「無論什麼時候我都不喜歡來爲報紙講述關於我自己、特別是講什麼內心裏的事情、

「外界對於的我的誤解、我決沒有什麼心的「紙或者對於我的誤述、我也無暇及此：那些是很有趣、但要是這樣的！被人要人皆知而還是索然、不足以引起興趣的、我到要不大願意、」

假如說我穿長褲子是爲了出名、這是大笑話的、我從來沒有做過要爲我自己出名的事情：我想這樣做時恐怕會引起公衆的反感吧、

「事實上、在我來美國之前早已穿過長的、就是從小在少女時代總也愛作男孩的打扮、我生性就愛穿男子的服裝」、

一這是任何女子如何裝扮的自己的事情啊、

（未完）

故都名妓龍珠老六……俠贈

天津老画报

天津畫報

（第四版） （星期五）

侯門艷史

投稿 雲鶴編著【六】

第二章

一口痰沒吐出來，已就不省人事了，麗如的哀痛，自不必說，把他外祖父殯葬以後，過了三七，想起自己，現時所處的境況，何等淒涼，一個女兒家，既沒有父母，又沒有兄弟，孤苦零丁的一個人，萬不能再住此地了，沒有別的法子，只有遵着外祖父臨死的遺言，到天津來投黃將軍，出了車站，喊了一輛洋車，叫他拉到英租界墻子河黃將軍的公館，車夫忙答應知道那兒，麗如雖是初次來天津，也無心流覽兩旁風景，車將過了萬國橋，心裏就想，我雖和黃將軍有血統的關係，究竟母親和他，已經斷了緣的，他是一位將軍，我是一個貧苦的女子，素日又沒見過面，不知道他認我不認我哩，倘若要是一聲拒絕，不認我的面何在呢，再說不去見他罷，旁邊又沒有可依賴的，在車上籌躇了半天，忽然自己恨罵自己道，痴丫頭，胡想的甚麼，將軍他就是不認你，既是你生身的父親，就不想見一見麼，並且又有外祖父的一封信，你也要好好的交給將軍呀，一心裏正在胡思亂想，忽見車夫把車停在一家門前，一面把皮包拿了下來，嘴裏說道，到了，麗如猛抬頭，只見迎面兩扇大鐵門，周圍全是高墻圍着，裏邊一所西式的房子，自鐵門到大門中間一道，用白石砌的甬路，栽着很多的花草樹木，實在是美麗壯觀，麗如初次見了這種住宅，心裏不由的像小鹿播的樣兒亂跳，在路定了定神，強鼓着勇氣，進了鐵門，到了第二道門前，就見由裏面迎出來一個家人，見了麗如小姐，臉上現出很驚訝的樣子，兩個眼直釘着他，麗如低首含羞的把他外祖父的一封信取了出來，微笑着向那家人道，費心費心，請你先生把這封信，奉上將軍，那人把信接到手裏，見是很粗的一個信封兒，說是給將軍的，心裏很覺奇怪，遂向麗如道，你們公館，在甚麼地方，那位先生，差你送這封信的呀，麗如忙道，不是不是，那人又問道，這封信是說的甚麼事情，小姐你曉得麼，

苦情小說

淚痕

王學民著（四拾二）

[illegible]

編者因有微疾　綴期再爲刊登

社會小說

粉膩脂香

楊玲華著（十六）

〇續稿未到暫停一日〇

明星演員孫敏

俗称“彩娃子”，是在舞台上做小孩道具用的，在《四郎探母》《法场换子》等戏中常能见到。伶人对喜神的规矩很多，如不得仰面，只能放在大衣箱内等等。据说，唐宰相魏征抱着刚出生不久的儿子进内廷请皇上赐名，但皇上当时正在排戏，缺少一个跳加官的演员，见魏征来了，遂命他赶紧扮戏，魏征忙将儿子放在大衣箱内，等到戏演完了，他的儿子已经闷死了，魏征抱子痛哭，皇上也深觉可怜，遂封其子为喜神。此后，伶人都称他为“大师兄”，因彩娃子是放在大衣箱里的，所以人们叫俗了，就习惯把大衣箱倌也称作大师兄了。戏班子演出时要多给大衣箱倌一份赏钱，以示对大师兄的敬奉。

明清史重要资料《三三画报》

1935年10月，《三三画报》在天津创刊，社址在南门内小刘家胡同后口。画报开设“清宫秘闻”“明末轶事”两个专栏，刊登了大量正史之外的明清逸闻，为明清史研究提供了大量可供参考的资料。画报现存第5期至第12期，只是因存世较少，其创刊人、主编及终刊时间已无从考证。

《三三画报》为综合类刊物，月刊，普通报纸，图文并重，8开本，4版，各版并没有明确分类。文字方面的“清末秘闻”有《杜文正拥戴咸丰　授秘计南苑射猎》《太平天国李秀成被害之前后》《当太监的痛苦》《年羹尧请客》《同治新婚爱情正笃　强迫分居冶游丧身》《刘铁嘴：逊清末年一怪相士》《小安子伏法轶闻》等；“明末轶事”有《崇祯殉国时所传之三轴画》等；“名人轶事”有《于右任别署半哭半笑》《曹大总统月支三百元》《已死将军毕庶澄之八字催命符》《胡蝶治瘿记》等；“名人书画”有《郑孝胥致友书》《齐白石绘梅》《刘镛书古稀说真迹》《吴大澂致翁叔平书之一》《李露浓书汉隶横幅》等；趣味性的小品文有《穷人与富人寿命比较》《中国最初之报纸》《夫妇称呼随时而异》《作文　喝酒　唱曲　作诗》等。图片方面多为戏剧、电影、书画和各地名胜景观。

1927年2月，奉系军阀为了组织国民革命军东进河南，渡河南

三三畫報

內政部登記証警字第四九五五六號

第五期

社址　天津南門內小劉家胡同後口

定價每份一分

每月出版一次

清末秘聞

太平天國李秀成被害之前後

★孫叔良女士繪洛神★

☆殷醇士繪山水真跡☆

半哭半笑

于右任別署

當太監的痛苦

窮也後悔　闊也後悔

譚派鬚生王清慶定軍山之黃忠

慈禧淫威下 怨偶釀成慘劇

—同治新婚愛情正篤—
—強迫分居冶遊喪身—

覺么

★爭婚★

同治帝雖西太后嫡生，對東太后（慈安）孺慕之念獨深，帝既長成，東太后欲婚尚書崇文山之女，西太后欲婚鳳秀之女，爭噓不已，後命帝自決，終以東后擬定者爲后，西太后肉之不懌，傳聞大婚之夕，帝命皇后背誦唐詩，無一字誤，應對亦頗稱旨，於是，益增帝之寵幸。

★嚴諭★

然西太后則大爲憤怨，乃誡帝曰，「鳳秀之女，屈爲慧妃，宜加眷遇，皇后年少，不嫻宮中禮節，宜使學習，勿常往皇后宮，致妨其學習，」一時帝后正値此新婚燕爾，愛情正篤，乃爲母后無情之嚴諭所中斷，其懊喪爲如何者。

★慘劇★

帝自被嚴諭，遂不入皇后宮，而又不幸慧妃，常獨居乾清宮，悠游歲月而已，抑鬱無聊，常好數服作北里遊，暗疾乃深中於帝躬，未幾疾發，遂崩，時同治十三年十二月也，未逾百日，皇后亦自盡殉，論者謂西太后所釀成者也。

李香勻戲裝

劉鐵嘴

遜清末年一怪相士

遜清宣統年間，天橋北大街，自天顯軒門前，有類似乞巧老相士，自稱劉鐵嘴，出言滑稽，人緣很好，故北京一般中下級人士，咸知其名，該相士之文具，極爲別緻，手執禿筆一支，肘夾相豆紙一束，並無桌凳，地上放有碎瓦半塊，半頭碑一方，每日午正出山賣相，當其將招行人售談時，先自聲述文具之寶貴，略謂毛筆係伊幼年赴江西求道人龍虎山，得自張天師親授者，用以書符寫字，可騙鬼祟，揮寫多年，迄不損毀，瓦，係漢代出土之物，一日磨墨，經月不滲，碑係晉朝遺留奇品，以手扣之，聲若金玉，實則藉以招致行人之佇足談相也。一語甫出，聞者捧腹，其禿筆偶爲筆頭，劉則以手按桿，用力塞人筆頭。最後並用所謂漢瓦，照定筆尖，丁丁下鍾，期塞得的堅實，見者又大笑，且信口雌黃，得賫十數吊，（彼時合銀一兩今僅合洋二毛）發，即高視闊步而去，其住址頗不一定，民初始絕跡，不知所終。（燕）

五姨太

某大帥艷史 才貌絕一時

前某大帥雖身居草莽，驃悍冠其曹，衆因推之爲領袖，官軍捕之，以飄忽不能得。名震一時，間有相士決其必貴，後果應其言，數載間際會風雲，遂有之地位，當其任某師師長時，閣熱大志，性好色多內寵，時其長女肆業於省立女子師範學校，有同學某女士，才貌爲一時冠，見某奪煊赫，儼勢干候、固然之久矣，嘉日爲某所一，默其美觀，遂與之艷，逾年竟眠、爲妾，納之所謂五斯卿者影也姨太頗某後，女擅導房，龍偏闊以，不受甚制內事闊外事、與預聞，亦多有才故然以往所尋，往益愛之，某，五姨非。某逃及將戰力拂和往追某次，竭親出撫，來乎保洛起、闊讓賞慰傷戰事辦理讓梁紅郎事兵，，固不焉。發玉之宜與韓邸干五姨亦某悼遭暗算，以身殉香消玉隕，叫姨本羅，惜哉！開五字一許敷有夫，早棄垣某中姓子，遂省所據，學校，說爲某之何，雖憤嫐亦無如，得充後以五姨關說。某中學校長云

小安子伏法軼聞

評書演員幾隨以身殉
醒木一端獲免刀下苦

清慈禧后，素嗜戲劇，內閣安得海，善於逢迎，極博慈后之寵，爾宮垂簾議政，安竟參與密謀，致有功績，而權威日熾，煊赫宮闈，不可一世，廷中咸以小安子呼之，安嗜玲評書，當有穆春山者，爲安演述明英烈，極爲小安子嘉許，穆隨時伴之左右，安與以金．久則竟成富豪，誠當評書演員中之翹楚，當同治八年，爾宮以帝成童年，欲爲納后，諭恭親王與禮工二部籌備大婚典禮，小安子乘機建言，覺欲往江南製辦龍衣，並慈后之時裝等服，后以閣者，依祖制弗能離都，當未決焉，小安子盡情從慂，后未肯拂其意，乃允，安於是年六月別京，乘太平船，挈攣童妙女而往，船懸龍鳳之幟，中備管弦絲竹，蕩漾水中，意氣洋洋，乃行抵魯境，巡撫丁寶禎聞報訝然，急密奏於恭王，王持奏入內，稟慈安后，當以安違祖制，理當明正典刑，降諭密拿正法，丁撫奉諭，派總兵王正起追至泰安，始將安得海獲解，訊閣安尚戀暴，狂呼爾等太歲頭上動土，不惜爾命耶，及聞就地正法，心始怯焉，然事已弗及，始旋縛出就戮，隨者皆被絞殺，惟伴安之左右評書演員穆春山，因故未隨往，而有說施公案者某，當亦被執，及訊將宗蕭時，，彼稱乃說許書者，非爲安黨，官未深信，詰究以證，彼出醒木，並說施公案一節，事乃大白，始饒赦焉，斯亦小安子伏法中之一段軼聞也。

聯話

金聖歎，明末長洲人，清初以哭案被殺，茲錄其臨難時口賦七絕一章：「天公喪母地丁憂，萬里江山盡白頭（雪），明日太陽云作弔，家家淚珠流」

影星嚴月嫻女士

平滬方言

（平語）	大夫，	胰子，	話匣子，	街坊，	溜子，	毛窩，	龍鬚菜，	串門兒，	老趕，	警扭，
（滬言）	郎中	肥皂	留聲機	鄉鄰	戒指	棉鞋	盧笋	走人家	阿木林	勿舒服

幽默對話選

鏡子

老妻：「近來的鏡子真做得一天壞似一天」

老夫：「如何見得？你怎樣證明呢？」

老妻：「祇要看我在鏡裏照出來的影子，不及從前這樣美麗，就可以證明咧。」

李萬春飾讓刺郎之戰像

清宮秘聞

授秘計南苑射獵

告以應對之詞得蒙立儲

繼位亦即逝世賞贈太師

道光晚年最鍾愛恭忠親王，久欲付以大業，以咸豐賢且居長，故遂巡未決。時杜文正公在上書房行走，終日進內侍讀，微竊上意所在，思欲擁戴咸豐，以建非常之勛，但無際可乘，一日上命諸皇子在南苑校獵，清例：皇子方讀書者，奉命外出，臨時必至師傅請假，是日咸豐亦按例至書房，僅公一人獨坐齋中，問：『阿哥將何往」？咸豐以『奉命以校獵」對，公乃耳語曰：『阿哥至園場中，約束從人，不得捕一生物，獲命時，上必問其故，但對以時方春和，鳥獸正育，不忍傷生命，以干天和！且不欲以弓馬之長，與諸弟競爭也。阿哥覇以此對：必能上契聖心，此一生榮枯關頭，當切紀無忽也！」咸豐既至圍所，如公所囑行之，是日恭王所得禽獸最多，見咸豐默坐不動，怪而問之，咸豐曰：『身適不爽，不敢馳逐……，咸豐如文正公所數以對。上聞之大喜、曰：『是異人君之度也！」立儲之議遂決，後道光崩，而咸豐繼位，但未及賞賜，杜亦逝世，咸豐哭失聲，親往奠祭，並追贈太師，亦以報其擁戴之勛也云。（完）

十二圈的衛生麻將

軍事委員會副委員長馮玉祥氏，他是……活運動二週年大會中，除了演講關於新生活問題，並推崇蔣委員長的節儉以外，還提到叉麻將問題，他對於叉麻將的人們，很加以攻擊，說是又麻將不但費錢，費時、而且對於精神方面，也有不少的損失，可是一般人都樂此不疲，未免令人費解，後來，曾問過一個愛叉麻將的朋友，究竟爲什麼愛叉麻將？據這朋友說：叉麻將是……名詞，可是衛生麻將是以十二圈爲度，過了十二圈就不衛生了！我（馮氏自稱）才恍然大悟，叉麻將也是衛生！

衛生麻將的名詞，據說是當初安福派發明的，某領袖下野以後，除了下棋念佛以外，就是叉叉小麻將，每日固定的是十二圈，說是這樣與衛生是很有益處的，此就有衛生麻將因名詞相傳下來了。（全）

★丁雲鵬畫佛像★

曹大總統月支三百元

前大總統曹錕，際居津門，不問時政，每日清晨，練習太極拳一小時，近來健康倍增，體重已逾二百磅，字學顏魯公，去冬湖北水災義賑會，曹氏親書對聯四十副，捐贈該會，程御霜氏，購其一聯，筆力雄厚，文聯文爲『海闊天空，任俺嘯傲，鳶飛魚躍，羨汝優游」，文係曹氏親撰，聞近輯有百家詩鈔，計一千首，宋元如陸放翁，薩雁門，明清如唐六如，袁子才，以至近人如林子超，汪精衛，胡展堂，江叔海，陳頌洛，蔡天因，李芷洲，張醉丐等之作，皆靜還人，分門別類，足爲詩學津梁，聞將付梓，惟印刷一項，倘在籌措中，因曹雖費爲大總統，向不事儲蓄，寓津以來，最初由其夫人」付四百元，作日用之需，入春以來，因收入漸減，誠爲三百元，曹氏近日除購畫碑帖書籍外，旁無消耗，有此羨羨，綽有餘褚，有時過有慈義義慕等項，輒愁眉不展，因總統身分，捐助過少，似不雅觀，過多又借手提袖知，支絀維艱，且性夙慈」，恒有手不應心之紙。曹弟健亭在日，掌握曹之財權，其數不下數千萬，健亭故後，由其（健亭）公子主持，公子曾過繼曹氏，故稱曹爲爸爸。對曹頗窘，漠不相顧，大有詰以大義，乃答謂當年之數千萬，係幾句爸爸之代價；今則權利義務，已然割分，奚曉嗟爲，去年有曹之舊屬多人，舉起婉爲說項，約定按月付曹洋三千元，然僅付一月，而曹之現時窘況如故也。

抽煙的今昔

在庚子前講究抽關東葉子

庚子以後才盛行吸烟捲兒

舊都在庚子年前，男子吸煙講究用大……爲關東葉子，五十歲以上之老太婆、茶餘飯後的消遣，是細桿小煙袋鍋，抽兩鍋子雜半過邁癮，年青的小夥子與大姑娘，抽烟的絕少，因爲叨着又長又粗的一根煙袋，不大雅觀，在庚子前後，代步的僅有騾車快馬，上等官僚出門坐轎，轎夫講究抽煙，煙袋桿是又粗又大，煙袋鍋足有半斤多重的，據說不是專爲抽煙用，是預備打羣架當武器的。

庚子之後，始盛行紙煙，紙煙的鼻祖，要讓品海（老丁字）最大，次即孔雀，人頂珠，小雞，刀牌，粉包，蜜蜂，價値也一代大似一代，興品奇煙時候，每盒當十銅錢，不過三百六十文，孔雀時代即增至每盒四百（四小枚），人頂球由四百漲至六百，刀牌粉包起碼賣五小枚，最高價亦不過一吊上下，（即五大枚）若小雞蜜蜂每盒五隻，代臘紙煙嘴，纔一小枚。

光宣之後，民國紀元，紙煙牌號，始日新月異，而價値之昂，亦較最初之老丁字進加，有四五倍之多，老炮台民元五十隻一盒，不過銅元三十枚，追後漲至五十枚，是時己有人謂，「一盒老炮台，可以買十斤白麵，（民五白麵每斤銅元四小枚）」詎曾幾何時，老炮台之價格，迄至現在，已由五十枚漲至二百多枚矣！

都說中國人窮、抽一盒老炮台，就是四五毛，窮嗎？哼，不窮！

紙煙的害處比鴉片不在以下，人們因爲貪圖便利，走在街上叨一根紙煙，好像顯着摩登，其實不過是窮抽，現在中國抽紙煙的，平均有十分之七強，十歲上了就要買烟捲抽，這種耗費，每年不知道要流到外國去多少洋錢，鴉片煙禁一年比一年嚴厲，人們爲避免罰則，易於規避官方察覺，乃改用善鄰發明的白面，抽白而非紙煙不能過癮，雖然有用紙卷戒小煙袋鍋的，因爲抽着沒有味，面且越抽癮越大，所以仍用紙烟抽的佔大多數。

不想禁止白面則可，如果要禁白面，是非先不准抽紙煙不可。沒別的法子。

★馬連良之借東風孔明★

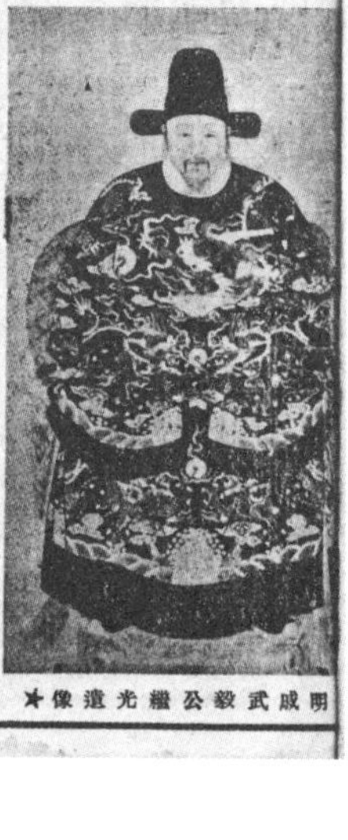

明戚武毅公繼光遺像

下，吴佩孚自郑州撤退而逃，曹锟只得偕郑夫人、陈夫人匆匆离开河南来到天津英租界内的19号路（现在河北路34中学），开始了他10余年的在津寓公生活。他曾不为金钱、地位所动，坚决不为日本侵略者做事，保持了晚节。1938年5月初，曹锟因感冒转成肺炎，医治无效，同月17日，在天津泉山里刘夫人寓所病故，终年76岁。

曹锟在津期间，有两件事对他打击很大。一是陈夫人所生的儿子曹士岳同他的原配夫人袁怙贞（袁世凯的女儿）打架，曹士岳情急之中开枪打伤了袁怙贞。袁住院后，袁家不甘罢休，曹士岳受控告被拘留，天津各报竞相报道这一"趣闻"。二是曹锟的养子、曹锐之子曹少珊虽在曹锟的儿子曹士岳出生后不久便认祖归宗了，但实际上他仍把持着曹锟家的财产大权。曹锟看在曹锐的面子上，不忍心对曹少珊过于苛刻，以致子女们整天牢骚满腹，时有摩擦。

1936年3月22日，《三三画报》第6期《曹大总统月支三百元》一文，记录了曹锟晚年一些鲜为人知的生活细节："前大总统曹锟隐居津门，不问时政，每日清晨，练习太极拳一小时，近来健康倍增，体重已达200磅。字学颜鲁公，去冬湖北水灾义赈会，曹氏亲书对联40副，捐赠该会。程御霜氏购其一联，笔力雄厚，联文为：海阔天空，任俺啸傲；鸢飞鱼跃，羡汝优游。文系曹氏亲撰。近闻集有百家诗钞，计1000首，宋元如陆放翁、萨雁门，明清如唐六如、袁才子，以至近人如林子超、汪精卫、胡展堂、江叔海、陈颂洛、蔡天因、李芷洲、张醉丐等之作，皆经选入，分门别类，足为诗学津梁。闻将付梓，惟印刷一项，尚在筹措中。因曹虽贵为大总统，向不事储蓄，寓津以来，最初由其夫人月付400元，做日用之需。入春以来，因收入渐减，减为300元。曹氏近日除购置碑帖、书籍外，旁无消耗，有此戋戋，绰有余裕。有时遇有慈善义举等项，辄愁眉不展。因总统身份，捐助过少，似不雅观，过多又惜手长袖短，支付维艰，且性素慈悲，恒有手不应心之慨。曹弟健亭在日，掌握曹

★孫盛芳烏龍院★

明末軼事

崇禎殉國時所傳之三軸畫

□在崇禎快要自盡的時候，相傳大內有密室一處，封鎖的很嚴密，這所密室，自從成祖遷都的時候，就封鎖着，並相戒平時不許啟封，非有大變故，不得擅動。及至李自成入北京，大清兵圍城之時，崇禎快要殉國之際，才將此室之封啟開，見室內一無所有，只有一櫃，及至把櫃起開，裏邊有三軸畫，分作一二三的次序捲着，第一軸，打開看時，上繪文武百官數千，俱手執朝服，披髮亂走，崇禎詰問內臣、所繪是何意思，內臣答說，或者是官多法亂的意思，再打開第二圖看，上畫兵將將倒戈棄甲，窮民背負嬰兒奔走之狀，崇禎閱之，勃然變色，再展開第三圖看，圖畫酷肖崇禎，身穿白背心，赤着右足，左足有襪履，披頭散髮，在半空懸着的樣子。蓋即預兆崇禎縊死之狀也，及李自城入紫金城，在煤山尋着崇禎的屍體，賊命以柴扉舁帝及后之屍，置於東華門側，殮以柳木之棺，覆以蘆蓆，莫有敢往其處哭之者，以一朝之尊，其結果如是，亦云慘矣。（立）

★日本十和田湖瀑布★

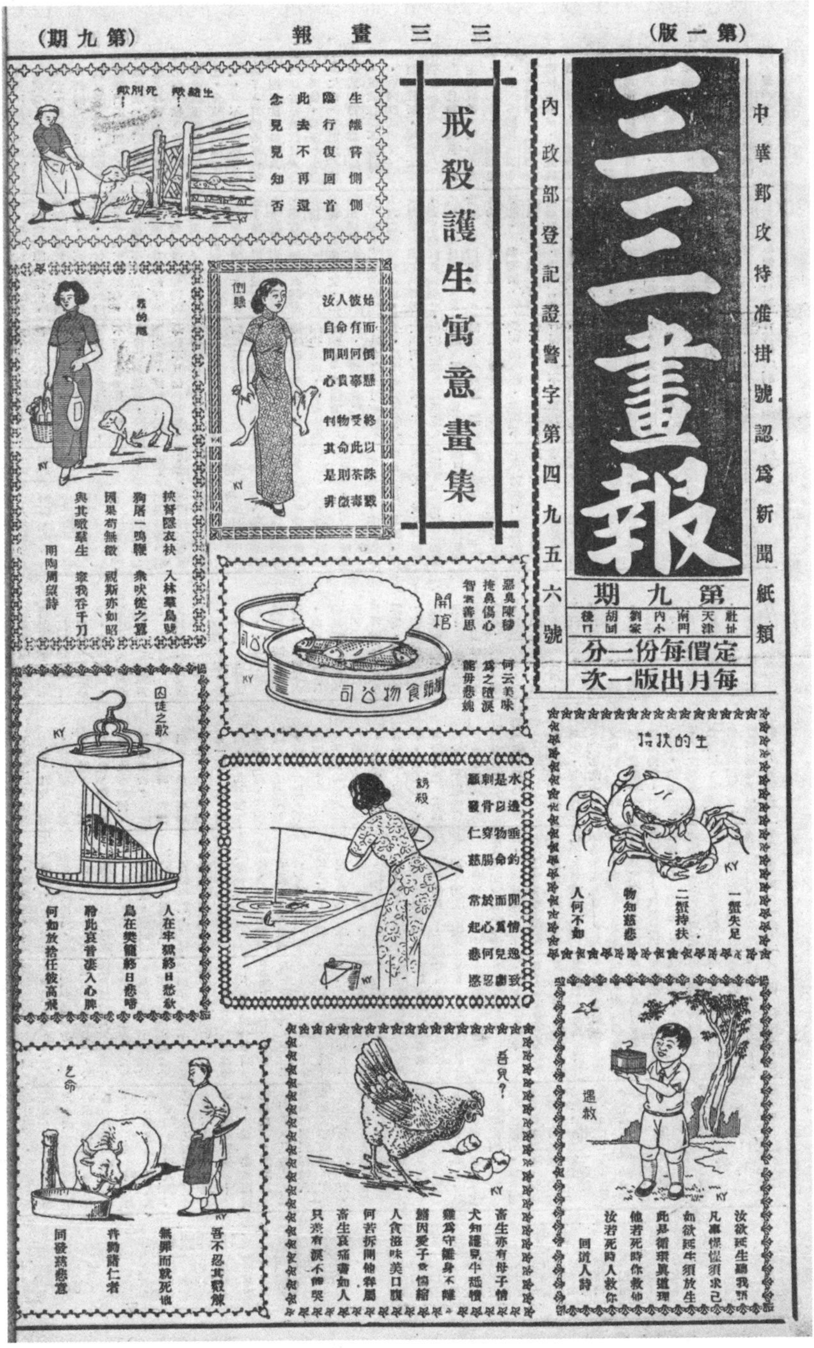
(第一版)　三三畫報　(第九期)

中華郵政特准掛號認爲新聞紙類

三三畫報

第九期

社址天津南門內小劉家胡同後口

定價每份一分

每月出版一次

內政部登記證警字第四九五六號

戒殺護生寓意畫集

生離歟　死別歟

生離背側側
隔行復回首
此去不再還
念見見知否

倒懸

始而倒懸
彼有何辜
人命則貴
汝自問心
終以誅戮
受此荼毒
物命則微
孰其是非

挾弩隱衣袂　入林羣鳥號
狗屠一鳴鞭　衆吠從之囂
因果苟無徵　觀斯亦如昭
與其啖羣生　寧我吞千刀
明陶周望詩

開棺

惡臭陳穢
掩鼻傷心
智者善思
何云美味
爲之墮淚
能毋悲愧

罐頭食物公司

囚徒之歌

人在牢獄終日愁欷
鳥在樊籠終日悲啼
聆此哀音淒入心脾
何如放捨任彼高飛

誘殺

水邊垂釣
是以物命
刺骨穿腸
顯殺仁慈
閒情逸致
而竟兒戲
於心何忍
常起悲愍

生的扶持

一蟹失足
二蟹持扶
物知慈悲
人何不如

乞命

吾不忍其觳觫
無罪而就死地
普勸諸仁者
同發慈悲意

吾兒？

畜生亦有母子情
犬知護兒牛舐犢
雞爲守雛身不離
鱔因愛子[illegible]縮
人食滋味美口腹
何苦拆開他眷屬
畜生哀痛盡如人
只欠有淚不能哭

還救

汝欲延生聽我語
凡事惺惺須求己
如欲延年須放生
此是循環眞道理
他若死時你救他
汝若死時人救你
回道人詩

之财权，其数不下数千万。健亭故后，由健亭公子主持。公子曾过继曹氏，故称曹为爸爸。对曹艰窘，膜不相顾，大有诘以大义，乃答谓，当年之数千万系几句爸爸之代价。今则权利义务，已然划分，奚哓嗟为？去年有曹之旧属多人，群起婉为说项，约定按月付曹洋3000元。然仅付一月。而曹之现实窘况如故也。”

《杜文正拥戴咸丰　授秘计南苑射猎》一文，记述了“一代帝师”是怎样将皇子咸丰扶上皇帝宝座的：

道光晚年最钟爱恭忠亲王，久欲付以大业。以咸丰贤且居长，故逡巡未决。时杜文正公在上书房行走，终日进内侍读，微窥上意所在，思欲拥戴咸丰，以建非常之勋，但无隙可乘。一日，上命诸皇子在南苑校猎。清例：皇子方读书者，奉命外出，临时必至师父请假。是日，咸丰亦按例至书房，仅公一人独坐斋中，问“阿哥将何往？”咸丰以“奉命以校猎”对。公乃耳语曰：“阿哥至园场中，勿发一枪一矢，并当约束从人不得捕一生物。复命时，上必问其故，但对以，时方春和，鸟兽正育，不忍伤性命，以干天和。且不欲以弓马之长与诸弟竞争也。阿哥第以此对，必能上契圣心。此一生荣枯关头，当切记无忽也。”咸丰即至园所，如公所嘱行之。是日，恭王所得禽兽最多，见咸丰默坐不动，怪而问之。咸丰曰：“身适不爽，不敢驰逐，兽猎无所献。”上诘之，咸丰如文正公所教以对。上闻之大喜，曰：“是真人君之度也！”立储之议遂决。后道光崩而咸丰继位。但未及赏赐，杜亦逝世。咸丰哭失声，亲往奠祭，并追赠大师，亦以报天拥戴之勋也。

以漫画著称的《星期二午报画刊》

1916年，清末秀才刘孟扬在天津创办《白话午报》(后改称《天津午报》)，自任社长，白幼卿任经理，董秋圃（笔名笔侠）任总编辑，社址初设南市广兴大街，后迁至河东金汤大马路（今建国道与北安道交叉口处，现已不存）。约于1935年，《天津午报》每至周二增出一张《星期二画报》。

《星期二画报》由漫画家高龙生主编，以文字为主，兼有图片，纸质较差，内容平平，多为摘录其他报纸的“剪子活”和小说连载。因高龙生酷爱漫画且有较深造诣，所以画报最具特色的当数头版的图画栏目“时事投影”和第二、三版的漫画了，它也因先后培养了陈金锟、汪子美、陈人、陈乃勇等一批中国现代漫画家而载入中国漫画史册。

汪子美自幼酷爱绘画，曾在青岛扶轮中学就读，后随全家来到天津。时任天津市立美术馆馆长的严智开，对汪子美赞赏有加，介绍他为天津“中国旅行社”画商业广告。1931年，18岁的汪子美曾任美术馆馆员，负责绘制画展海报。后被独具慧眼的高龙生看中，请他为《星期二画报》作画，从此，汪子美开始了他的漫画创作生涯。先后在《北洋画报》《益世报》《中国漫画》《时代漫画》《电影漫画》等报刊上发表漫画百余幅，确立了他在中国漫坛上的地位，

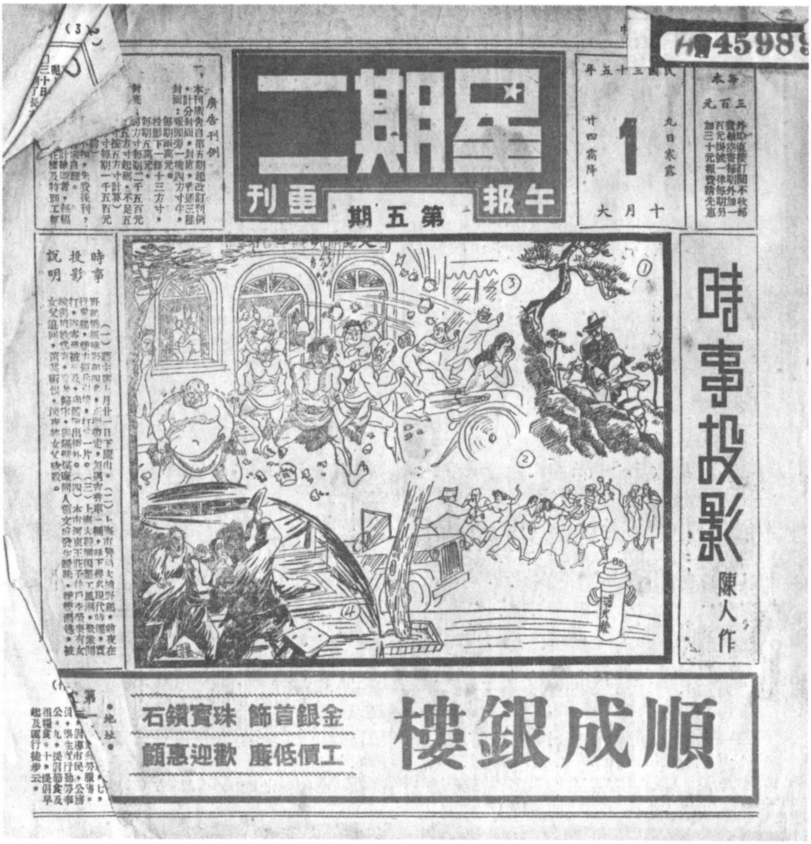

星期二
午報重刊
第五期
民國三十五年
十月
1
九日寒露
廿四霜降
大
時事投影
陳人作
金銀首飾 珠寶鑽石
工價低廉 歡迎惠顧
順成銀樓

成为中国的大漫画家。

高龙生还曾邀请陈金锟为画报绘制漫画，内容多为揭露社会黑暗丑态，以漫画的形式记录当时社会的重大事件和趣闻逸事，具有一定的思想内涵。1936年底，他精选34幅画结集出版了专辑《星期二漫画选》。

“七七事变”后画报被迫停刊。1946年9月3日得以复刊，定名为《星期二午报画刊》，刘铁庵任主编，郑重、张金良、刘钟惺等任记者、编辑，社址在第一区嫩江路29号。由南开广兴大街华昌书报社负责发行，由位于多伦道的《中华日报》印刷部负责印刷。画报为普通报纸，每周一期，逢周二出版，长条形8开本，4版。头版保

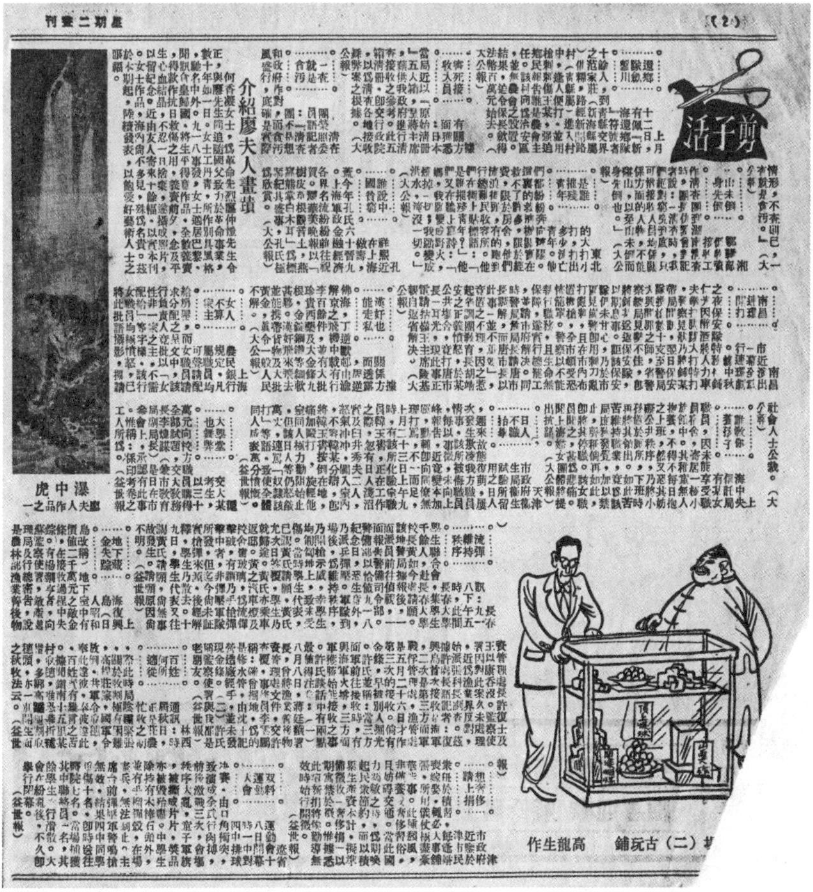

星期二晝刊 (2)

剪子活

介紹廖夫人畫蹟

瀑中虎
廖夫人作品之一

古玩鋪(二) 高龍生作

留的“时事投影”栏目由陈人、陈乃勇等先后负责，画面生动，内容丰富，通常将四五件事集中在一张漫画上，反映了当时国际国内重要新闻和天津市面的动荡纷乱；第二版为文摘性质的“剪子活”，主要摘录本市《大公报》《益世报》等报刊的时事新闻，另有一幅著名书画家的画作和作者简介；第三版为中外历史故事，有专门记录国民党地下工作者简历、图片的《地下英雄谱》，连载《马歇尔日记》，“生活图案”栏目刊登的是吕人撰写的《第二代的幸福》和崔琳辑录的《日伪时期大事记》；第四版是画报编辑郑重的长篇小说《阿O歪传》和骆桃花的《老妓回忆录》，“课室外”专栏刊登的是全国各学校教学、体育方面的消息，汪子美、陈人的漫画也常在这一版出现，陈乃勇则开设了个人漫画专栏“赵大个”。

但画报只维持到1947年1月，出版到第22期就彻底停刊了。

1946年10月22日第8期“时事投影”说明文写道：“1. 国大会议前夕，孙科院长呼吁各方促进和平；2. 归绥35军副官长宋峪命护兵二人挟其妻赴城郊小校场以手枪击毙；3. 菲律宾将‘民答那峨’猴子千只以飞机运往美国；4. 纳粹战犯11人已执行绞决，惟戈林于行刑前夕在狱中服毒自杀；5. 美军汽车又在北平三座门地方将律师王振华轧毙，此事引起北平律师界严重抗议。”

星期二畫刊

(42)

阿Q歪傳 鄭東作

第四段

幾種不同作風 —分析地方性的答案—

黃柳霜與陳杏蘋 汪子美作

課室外

四川亞洲女中生活剪影

刊登女性征婚广告的《小快报》画报

1936年初，《快报》在天津创刊，副刊《小快报》约于1936年5月1日创刊，主要刊登低级趣味的风月场见闻和名妓图片，在今天，它一定会被列为“扫黄”“打非”之类。因画报是随《快报》免费赠送的，所以，画报本身并没有记录出刊期数，不知道它究竟出版了多少期。

《小快报》画报属娱乐刊物，日刊，8开本，普通报纸，4版，第一版是名妓玉照、“纸上乾坤”专栏和广告；第二版刊登妓院消息、妓女介绍，如《冶游须知》《奇女子》《上林花事》等，开设“小幽默”趣味专栏，连载社会小说《作孽花》、小品文《摩登姑娘》以及《摩登姑娘》连环画；第三版是老龙套主编的“戏剧专页”，刊登《戏剧的基础》《坤伶新进任翠卿》《谈王麟昆》《筱鑫舫之〈逍遥津〉》等，连载于水如撰写的社会小说《梨花魂》等；第四版的广告也很有特色，多为天津各戏园、影院最新消息，不仅刊登戏园的大幅戏单，预告近期的电影片名、上映时间、票价等，而且还请剧评家撰写200余字的戏剧介绍和电影故事梗概，以使读者先睹为快。

第一版的“纸上乾坤”专栏相当于现在的征婚广告，是画报的最突出特色。此前，征婚广告虽也能偶见报端，但多为男性，而且文字也多含蓄。而《小快报》上刊登的征婚广告多为女性，而且语

中華民國二十五年六月六日　快報　星期六

小快報

天津物華樓金銀店

■大芳照像館■

特一區福州路 中央有聲電影院

明天特選兩大驚人供獻

空前絕後 世界稀有 中國醫學 生理衛生 現代婦女 教育巨片

看完中國醫驗人身 中國人身組織完全瞭然

就是健美女性

注意

特別加演

李文素月芳

■南花一笑老九倩影■

中華廣播節目

仁昌廣播節目

紙上乾坤

■月下老人主任

兩個婦人

■徵求士商人爲依■

十一屆婚姻介紹二十一函

應徵淑文女士

十一屆婚姻介紹二十二函

本刊婚姻介紹辦法

■徵求男友

十一屆婚姻介紹二十三函

致傑如女士

義務郵筒

刊登女性征婚广告的《小快报》画报

北洋齒科醫院院長 方利章大夫 楊大夫 貧者施診 特一區大營門

白素蓮朱小義之霸王別姬劇照

奇女子

二板

[illegible]

傅二太太及其愛子愛犬

冶遊須知 47

邊公

「單蹺雙蹺」雖然是這麼說；可是嫖得[illegible]

王小桃攝於北寧花園

經驗

白叔

新郎：[illegible]

新婦：[illegible]

新郎：[illegible]

新婦：[illegible]

幽默

白寂

「作伴」

光棍：問一男子：你為什麼要娶媳婦呢？

男子：[illegible]

光棍：[illegible]

男子：[illegible]

士女

[illegible]

作孽花 29

社會小說

浮圖

[illegible]

摩登姑娘（九）

[illegible]

交際花霍林女士合影

名票馮[illegible]道女士

上林花事

[illegible]

刊登女性征婚广告的《小快报》画报

言坦率直白，甚至在征婚时就已定下了会面地点。在男女婚事仍多为“父母之命，媒妁之言”的时代，这种公诸报章自由择偶的行动，无疑需要惊人的勇气。

报社要求：来函需写明自己的真实姓名、年龄、籍贯、职业及家庭状况和征求对象条件，附加一张本人近期一寸照片。而来函中写明的征婚者通讯处，报社有责任予以保密，并且来函内容也要保密。征婚者每满30人为一届，报社定期开办茶话会，有点像今天的鹊桥会。所不同的是，男女分处两室，还不能见面。月下老人根据征婚者、应征者的条件和要求，提供合适人选材料。如果男女双方初步达到一致，可以互换照片，双方都满意后，报社负责调查双方提供材料是否属实，再约见双方正式会面。这是一套完整而周密的方案，不知道报社是不是收一定数目的中介费，也不知这里面有没有婚托。

摘录1936年6月6日《小快报》画报刊登的一则广告，以飨读者：

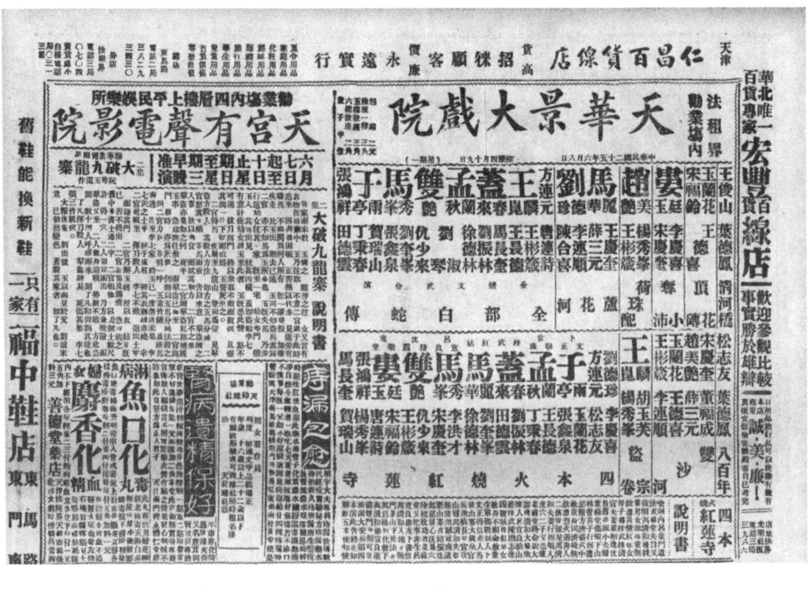
天津 仁昌百貨線店 貨高 招徠顧客 價廉 永遠實行

勸業場內四層樓上平民娛樂所
天宮有聲電影院
六七起十止期至期早準
月日至日星日星三晚演
二集 大破九龍寨

法租界勸業場內
天華景大戲院
中華民國二十五年六月八日 陰曆四月十九日（星期一）
王俊山 葉德風 清河橋
玉蘭花 宋福齡 王德喜 頂磚花
婁廷玉
趙美艷
馬華麗 劉德珍
方連元 王蓋崑 孟春來 雙蘭秋 馬秀峯 于亭雨 張鴻祥
全部白蛇傳
四本火燒紅蓮寺

華北唯一百貨專家 宏豐百貨線店

舊鞋能換新鞋 一只 家有 福中鞋店

魚口化毒丸
麝香化血精
善德堂藥店

月下老人鉴：每读贵报，足下代为撮合，甚为有德。钦佩之至。今有义姊王氏金娥，因夫亡，并无子女，生活困难。前者托我代觅伴侣，我无机会，今托足下代觅一位年在50岁左右之男子，能负责生活，士、商均可，以免晚年无依之苦。王氏现年45岁，南方人，此间并无亲故。请老人代为留意为盼。星期日下午3时，在法国花园凉亭会面可也。我姊妹二人同立者即是。因为名誉乃人生之第一之生命，为着衣、食、住三大问题，不得不觅人来保护，但我们均是顾面子的，切切不可示人知。

从这则广告中我们可以知道：一、写信人是一名能写诗的中年知识女性，她是为自己的好姐们儿征婚。二、她们的征婚目的很简单，就是为了解决衣、食、住三大问题，用今天的话说，就是找一个饭辙。这充分体现了当年妇女的一个朴素而又实际的理念：嫁汉，嫁汉，穿衣吃饭。三、这一对姐妹是个急性子，对方只要是一个50岁左右的男人，能够解决她们的三大问题，不管他的身高、胖瘦、健康状况，都可以先见面再谈。四、这对姐妹虽然强调名誉第一，但为了生存，她们显然已把它放在次要的位置了。

更值得一提的是，这则广告最末的一首小诗不禁发出了人生的慨叹，也显示旧时代知识女性的文采："回肠九折痛悲歌，春光已逝复谁和；万种凄凉言难尽，欲觅知音遍地无。"难怪报社会违背为征婚者保密的定章而私自披露全文呢！这无疑也是画报号召读者的最好广告，它会为画报带来激增的订户。

这还不算，第二天，月下老人回信称："函内所定在法国花园相会办法，似有未妥。最好请二位先到社中一谈，或在召集茶话会时前来亦可。本刊可负责代为介绍也。"因为我没有见到后几天的画报，相信针对这则征婚广告，报社一定还会大做文章连续报道，直到为王金娥找到理想的伴侣。由此可见，报纸的炒作早已有之。

缺乏个性的《中南报星期六画刊》

1930年5月，《中南报》在天津创刊，社长张幼丹，主编李醒我，社址在南市荣业大街。报纸因编辑水平高、排版新颖、印刷规范，而成为小报中的皎皎者，销路很好，遂于1936年8月增印《中南报星期六画刊》。笔者向读者介绍各种画报时，最先要说的是这种画报的特色，但《中南报星期六画刊》的确是见过的最没有个性的画刊，从内容到形式无不落入当年画报的窠臼，而且图片、文字多为拣拾其他画报的落选稿件。难怪当年多种随报附赠的画报都先后独立而另起炉灶，唯有它自创刊之日起即成为《中南报》的鸡肋。终于“七七事变”后，随着《中南报》的一度停办而宣告终刊。

《中南报星期六画刊》，属娱乐性刊物，周刊，8开本，2版，逢周六出刊，随报免费赠送。图文均为各画报千篇一律的电影、戏剧、曲艺、舞场等方面的内容，间有书画作品和各地名胜景观。遍翻笔者收藏的数十期画报，只有《天津市夜市巡礼》一文，记述了天津早期夜市的肇始和发展，不失为天津地方史研究可供参考的资料：

夜市这种风气很早地吹到了天津，当然是以日租界的夜市为最早成立，已经相当时日的特二区、侯家后、河北等地的夜市才出现。夜市的时间当然是在黄昏后至夜12时左右，所以，它的名目是相反

中南報星期六畫刊

■徵求各地風景戲劇名伶各照像■

■名聞影星舞女歌姬等亦所歡迎■

【膠山風景由華岩寺至太清宮途中】

黎莉莉女士訪問記

自滬寄 ——沈浮——

服務聯華，吉人老弟總是來信索要關於銀幕上的作品，我既沒有工夫撰述，又不好駁他的感情，卻好這正有朋友託我投登的訪問一件，何妨寄給他，登出來呢。（沈浮附識）

一間顯具藝術性的屋子裏，茶几，沙發，圓桌，花架，鋼琴，健身器，佈置得挺有紀律地，而籐上間所懸的明星像更是生色不少，還便是記者所訪問的黎莉莉寓所的客廳，是在僻靜地段極司非而路信義邨……

◀舞星朱笑梅▶

【南花寶寶老五】

—名票何程石—

聽小戲

（醉俠）

妙語

文丑

◀名淨侯喜瑞宛城中之曹操▶

【交際明星文妃在汽車中】

缺乏个性的《中南报星期六画刊》

驚險大片蠻荒世界

名畫家王伯龍畫牡丹

天津市夜市的巡禮

—碌碌—

夜市這種風氣很早的吹到了天津，當然是以日租界的夜市為最早成立，已經相當時日的特二區，侯家后，河北等地的夜市才發現，夜市的時間當然是在黃昏後至夜十二時左右，所以它的名目是相反於曉市的，它的交易範圍是很廣的，差不多凡是食用的物品，都在這夜市販賣之內，現將天津的最近情況寫出，似供讀者之一粲，

（一）日租界夜市

日租界的夜市是天津夜市的首創者，很有悠久的歷史，約有五六年之久，附屬於日工部局夜市管理處直接管理，地位是由旭街北首至旭街郵便局止，長約二三里許，但只在路東一面，西面是沒有，關於交易方面以洋襪子布頭鮮貨一切物品為多，更有些已成為公開的秘密的如烟槍，麻將牌等違禁品，但是若到了這個夜市裏，便可以公開的叫賣，這也可以說是別有一種原因的，在起初以開闢的時候，因是首創的原故，所以很有一部分人不遠千里而來的，在這留連，到是很繁盛一時，又因為那地方是交通的要道，所以每當夕陽西下的當兒，非常的熱鬧，真說是津變後日租界再度繁盛的起終，現在又感到了冷靜，只存有郵政局至下天仙一段比較興盛，別處，已經冷靜靜的了，但是現在還能夠維持下去，或以後還有重新繁榮的希望，

（二）特別二區夜市

特二區夜市位於東浮橋東至義與交界處，地利也可以說是較為適宜，關於交易物品，也不外乎食用兩類的範圍，以販賣食物的攤子為最多，用品的交易亦較興盛，再說一切主顧們則多是河東一帶的主戶，小家碧玉，登徒著流的一些人物，也是先前極為繁盛，現今則遊人寥寥，祇能維持現狀而已，偶然有很多的遊人，那不過是兜風的人們，所以攤販們總是露着苦喪的臉呢，

（三）河北大經路夜市

河北夜市大約創辦有三四個月的樣子，地位是從金鋼橋北至中山公園正門止，長約三里許，東西兩面有攤販的，約在三百位處，故每當夜晚，站立橋頭，遠遠望去，只見光芒燦爛，長蛇一條，蜿蜒數里，的是好看，因最近開辦的關係，所以每於黃昏，遊人擁擠，熱鬧非凡，更以河北一帶人士為最多，就是別處來觀光的人也不在少數呢，販賣以吃食為多，鮮貨冷食佔多數，布走凉貨則冷之，這個夜市在現在幾個夜市中為最繁者的一個，所以一向寂寞的河北，頗見熱鬧了，此外還有南市夜市，是首創中國地界夜市的起始，位於南市榮吉大街，東興大街，以前甚為興盛，現則只能維持現況而已，又有侯家后夜市，現因某種關係，已經停辦，無可記了，夜市可以說是繁盛地面的唯一良方，在表面上看來繁盛的很，但是很有些攤販們整天的喊吶，沒有人過問的是很多呀，因為市面不景氣的緣故，因此，夜市仍然是感到不景氣，

（十三妹失而復得）

—青人—

一年，美馨花之平戲班，由唐山來津，在南市鎮一台露戲，未及旬日，即已哄動四城，中有坤伶十三妹，尤以艷麗動人為最能叫座，時有一王姓少年，迷伊最甚，然則苦於無緣巴結，寢食幾為之廢，一日，乘戲散無人之際，該王姓少年竟將十三妹戲裝照像由戲園門前摘下，抱於懷中如獲珍寶，本擬抱回家中，以慰想思，詎竟為多事警爺查獲，卒由十三妹親到警所將照像領回，彼少年則被拘數小時始放，後有好事人以（十三妹失而復得）傳出，一時遺為笑柄云，

海門八式刀

·武夫·

宣統末年，馮煥章將軍起義灤州，敗中取勝，深得大刀隊之力，大刀隊所用刀式，係峯軍警長王海門運各種刀法之簡捷受用者，加以調擊，編成八式，名曰（海門八式），每進知兵肉搏之際，如法展佈，接着死，縱着亡，舉勢兒焰，所向無敵，今奮香軍中術多沿用，開若以強大之濮斬殺弱小之敵，敗效尤著，蓋居高臨下，省力應手，乃意中事耳，

名閨趙叢梅小姐

舞星錦雲女士近照

芭蕉扇大走桃花運

—青人—

在這摩登急進的時代，芭蕉扇雖然仍是煽着有風，但早就為一般二十世紀的人物，視為老掉牙的東西了，桑說跑到剪髮益跟女子的耳裏撮汆搖去，那在芭蕉扇扇子也休想，（盛極必衰，否極泰來），古人說的話，真是言而有驗，也着實是週來天氣太熱，小兒玩物似的扇子，本來就是一種裝璜，煽不出風來，反倒累的你白出一身大汗，才引起花界姊妹來作創舉，每逢夕陽西下，日租界夜市，及閘口河沿一帶，一直至深夜三時許，到處都可見着粉香的大蜜絲們，手搖芭蕉扇，自在逍遙的隨着娘娘散涼，還有跟着鬈鬆的，那到那着有碍觀瞻了，說來這也是芭蕉扇的一步桃花運吧，

女性們剪髮之後

「廢去奢修了嗎　時間經濟了嗎」

—高亞子—

當我們問短髮的女子為甚麼要剪髮，她們必定很直捷的回答，（剪髮是時間經濟，廢去奢修），按這種論調是很對的，根本說，蓄髮的女子每天梳頭的時間，起碼得費兩個小時的工夫，並且頭上插戴的東西，富家的珠的，擊的：：：那執不用提了，貧家的戴着那種二十文和琉璃的首飾，最低也得妄費一二毛錢，由此看來女子剪髮是很好的了，但是，我們所看到的剪髮女子，卻不見得怎樣的儉樸，雖然是把髮剪短，卻也整理的光怪陸離，有的貴得濟得曲曲的，有的梳得像鴨尾的模樣，至於美麗昂貴的髮挾，香氣純厚的頭油，許多錢的理髮費，像這樣的剪髮女子，以看修論，未必不比蓄髮的費錢，以時間論，也未必比梳頭的費的少吧，這樣，又談什麼（時間經濟）和（崇尚儉樸）呢，咳：：：……

惠中飯店交際花王小老

缺乏个性的《中南报星期六画刊》

于晓市的，它的交易范围是很广的，差不多凡是食用的物品，都在这夜市贩卖之内。现将天津的最近情况写出，以供读者之一粲。

一、日租界夜市。日租界的夜市是天津夜市的首创者，很有悠久的历史，有五六年之久，附属于日工部局夜市管理处直接管理，地位是由旭街北首至旭街邮政局止，长二三里许。但只在路东一面，西面是没有。关于交易方面，以洋袜子、布头、鲜货一类物品为多，更有些已成为公开秘密的如烟枪、麻将牌等违禁品，但是若到了这个夜市里，便可以公开地叫卖，这也可以说是别有一种原因的。在起初刚开辟的时候，因是首创的缘故，所以，很有一部分人不远千里而来在这里留连，倒是很繁盛一时。又因为那地方是交通要道，所以，每当夕阳西下的当儿，非常的热闹，真说是津变后日租界再度繁盛的起终。现在又感到了冷清，只有邮政局至下天仙一段比较兴盛，别处已经冷静静的了。但是现在还能够维持下去，或以后还有重新繁荣的希望。

二、特别二区夜市。特别二区夜市位于东浮桥东至意奥交界处，地利也可以说是较为适宜。关于交界物品也不外乎食、用两类的范围，以贩卖食物的摊子为最多，用品的交易亦极兴盛。主顾们则多是河东一带的住户，也是先前极为繁盛，现今则游人寥寥，只能维持现状而已。偶然有很多的游人，那不过是兜风的人们。所以，摊贩们总是露着苦丧的脸呢！

三、河北大经路夜市。河北大经路夜市创办三四个月的样子，地位是从金钢桥北至中山公园正门止，长三里许。东西两面都有摊贩，有500余处。故每当夜晚，站立桥头远远望去，只见光线灿烂，长蛇一条蜿蜒数里，甚是好看。因最近开办的关系，所以每至黄昏，游人拥挤，热闹非凡。更以河北人士为最多，就是别处来观光的人也不在少数。贩卖以吃食为多，鲜货、冷食占多数，布匹、凉货次之。这个夜市最为繁华。所以，一向寂寞的河北一下子热闹起来。

▶徵求各地風景戲劇名伶各照片◀

中南報星期六畫刊

▶舞女影星名閨歌姬等亦所歡迎◀

▶前河南墜子歌姬院禮紅之倩影◀

▲院禮紅

揚石

▲玉壺春茶樓，在去年的春季，由河南邀來一位有名的鼓姬院禮紅，登台演唱，哄動一時，捧者甚衆，此姬在河南當地，素有洋美人之綽號，其齒觀之美麗，可想而知，去年冬季，竟被人藏諸金屋，現居北平，乃夫係交通界份子，二人情感，顯爲融洽，仍不時來津小住，游玩數日，意態極爲消閒，今日本刊之插圖，即院姬夏裝之照像，

▲張小仙

揚石

▲凡是在中華坤書館聽過玩藝的，沒有不知咱黑頭著名之張小仙老七的，她在本市花國和歌場中，均有相當的過程，具有最老的資格，不料忽於去年冬季，將近陰歷年關時，隨人從良，殊出人意外，

王家的古瓶

紅運

王家父子，守着祖上三輩傳留下來的大古瓶，安度若干年，連一點磁兒也沒掉，輪到他孫子這一輩，便大不同前了，祇天天酒地的，把傢當叫賣了個一乾二淨，末了還把古瓶，便宜了喝破爛的，王家父子，相繼脫離人間世，他孫子也落得無處安身，還種家敗人亡的狀況，就連街鄰看了也深以爲惜呢，

▲李花雲

揚石

李花雲，現寓裕德里老嫦娥八番，皮黃老生，在中華最爲手館，每逢登台即上座，滿園，登台時，生性客，際之廣，人緣最佳，交活能比，尤非他妓所能比，

▶名妓李花雲近影◀

▲微笑

—笑翀—

母—（你打碎了花瓶之後，你爸爸對你說了些什麼），

子—（媽媽，他那些罵街的話，我大可以不說罷），

母—（自然嘍），

子—（那麼，他沒有說什麼），

▶前中華書名妓張小仙最近照像◀

一個守財奴，輕易不穿好衣服，整天的穿些破爛不堪的舊衣裳，在街上掃東西，遇見某甲，某甲的友人—（你這份打扮，老兒看也……

太精心了），

守財奴—（什麼，你說我不講究），

甲—（咳，你也太不成體統了，我記得你父親在世的日子，他那一身衣裳，不是整整齊齊的，講料子，講究樣，夠多麼乾淨），

守財奴—（什麼，你看看我身上，那一件不是先父的衣裳），

談瑛學國語

—天相—

聯華女影星談瑛，因爲國語講得不十分純熟，所以特地請國語講得非常好的舒綉文小姐，常常和她作伴，無形中即是給她一個很好的練習國語的機會，談瑛小姐既是非常聰明，再經積極的練習，已經很可觀了，不久我們便可以見到談瑛小姐的有聲的作品，

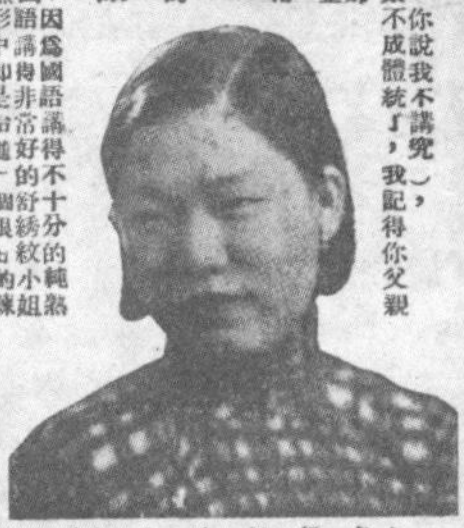

▶名舞星沈少卿◀

喬太守亂點鴛鴦譜

—老生—

蓋聞，百歲齊眉，姻緣有定，三生石上，早證前盟，是以男大當婚，女長須嫁，男女婚媾，[illegible]萬物化生，大聖人都說，男女是人之大欲，[illegible]晚是洞房花燭，雖有別，或生男或生女，惟是孱弱者不便爲婚，簡直是誤盡蒼生，病人異，而如此如此也，[illegible]

點喬太守，成人之美，[illegible]不了大人，代不料姊姊，現在出嫁，結果竟得了一個冲喜，[illegible]說冲喜不知出於何典，何是冲喜的成法，到底冲了一個，[illegible]告太守當然是，[illegible]照古理應當，出

說真的，祇要能活到幾十年，結婚是跑不了一椿兒，[illegible]

▲巴黎跳舞場中著名舞星郝安娜之倩影▲

郝安娜

巴黎跳舞場之台柱舞星郝安娜，身體具有健康美，性溫柔而隨和，喜運動，好游泳，對於跳舞一項，尤爲精良，現在捧者極多，深有號召之能力，

▲杭州西湖遊艇之風景▲

[illegible]帳去」，這是北平最近的事，故談之，

▲花花朵朵

揚石

▲名妓劉鑾卿，現於前天下午，由裕德里竹雲書寓中，遷於[illegible]家中，居住，[illegible]

▲秦腔[illegible]

▲[illegible]紅，[illegible]

▲坤伶楊菊芬之便照▲

新劇女演員王劍影

▲怎麼樣作父母▼

馮虎

凡人結婚後，不久就會有了兒子，同時也升作了爸爸，還好像作人的步驟，然則爸爸怎樣當，母親又要怎樣作呢，第一，要兒女有健全的身體，勿使父母有的遺傳惡疾，傳染了子女，這是作父母最低的應當有的責任，如果子女沒有撫到父母賦予健全的體格，苟延殘生，一且殀折，父母依然認為，（沒享到他的養老送終之繼），這論調太以不道德了，也是一件極罪惡的事，第二，為父母者要注意兒女的性教育，兒女在冠年，對男女的事故，漠然不明，定生探詢心，父母者以厲言斥嚇，以及壞言語可退了他們的象間心，這樣，不但增加了他們多層疑問，且損害兒女身體，莫此為甚，關於子女性問題的發問，父母當用以簡明的常理，比喻原題，使他們生（不過爾爾）之明，第三，念樣使兒女有美滿的婚姻，方今喻形社會姦新舊思想的獨久時，大多數子女婚姻，依然取自父母之命，由於媒妁之言，這種制度早就應該打消了，本來當事人｜男女｜各不相識，秉性各異，要撮合一起，過度一生，那結果難免夫婦失和，斷送了一生的幸福，這種制度法律也不允許的，我們不提倡文明結婚，但是也不反對舊式結合，新式，舊式，都是對於當事人的事，為父母者，萬勿以自己愛好對方，忽略了子女的為是，男女結合與非，是以說美為主，要餘件，首先重視數力是否與！己子女性情相同，意志和合，這是身要緊的，總之，婚姻是兒女終身大事，是關乎併人生幸福，不是為虎的，第四，父母的義務當然負有供給子女求學的担負，為子女者年殊小，為驗沒有，父母閱歷多，對世故人情，社會上形形色色，要時加辦釋，對子女專業，要加數聊，待人接物，彼此討論，萬勿養成女性與人殊的性子，第五，父母要放棄的權利，

大凡人做了父母，好像是作了家中之王，當了子女的皇帝，對待子女，勿論誰是雖非，總以（孝順我為對），生兒養女，本來是為國家造與健全的國民，並不走在父母面前當以孝道作了一個人的天職，倍然，得親順親，是子女應該作的，但大多數做父母者，總以八百年前的為盲，爭風子女間，可身這稀腔調，訴於現在是屏不着，總之家庭是大家的，不是個人的，家庭有了幸福，大家才有了幸福，家庭的意見，也嚴是大家的意見，大家的意見要大家來廂權，父母也不能強姦子女間的公意，意見相聽，欲完成一快樂之家庭則難矣

名伶余叔岩所書之扇面

名花劉蟹卿之戲裝照像

河南墜子鼓姬翠玉柔

▲談劉蟹卿

「揚石」

四年前在海下某小學校內，有一位高材女生劉淑華者，即現隸裕德里竹雲書寓之名花劉蟹卿是也，蟹卿行者，因誤入戀愛之途，致墮落於娼門，然悔之晚矣，伊對皮黃大戲，頗有研究，中華台上，大享盛名，今日本報銅版，即該妓女起解之戲裝造像也，

◎誌南花媛媛

｜揚石｜

▲南花媛媛老九，現隸於裕德里萬花樓，生意鼎盛，該妓天性溫柔，富於情感，交際手腕，尤稱靈活，於跳舞一項，更屬精良，

『裕德里萬花樓之李媛媛老九』

鴻賓樓後花鳳館袁香雪之近影

，影院戲園，球房舞場，常見老九之芳跡，今日本刊之銅圖，即老九之半身照相，

袁香雪的是可人

袁香雪老九，就是從前袁雪艷的更名，雙會一度適人，但為時極短，所以面脫之秀麗，體態之輕益，非但未減，而且反增＝成，其交際乎腕，更是雙活，遊客中之青年者，固然應酬過到，就是四五十歲的老先生們，凡是認識了難以後，您就不知不貴的，樂而忘返，她的談風甚健，能拉善唱，中華台上，頗受歡迎，讀者諸君，傑看對戴着鮮花芭臨做的耳墜子，夠多們漂亮嘍，

『揚石』

▲前在福臨後五樓院搭住之名妓花小桃老三，現在移平裕德里彩仙班，更名花笑吟，前往造訪者，連日絡繹不絕♂♂♂『拾』

此外，还有南市夜市中首创中国地界夜市的起始，位于荣吉大街、东兴大街，以前甚为繁盛，现则只能维持现状而已。又有侯家后夜市，现因某种关系已经停办，无可记了。

夜市可以说是繁盛地面的唯一良方，在大家看来繁荣得很，但是，很多摊贩整天叫喊而无人问津的很多。因为市面不景气的缘故，因此夜市仍然是感到不景气。

上乘高雅的《语美画刊》

1936年9月9日，《语美画刊》创刊于天津，为高层文化人办刊，主编李幼珉，乡贤耆宿赵元礼、王守恂、王襄、陈宝泉等为画刊撰稿人，参与者还有弘一法师李叔同、南开大学创办人严修以及著名武侠小说家郑证因（李叔同内兄）等，法律顾问朱德武、穆祥晨。社址在东门外大街43号的联艺社内，同年10月15日，迁至东门外袜子胡同西口北楼房。画报刊登了大量的珍贵历史图片和中国曲艺

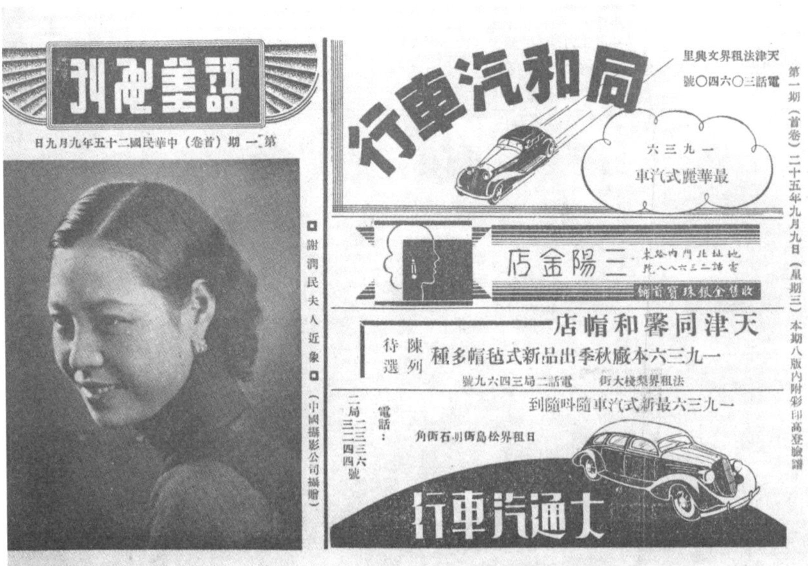

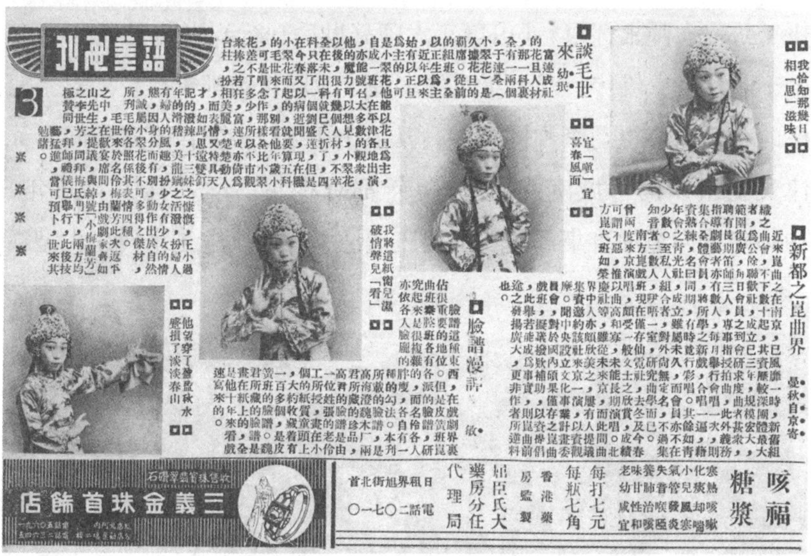

史、戏剧史、天津地方史资料，如李叔同的最早篆刻作品及最早个人照片等，严修、王仁安、方地山及曲艺名家刘宝全、马增芬、花小红、小彩舞的个人介绍多为首发。该刊印量不大、传世极稀，据目前掌握的资料，只为天津图书馆独家收藏。

关于《语美画刊》名称的来历，尚无任何典故依据，有人设想与1912年李叔同在上海办过的《文美》杂志名称有衍生关系，但这也只是一家之言。

《语美画刊》质量上乘高雅，属于阳春白雪档次，图文并茂，是天津出版的小型精美画刊，图片清晰，彩色套印，堪称当时国内影写版印刷技术尖端，别开生面的大16型横开版，是历来罕见的，每周一期，逢周三出版。

画刊内容多为诗、书、画、印、邮票、戏剧、曲艺和观光览胜等，两个主题贯穿画报始终：一是怀念弘一法师李叔同，一是赓续水西庄以来的津沽文脉。它是最早宣传李叔同事迹的媒体，它于李叔同在世时，就较系统地介绍了这位艺术大师和佛教高僧的生平事迹，是现今研究李叔同史料的历史依据。仅以其中的传记为例，就比《弘一大师永怀录》（1943年大师辞世后刊行）中的要早出6年，由于此刊极少流传，几十年间的多种李叔同年谱都未提及。对水西庄的介绍内容也与李叔同相关，从1925年到1937年10多年间，天津文士组织的“城南诗社”，每年都有雅集活动，其中1935年、1936年重阳节的雅集都是在水西庄遗址举行的。这是水西庄大型活

介紹弘一法師

弘一法師李叔同先生

藏齋隨筆

拙老人筆記

新秋服裝已齊到陳列候選

備有特價贈券以便顧客挑選

大衣呢料萬種

代客出樣裁剪適體

新新時裝綢緞公司

法租界藍牌電車道二十三號路轉角處 電話二局二八三

專售一切化粧品

定價低廉早爲各界公認

动的最后两次，除了详细的文字报道外，画刊都刊出了大幅合影，分别摄于水西庄的匾厅前、芥园的“功赞平成”牌坊下，其中李叔同乡友的图片甚为难得。

画报共8版：头版多为名闺玉照，间有戏剧名伶、电影明星照。第二版设“沽水谈旧”“学府新闻”等专栏，1936年10月14日刊登了揭露杨翠喜案、署名“愁父”的画作《升官图》，陆辛农撰写的近600字的题记，介绍了这幅画作时隔20年才与读者见面的原委。第三版设“补庵谈戏”“藏斋随笔”等专栏，介绍弘一法师、严范荪、王仁安（守恂）、方地山等文化名人和马增芬、刘宝全、花小红等杂耍场鼓姬明星，署名“忆贞”的《介绍弘一法师》一文，较为翔实地介绍了李叔同生平和出家后经历，1936年12月23日第16期曾设“纪念方地山专刊”。第四、五版为文化、戏剧、书画专版，设“藏斋诗稿”“谈谈脸谱”等专栏，有《天津票房今昔观》等乡土文章，也有介绍异地风情的《故都一日游》和《富连成的印象》，而每期连续刊登的李叔同、王雪民等的印为画刊的特色。第六版是娱乐场消息，连载《说相声》《天津过年歌》《鼓曲词选辑》等文章。第七版曾设王一介主编的集邮专版，上海邮票大王周今觉题写刊头，连载《上海邮票会25年纪念展览会参观记》，并有与读者沟通的《答读者问》《编者话》两个栏目。第八版长期连载李薰风的长篇小说《水上花》和绮云的《难为她》等。

因受“七七事变”影响，画报于1937年7月21日终刊，共计出刊45期。

中国近代曲艺史的重要资料《游艺画刊》

“七七事变”后，随着我国各大城市的沦陷，画报业陷入低谷。抗战时期的画报在内容上可分为三类：一是宣传抗日救亡的抗战类画报，出版地为抗战初期尚未沦陷的上海、南京、武汉、长沙、广州等地和晋察冀、重庆、西安等革命根据地和大后方，如《晋察冀画报》《战斗画报》《抗战画刊》《中国画刊》《铁风画刊》等。二是为日本侵华鼓噪的反动画报，出版地多在沦陷区，为日伪政府所控制，如《新中华画报》《民众画报》《中国画刊》《长江画刊》《东亚联盟画报》等。三是涉及政治的科学、娱乐两类画报，多集中于沦陷区，尤以上海、北平、天津为重，如《明星画报》《香海画报》《立言画刊》《梨园周刊》《科学画报》《每月科学画报》等。民国著名戏剧评论家潘侠风在天津创办的《游艺画刊》即为此类画报之一。

1940年4月15日，《游艺画刊》在天津创刊，社址初设单街子鸟市西华林公寓三楼，先后迁至法租界26号路绿牌电车道西头明湖春、特别一区墙子河路4号、第一区西开二经路荣兴里46号，在英租界53号路华荫东里82号设立分销处。发行人兼主编潘侠风，戏剧顾问李洪春、田瑞庭，广告主任张砚农，法租界56号路荣兴里三楼30号的久大印刷公司印刷，游艺画刊社出版、发行。属娱乐类画报，半月刊，每月逢1日、15日出刊，新闻纸，16开本，每期36页，每册零售3角，中华邮政登记认定为第一类新闻纸，天津特别市新闻事业管理所准许备案。每年两卷，第1卷出刊17期，其余每卷均为12期，至1945年9月15日出刊至第11卷第6期后终刊，时已涨价至每册零售50元，共出刊131期。

编者在创刊号《卷头语》中表明了办刊宗旨、风格特点和主要内容：“我们的《游艺画刊》是以发挥诗文戏剧之功能，评定各种艺术之价值，提倡正当的娱乐，联络同好之感情为主旨。既不谈世界

之大局，又不谈国内之政治。虽卑之无高论，但注重风化，不描写风月，不涉及狎邪。选材立论惟求与游艺有关。使这小小的《游艺画刊》能普及于一般家庭中，那便达到了我们最初的愿望了。”“游艺”有多种解释，这里为游戏、娱乐之意。

《游艺画刊》图文并茂，以文为主，以图为辅，图片多集中于封面和前两版，文中有为数不多的插图。该刊虽内文图片较少，印刷质量较差，但三色封面却不惜重资，采用125磅的上好道林纸精印。该刊作为天津沦陷时期唯一一种娱乐类画报，具有以下五大特点：

一是题材广泛、内容丰富、栏目众多、推陈出新。该刊以戏剧为主体，涉及电影、杂耍、文艺、金石、书画、台球、国术、象棋、词谱等多个方面。“戏剧”栏目下设“戏剧论坛”“逸然轩剧话”“旧剧集成”等多个子栏目，刊登梨园掌故、戏班历史、戏园沿革、剧坛特写、伶界秘闻、名伶影集和戏剧评论，以京剧、昆曲为主，兼有话剧、川剧、评剧等。著名京剧名伶有早期“老生三杰”程长庚、余三胜、张二奎，有梅兰芳、尚小云、程砚秋、荀慧生四大名旦和李世芳、毛世来、张君秋、宋德珠四小名旦，有马连良、谭富英、杨宝森、奚啸伯四大须生，韩世昌、白云生等昆曲名伶，有李金顺、刘翠霞、白玉霜、喜彩莲等评剧流派代表，更有金少山、孟小冬、童芷苓、吴素秋、李少春、叶盛章、侯喜瑞、孙菊仙、言慧珠、尚和玉、萧长华、袁世海、黄三雄、刘赶三等生、旦、净、丑各行当名角。“电影”栏目报道电影动态，介绍中外最新影片，记录影星逸事，追忆电影历史等。国内新片如《貂蝉》《西施》《杨贵妃》《王昭君》四大美人新片，影星有顾兰君、陈云裳、袁美云、陈燕燕、龚秋霞、白云、周曼华、李绮年、高占非、上官云珠、周璇等。好莱坞影片有《绝代佳人》《木偶奇遇记》《独裁者》《孤女珍爱儿》《巴巴拉少校》《女人面孔》《俏女郎》等，影星有费文丽、亨利·方达、嘉宝、乔治·勃伦、贾克·古柏、秀兰·邓波、杰弗林、卡瑞林·

黛、泰伦·宝华、琼·克萝馥等。“文艺”栏目包括剧本、杂文、散文、随笔、小品文、小说、诗歌、歌谣等内容。诗歌、小品、散文的题材不论新旧，皆有陶冶性灵的效益。游记、漫谈之属，一则远瞩高瞻，介绍异乡之风土人情；二则发隐抉微，公开个人之卓识。长篇小说人物鲜活，情节跌宕，源于生活，折射人生，不仅是人们茶余饭后的消遣品，而且还能从中感悟人生哲理，如戴愚庵的社会长篇小说《串巷歌儿》、王曰叟的武侠长篇小说《桃色的水浒》、高二的侦探小说《神奸入网记》、逍遥客的梨园秘史小说《无边春色》等。“舞榭”栏目刊登半月一星、火山余焰、舞场杂话、货腰日记、舞女自述、舞女园地、舞娘艳史、德律风等，生动形象地描绘出舞业众生相，既有夜上海的灯红酒绿，又有故都北平的歌舞升平，更有天津租界的异域风情。此外，“学生经”“雪泥鸿爪”“国术讲座”“棋弈”“漫画”等栏目，分别介绍了当年丰富多彩的校园生活、古今名家的金石书画艺术、国粹武术的精湛技艺、楚河汉界的象棋对局和不落言筌的讽刺漫画等。这些栏目并不固定，时有更新，特别是在1943年后，该刊舍弃了一些不太受读者欢迎的栏目，仅保留戏剧、电影、杂耍、小说四大板块，增加了话剧内容的占比，开设“话剧圈”“实事话剧”等栏目，介绍话剧团消息，报道话剧演员的驿动新闻，记述话剧演出盛况等。

二为研究中国近代曲艺史提供了重要资料。从清末到民国，戏剧、电影类画报不胜枚举，曲艺类画报却寥若晨星。曲艺作为说唱艺术虽历史悠久，但一直没有独立的艺术地位，近代将其归为“什样杂耍”一类，盛行于北京天桥、天津“三不管”、南京夫子庙、上海徐家汇、开封的相国寺等地。早在1925年10月，李剑虹虽曾在上海创办《游艺画报》，1926年4月再出版子刊《小游艺》，但此两刊均以普及艺术、传播游艺、追求高雅为宗旨，内容侧重于电影、教育、舞蹈、武术、民俗、小说等，涉及杂耍内容较少。而《北洋画

水銀燈下

殷胖子拖債

（宜）

冷食賬千元付不出

喝的時候爽快 付錢時候發愁

殷秀岑是一位標準胖漢，拉黃包車的看見他稱孩，在物價高貴的今日，被生活壓迫着，十人之中九人瘦，胖子則例外，更加添肥了，其實他的私生活，並不寬裕。瘦皮猴韓蘭根則反是，人雖瘦而財運亨通，可是身上並不添膘，還是早先那樣苗細。

胖子最怕過夏天，在暑季氣喘如牛，拚命吃冷食，喝汽水，大拖其冷食賬。趕到秋季結算起來，超過千元的數目，胖子苦起臉來付不出錢，真感覺爲難了。於是他的生活程度，又增加一點恐慌。

「紅」「樓」「夢」開拍聲中的幾位主角

白雲周璇喜相逢

李香蘭亦將加入

主要脚色尚待詳細安排

·惜秋·

一部中國文壇的文藝巨著，曹雪芹原著「紅樓夢」，現由范煙橋改編，「華影」準備着繼國華公司未完之志趣，決定入手製，對於男女主角，現正在嚴格的預定中。不日即可動手，預料能有驚人的成績吧！

周璇因爲漁家女一片，賣座成績極佳，所以「紅樓夢」片裏的林黛玉，是決定由她來承之了。記得當周璇偏「林黛玉」，遲延到現在，這話才算應驗。

李香蘭

白雲與周璇是老搭擋，如古裝文藝片「西廂記」裏，已十足的表現出他們的技能。現在白雲被張善琨老板所重視，又收歸「華影」，還沒有一部片子做。據說：「紅樓夢」裏的男主角賈寶玉，准要由他來擔任。於是白雲與周璇喜相逢，即將在一起拍戲了！

李香蘭自從一部「萬世流芳」，

客籍影星李香蘭，奠定了今擊子歌星的地位。於是華影當局又把她拉來合作。至於在片中的角色，還不一定飾誰，薛寶釵與王熙鳳等，略占重要地位，也許由她來擔任一個做？

標準主婦

陳雲裳掌理家務

湯醫生之豔福幾世修來？

·羨魚·

婚後的陳雲裳，劃時代的與婚前隔然不同，已經是一位很體貼丈夫的良妻，同時又是一位克勤克儉的主婦。在新的家庭裏，賢宜妻賓桌上的佳餚，是由她下厨親手素調。他丈夫和她身上的服裝，是由她親自持着電熨斗，來熨襲得平伏舒齊；雖然僱有女傭，而她偏喜歡獨自動手，克勤克儉，湯醫生之豔福，幾世修來哉？

銀幕上的魯男子 居然也胡調起來

黃河被色所迷鋸斷一條腿

—此所謂英雄難渡美人關—

（柳下）

看過「蕩婦」和「香衾春孤」影片的，都相信黃河是銀幕上的魯男子，想不到魯男子也胡調起來，被誘失身，食色過度，身染鋸疾，流爲乞丐，被其姊發覺，送入醫院，鋸去一條腿，成爲殘廢。後他來痛改前非，在醫院裏充當一名茶房，以終天年，可爲青年不識之戒！不過識者要記清，這不是實事，這是新片「第二代」中的劇情；其實黃河

影星兼歌星的白虹，現在已經正式加入「華影」了。她頭一部主演的片子，就是「美人關」，由楊小仲，陳翼青聯合導演。男主角已決定爲黃河與高占非。當關的美人，當然就是白虹了，成語有云：「一夫當關，萬夫莫入」，如今換了一女當關，更能顛倒萬夫，黃河以魯男子自居，偏偏在水銀燈下，總交桃花運，看吧！此所謂「英雄難過美人關」。

本人，現在還沒有戀愛對象呢，做戲的終是做戲。

一女當關 萬夫莫入

黃河

銀壇報道

▲文逸民消沉了許久，現在又活動起來，編成一部「錦繡前程」，公佈演員陣容，女主角則爲曼華，男主角爲嚴化與顧也魯云。

▲劉瓊在「第二代」中，所飾老醫生一角，演技之卓絕，令人嘆爲觀止，看過的都說：「老劉是成功的！」

▲一度傳說白雲投離影界，將卸政界去謀幹。後經種種調查，這話並不准確。

▲「華影」當局，計劃擇地百餘畝，於江灣區城，建築一所巨大的攝影場，定名爲「華影城」，可集全滬明星於一當云。

二十三

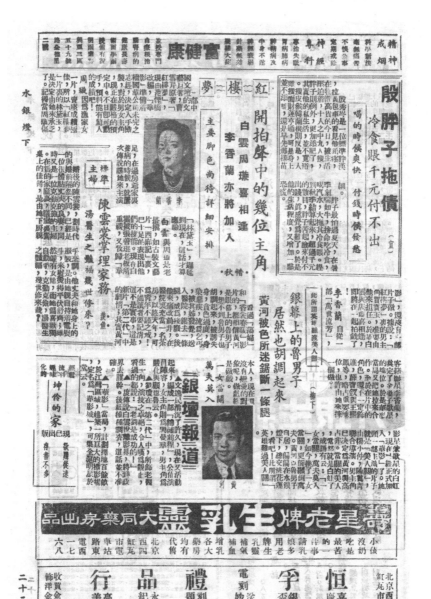

老銀燈下

華安電影院

專映首輪國產影片 每日三場 隨時入座

聲光清晰 座位舒暢 招待周到 票價低廉

地址：興亞三區綠牌電車道

關於李麗華的種種

老米

拍戲餘暇坐鎭咖啡館

對月長嘆發了惻隱心

爲了謠言怒髮冲冠

小咪李麗華，一身都是媚，眞是個銀壇尤物，關於她私生活方面的消息，是人人注意的。如今把聽來的消息，綜合起來，報告在下面：

女店主

李麗華在影片中，時常在扮演小家碧玉，風塵娼女，像困在籠子裏的小鳥一般。即如「秋海棠」一片中所飾的羅湘綺，也在受那袁司令的管束與挾制。可

李麗華

是離開了攝影場，她就另有一個天下，充滿了天眞活潑的姿態。尤其她自從以來，也有着雖不怎麼多，可是她手頭……

娘兒倆

一個是口……
一個是內心……

謠言何處來

神素有所思。忽然巷內傳來女乞丐的歌聲，很悽慘的呻吟。於是小咪發了惻隱心，吩咐姊姊取兩塊錢，施給她。可是那位「口」的張少泉，卻有點心疼肉疼，咕咕嚕嚕的不高興呢！

可是小咪近來對一件事很不開心，而且生氣，原因是外界的謠言，傳說她「亂」，心髮冲冠。……

銀紐絲

男星羣中的新父親

未來父親

萬里

周起已經做父親了
顧也魯屠光啓都在候補

添丁之喜

顧也魯

丁芝亦身懷六甲

再說小生袖珍

二十二

报》《都市生活画刊》《立言画刊》《天津商报画刊》《三六九画报》等，虽都有杂耍内容，但只占画报的一小部分。唯有天津的《游艺画刊》以较大篇幅记录杂耍，既介绍各种杂耍形式的艺术特点，又记述当年艺人们的艰苦生涯，还报道全国各地著名杂耍场，更有对各个曲种的理论研究。如大鼓书品种繁复，包括京韵大鼓、乐亭大鼓、铁片大鼓、梅花大鼓、西河大鼓等，声调有别无类，滥觞地域各异，当年最受观众欢迎。该刊介绍了京韵大鼓刘宝全、白云鹏、小彩舞、小黑姑娘、阎秋霞、方红宝、小岚云、林红玉等，河南坠子乔清秀，梅花大鼓花五宝、花小宝（史文秀）、齐俊英、李文芳，铁片大鼓王佩臣等。相声艺术始于明清，源于华北，流行于京津冀，普及大江南北，早期的"相声八德"名声最隆，相声名家中的万人迷、高德明、张寿臣、常连安、侯一尘、侯少臣、侯宝林、戴少甫等均可在该刊中找到相关报道。八角鼓肇始于清代的民间艺术，以演唱者所用的击节乐器八角鼓而得名，是民众喜闻乐见的传统游艺形式。荡调始于扬州一带，流传民间，载歌载舞，有唱有作。此外，还有单弦石慧儒，时调高五姑、赵小福，梨花大鼓鹿巧玲等。该刊分别报道了天津的小梨园、大观园、东兴市场，南京的夫子庙和北京杂耍界情况，刊有《北京杂耍界两幕惨剧》《北京杂耍园第二次失败》等；甚至曝光了当年名艺人的收入情况："角色的包银是无定规的，只在邀角者为何人及出演于何地耳。因天津听者人众，故杂耍在天津发达。天津演员赴京出演，个人成，团体不成。小黑姑娘3000元、乔清秀1800元、白云鹏1500元上下、荣剑尘1000元上下、花小宝300—400元、武氏姊妹240—300元。杨芝兰、阮宝珍、武艳芳之优劣，花五宝、花小宝、王玉英之高次不能定，见仁见智。"

三是聚集名家刊登名作，邀请专家主持栏目。潘侠风自幼酷爱京剧，唱念做打，样样精通，且练得一身好武功。曾出版《游艺画刊》《国风画报》《游艺报》《旧剧集成》等报刊、书籍，素有"京剧活字典”之誉，与在上海创办《十日戏剧》的张古愚，合称“南张北潘”。潘侠风在戏剧界声名远播，颇具号召力，故而《游艺画刊》会集了章一山、景孤血、戴愚庵、李燃犀、何怪石、于非厂、梅花生、涂雨公、张聊公、罗边生、侯北子、丁继良、张一荪、钟敬甫、王曰叟、王寰如、涂雨公、劳同萍、王猩囚、钟晓雷、夏香如等一大批戏剧、杂耍、电影、艺术界名家写手。该刊各专栏均邀请名家主持，如潘侠风的“旧剧集成”、李曲工的“杂耍”、丁继良的“文艺”、朱墨溪的“山南海北”、鲲生的“国术讲座”、王桂苍的“舞榭”和李济时的“乐苑”等。

四是该刊深受读者欢迎，发行量大。《游艺画刊》的广告部在当年的报刊业首屈一指，每期除确保4个广告专版外，每页都要刊登丰富多彩的广告。即使这样，第7卷第8期画报还称“敝刊近日销路激增，广告亦形膨胀。因地位有限，致近月以来，时有抱向隅之憾者，殊属有负各宝号惠顾雅意，实为歉甚。为今之计，自下期起，其广告地位实行分摊制度，以稿到先后为序，刊满为止”，并将该期未能刊登广告的13家商号名单列后。正是由于广告部的出色业绩，才为画报在经济萧条、战乱频仍、交通阻隔的特殊时期得以生存提供了必要的经济保障。该刊在北京、青岛、济南、保定、徐州、太原、烟台、潍县、彰德等地均设立分销处，该刊还长期向天津各机关和知名人士赠阅，直到1942年5月因纸张紧张，印量缩减，为优先满足读者起见，才暂停赠阅。据1943年第11卷第18期《新天津画报》消息称：“《游艺画刊》年来销量激增，每期实售已打破1.2万册。”该刊之所以销量较大，还与天津民众对戏剧、曲艺的热爱有很大关系。当年京剧的四大名旦、四大须生，河北梆子的元元红、金钢钻、银达子、韩俊卿等，曲艺的万人迷、刘宝全、小彩舞、侯宝林等，都曾来天津登台献艺，无数名伶在天津走红，故而，梨园界曾有“北京学艺，天津走红，上海赚钱”之说。天津还被冠以

"曲艺之乡""河北梆子发祥地""评戏的摇篮"等诸多头衔。当年的天津是戏剧界、曲艺界的一座考场，艺人们只有得到天津民众的认可，才能走红，进而走向全国。

五是该刊不涉及政治，保持娱乐立场。据档案记载，1941年3月17日，潘侠风曾通过天津市警察局转呈日伪天津特别市公署市长温世珍文称："为呈请准予正式登记以利刊行事。窃侠风于1939年纠合同志，创办天津《游艺画刊》一种，内容纯以游艺为主干，不载政治言论及其他非游艺性质之消息，曾于1940年3月11日呈奉天津市新闻管理所批准试办在案。出刊以来，蒙各界人士之协助，发行至第2卷第4期，历时已将一载。兹遵章填具登记申请书表，理合呈请钧局鉴核，准予转呈，等情。"同年3月25日，伪天津特别市警察局批复："经查尚无不合，除将原表抽存一份备查外，理合检同原表四份，备文转呈，伏请鉴核，咨转登记，实为公便，等情。"潘侠风为人耿直，《游艺画刊》不为当时日伪政权涂脂抹粉。伪市府屡次命令该刊宣传"中日亲善""大东亚共荣"，他均以画刊为纯娱乐性刊物，搁不进政治内容为借口，婉辞拒绝。为此，曾惹恼伪政权，勒令画刊停刊。潘侠风只得托人送礼、讲情。迫于日伪政府的淫威，也为了能够继续出版，该刊被迫做出适当妥协，在第一版刊登时政新闻，如《半月大事记》《治安运动高奏凯歌，官民挺身扑灭共匪》《四届治强运动标语》《美国豪华随风而去》等文。抗战胜利后，该刊则马上连续推介蒋介石的《中国之命运》，刊登《伶界今后之新生，应以砥砺气节为重》《市民革新生活运动》等文。国民政府接管天津后，迅速对日伪时期的报刊进行审查甄别，《游艺画刊》即被列入停刊名单。

抗战胜利后“华北第一画报”——《天津民国日报画刊》

1929年12月22日，国民党天津市党部主委鲁荡平在天津创办《天津民国日报》，抗日战争全面爆发后停刊。1945年9月2日，以国民党中央宣传部平津特派员卜青茂为社长的《天津民国日报》率先在天津复刊，同年12月1日，报社增发《天津民国日报画刊》，总编辑庞宇振，总主笔俞大西，社址在第一区罗斯福路（今和平路）373号，自称“华北第一最大画报”。

《天津民国日报画刊》为综合性刊物，以图为主，少量文字，周刊，初逢周日发行，后改每周三出刊，以“介绍时事，宣扬文化，提倡艺术，灌输科学”为主旨，刊登时事新闻、政治军事、工业学术论文以及社会动态图文等，还有较大比例的中西名画、美术摄影、金石古器等艺术品的选载。

画报初为普通报纸，随刊附赠，后增加道林纸版，面向全国销售。画报为8开本，4版：头版为时政版，主要报道蒋介石及其夫人、国民政府要员的访问、视察等活动，日本投降后全国各个收复区的情况以及德、意、日战犯被捕、受审的图片。第二、三版同为艺术版，第二版侧重倪云林、马远、吴昌硕、郎世宁、张大千、仇英等国内著名画家介绍和作品选登，间有作家、文学家活动消息，

雪地孤雛　張印泉作

遙望　TONI FRISSELL作

北平畫壇的回顧

堅白

北平，莊嚴美麗的北平，它隨着國祚重光恢復了它生動的姿態，在這美麗的古城中，文學和藝術，都呈現出新的氣息和新的景象了。

北平的國畫界，一向被東西畫壇公認爲我國的美術中心。這種稱譽不是偶然的。悠久的歷史，人文的集薈，都足以使北平成爲藝術之都，然而在過去淪陷期間，經過了不少桑滄之感，緬懷過去，實有作一篇追述的必要，故此，筆者把思想所及，和個人所知道的，隨便寫出，以備讀者參考。

在第二次全國美展中，北平畫家的作品，在質量雙方，都佔首位，由這裏便更證明了北平一地，確不失爲全國文化藝術的中心。那恬靜而優美的環境，豐富精審古代藝術品，更是藝術家研究作業的好地方。畫家與環境，確有共相因的理由，義大利的雅典和佛羅杭斯產生了許多偉大的天才，就是那美麗的環境所造成的。

北平產生了許多不平凡的畫家，確乎是受了美麗大自然的陶冶，在潛移默化之中孕育了文化的菁英。

然而，在淪陷時的北平畫壇，多少已經失去了它的性靈，而形成一種畸形的現象了。

北平畫壇的盛衰，曾有好幾度的滄桑。滿清末年，隨着政治的頹敗，畫風也趨於輕浮，民初到民十左右，因爲一般士大夫的倡導，文人畫曾經盛極一時，但不久，因爲文人有他的志趣，終於不能長久支持畫壇，而又形成渙散的狀態。民十五至二十年由於「中國畫學研究會」的倡導，在這十年中間育成了不少實力雄厚的畫家，一直地支持到現在。還仍然在努力着，這般人，現在有的已入頹老之境了。

「縱的歷史觀」大略如上的，詳細發展，和演變的過程，就不是一篇小小文字所能包容了。橫的方面，其中包括許多團體，許多派別，團體與派別，產生了許多鬥爭。鬥爭，尤其是學術上的鬥爭，各國都不能免，原則上不是壞現象，只要他爲文化藝術本身，那鬥爭是有代價的，若其中含有私人的情感，那種鬥爭就失其正確性。北平畫壇曾經發生了我們認爲不必要的鬥爭，覺得毫無意義，這裏限於篇幅，留待日後再談吧。

北平的畫壇，若比起二十年以前的文人畫時代，在技法上是有了突飛的進步，嚴整的格律，純熟的技術，緊密的結構，這都是二十年前姚茫父，陳師曾，諸老趕不上的，但若談到「文學的趣味」，「詩的意境」，「清幽的氣韻」，則後者確已比不上前者。原來繪畫這種事業，是「學」「術」相通的，前者有學，而術不精，後者能術，而拙於學，所以都不能達到繪畫的頂點，不能產生出如：劉松年，王蒙，石濤，那樣偉大的作家來。

繪畫原是一種承平時代的事業，社會的紛擾，足以影響畫壇的發展，世界不少前例，我國自然不能例外。尤其在八年的淪陷時期，給予畫壇不少的壞影響，最可惜的是，有少數畫人受害而不自覺，這種現象是文化界應該提出討論的問題。

我們首先提出的是，藝術品要强調他的國民性，換言之，就是一國藝術的特色，這種特色，若果失消，他們的文化一定成爲別國的附庸，而失去他的「獨立性」。

（未完下期續）

雪後　張卓人作

幸盦隨拾

蔣綱雲

▲世傳文昌帝君，部從者爲天聾地啞，蓋帝君所司者，爲人間爵祿之籍，以爲凡享爵祿者，必須案鈍昏塞，不然，亦是狡黠裝聾做啞一輩，若炫聰明，定遭黜落，見李君實紫桃軒雜綴。

▲宋呂蒙正微時，窘於祀竈日，作送神詞云，「一炷清香一縷烟，灶君今日上青天，玉皇若問人間事，報道文章不值錢。」此與劉後村贈相士詩，「拙魄術君仔細看，鏡中我自覺神寒，直從杜甫編排起，幾個吟人作大官」。同一慨乎言之。

▲高士傳：黔婁子守道不屈，卒時覆以布被，覆頭則足露，覆足則頭露，或曰，「斜其被，則斂矣。」其妻曰，「斜而有餘，不如正而不足。」

▲張橫浦日新：觀大節必于細事，觀朝廷必于平日，平日趨利避害，他日必叛君賣國矣，平日負約失期，他日必附下罔上矣。

▲有梟鳴於張率更庭，其妻以爲不祥，遽唾之，張聞之曰，「急灑掃，吾當改官」，言未畢，賀者已在門，竊謂無不自己召之者，俗以鵲鳴雀噪卜之，愚矣。

寒溪游侶　劉光華作

燕郊之晨　宋致泉作

抗战胜利后『华北第一画报』——《天津民国日报画刊》

天津民國日報畫刊

元倪雲林畫秋林圖

津沽王性初藏

記倪雲林

螢孤

倪瓚，無錫人，字元鎮，號雲林，又署雲林散人。雲林子。性甚狷介，善自晦匿，好潔，與世不合，故有迂癖之號。嘗築清秘閣，蓄古書畫於中，人罕迹其所好。喜遊僧寺，一住必旬日，觴燈禪榻，蕭然宴坐。海內無事，忽散其資，與親故，人咸怪之，未幾，兵興，富室悉被禍，而瓚扁舟獨坐，與漁夫野叟，混迹五湖三泖間，有類天隨子。生平好學，攻詞翰，皆極古意，書從漢隸入手，翰札奕奕有晉人風氣，山水，早歲師董源，晚年益精詣，一變古法，以天真幽淡爲宗，世稱高品第一。論者謂仲圭大有神氣，子久特妙風格，叔明奄有前規，所謂漸老漸熟者，若不從北苑築基，不易到也。三家未洗縱橫習氣，獨雲林平淡天然，米顛後一人而已。宋人易摹，元人難摹，元人猶可學，獨雲林不可學。其畫正在平淡中，出奇無窮，直使智者息心，力者喪氣，非巧思力索可造也。平生多小品，壯年有雅宜山圖，晚年有雨後空林生白烟大幅，爲世所珍。所寫山水，不位置人物，問之，則曰：「今世那復有人？」陳眉公謂其平生罕繪人物，惟龍門僧一幅有之，圖章亦罕用，惟荆蠻民一鈕，其畫遂名荆蠻民云。

吳湖帆畫雲表奇峯圖

吳湖帆像

吳湖帆，以字行，江蘇吳縣人。愙齋先生大澂之孫。少承家學，工楷書篆籀及繪畫；收藏金石書畫至富，半出愙齋之遺。畫由王惲上追思翁及吳中四家；（文，沈，唐，仇；）亦時涉獵故之落。畫顧鶣逸畫負盛名，常云：「吾於號流中，紙段湖帆。一其見重如此。近年居滬。聲望卷高，所繪敘進，但不編爲人執筆，全國美展聘爲審奮委員，倫敦中國藝展充専門委員，其畫以秀傳清寵見寥，與張大千之杰放作風，互相輝映，藝壇極爲推重云。

「野獸羣」的健將馬提斯

（逵才）

「野獸羣」是現在畫壇上操有力量的團體，但結實的果樂在巴黎附近，放射着異常燦爛的光芒。團體中的領袖，是亨利·馬提斯，（HENRI MATISSE）他初從印象派，早年就負有名聲，後來又受高更之影響，蛻一種風格，獨立一派，搖動着巴黎的藝壇。

馬氏作畫以「如何表現？」爲前提；爲要表現對象的精髓，不惜拋去其他不重要的零星部份。他注目於畫面的構成，和物體的量形，建立對於美術似的抽象的自然的再建，主要以最小限的手段，獲得表現上最大限的效果；用純粹的剪的感覺，趣精簡裝飾和色彩來構成畫面。他用色的鮮明，仍舊保留着印象派的特點。

馬氏將來構圖節拍和佈局的美，所以不惜用查閱之筆，或將強的表現，很健用寫實的眼光看藝術，似乎奇極之至，然而要知道，馬氏作品的妙處，却不在「骨」的上面，實在隱藏着色彩與線條的巧合勢；不受客觀的條件所束縛，這種的投映，也過現代繪畫的使命，同時也迎頭方嶄新的特點。

馬氏是負有高名的名畫家，他的素描不是別的畫家所能作的，他用的素描，他的山水有獨立的特質，因此可以稱他的素描為「純粹素描」；馬氏的素描是有情緒的，在企圖純粹的畫面的構成，實是其他畫家所不及的。馬氏的「純粹素描」，在畫壇上與油畫同樣的佔有最高的地位。

下圖馬氏肖像，攝於巴黎馬氏的畫室中，時年七十歲。圖的左上角，爲馬氏正在製作中的作品。

亨利·馬提斯像

彈琴之女　馬提斯作

连载“唐朝人物画”。第三版主要是西方著名画家介绍及其作品选登，如“外国画坛三巨头”“罗丹雕刻”等，设有历史典故专栏“幸龛随拾”。第四版与其他画报有所不同，是图文并茂的中外名胜采风版，如《塘沽新港鸟瞰》《无家可归的德国人》《全国各地春节风光》等。后期增加小说连载，从1947年7月9日开始，刊登著名女作家谢冰莹的中篇小说《烟囱》。

1947年6月23日，包括《天津民国日报画刊》在内的《天津民国日报》改组为股份有限公司，许孝炎任董事长，张清源、刘瑶章、卜青茂、贺孔才为常务董事，骆美奂、费庆贞、杜建时、吴铸人、俞大酉、庞宇、时子周等任董事，王秉钧、张伯苓任监察人。当日，国民政府宣传部副部长许孝炎从北平专程来津，主持在市政府临时参议会举行的创立大会。为纪念《天津民国日报》复刊两周年，1947年9月6日的第93期画刊，特印4版纪念专刊。

随着解放战争的全面爆发，国民党在津统治摇摇欲坠，《天津民国日报》也逐渐走向衰落，《天津民国日报画刊》先于1947年12月出版至第102期后停刊。

《天津民国日报画刊》刊载的众多中国名画家传略、作品以及数篇书画方面的论文，为中国近现代书画史研究提供了翔实的资料，今天读来仍有参考价值。如从1946年1月6日第6期第三版开始连载的署名“坚白”的《北平画坛的回顾》一文，详细记述了从清末至抗战胜利后，北平画坛近50年的兴盛、变迁：

……北平的国画界一向被东西画坛公认为我国的美术中心，这种称誉不是偶然的。悠久的历史，人文的集荟，都足以使北平成为艺术之都。然而在过去沦陷时期，经过了不少沧桑之感，缅怀过去，实有做一篇追述的必要。在第二次全国美展中，北平画家的作品，在质、量双方都占首位，由这里便更证明了北平一地确不失全国文化艺术的中心……满清末年，随着政治的颓败，画风也趋于轻浮，民初到民十左右，因为一般士大夫的倡导，文人画曾经盛极一时，但不久由于文人也有他的志趣，终于不能长久支持画坛，而又形成涣散的状态，民十五至二十年，由于“中国画学研究会”的倡导，在这10年中间育成了不少实力雄厚的画家，一直地支持到现在。还仍然努力着，这般人有的已入颓老之境了……北平的画坛若比起20年以前的文人画坛，在技法上是有了突飞的进步，严整的格律，纯熟的技术，紧密的结构，这都是20年前姚茫父、陈师曾诸老赶不上的。但若谈到“文学的趣味”“诗的意境”“清幽的气韵”，则后者确已比不上前者。原来绘画这种事业，是“学”“术”相通的，前者有“学”而“术”不精，后者能“术”而拙于“学”，所以都不能达到绘画的顶点。不能产生出如刘松年、王蒙、石涛那样伟大的作家来……

元代四大画家之一倪云林的绘画艺术是中国文人画的典范与巅峰，其本人也是古代绘画史上的传奇人物之一。明清以来对其艺术及美学思想的研究不绝如缕，民间并以有无“倪画”来分清浊。1946年1月6日第6期画报刊登的《记倪云林》一文，仅以精炼、生动的400余字，就将这位传奇画家的艺术造诣、绘画特点以及清高孤傲、洁身自好、不问政治的鲜明个性，描写得栩栩如生，跃然纸上，不禁令人拍手：

倪瓒，无锡人，字元镇，号云林，又署云林散人、云林子。性甚狷介，善自晦匿，好洁，与世不合，故有迂癖之称。尝筑清秘阁，蓄古书画于中，人罕迹其所好。喜游僧寺，一住必旬日，篝灯禅榻，萧然宴坐。海内无事，忽散其资与亲故，人咸怪之。未几，兵兴，富室悉被祸，而瓒扁舟独坐，与渔夫野叟混迹五湖三泖间，有类天随子。生平好学，攻词翰，皆极古意，书从汉隶入手，翰札奕奕有晋人风气，山水，早岁师董源，晚年益精诣，一变古法，以天真幽淡为宗，世称高品第一。论者谓仲圭大有神气，子久特妙风格，叔明奄有前规，所谓渐老渐熟者，若不从北苑筑基，不易到也。三家未洗纵横习气，独云林平淡天然，来颠后一人而已。宋人易摹，元人难摹，元人犹可学，独云林不可学。其画正在平淡中，出奇无穷，直使智者息心，力者丧气，非巧思力索可造也。平生多小品，壮年有雅宜山图，晚年有雨后空林生白烟大幅，为世所珍。所写山水，不位置人物，问之，则曰：“今世哪复有人？”陈眉公谓其平生罕绘人物，惟龙门僧一幅有之，图章亦罕见，惟荆蛮民一钮，其画遂名荆蛮民云。

长于小说连载的《星期六画报》

1946年5月18日，天津名士张瑞亭在天津创办《星期六画报》，自任主编兼发行人，郑启文任经理，陈文焕任营业主任，李伍文任编辑兼记者，黄洁心任会计。社址设在第一区罗斯福路189号。

该刊为综合性画刊，以“致力于社会教育为国民教育，并从事于国民‘娱乐’及‘欣赏’兴趣的提高”为办刊宗旨。名为画报，实以文字为主，间有图片，更因采用纸质较差的草纸，照片模糊不清。

画报为周刊，每逢周六出版，16开本，每期16页。内容有中外新闻、时事评论、人物专访、中外影剧动态、影剧评论、名胜介绍和小说连载，并设“独立论坛”“周末杂话”“男女之间”“短刃”“鲜花庄”“现代伟人志”等专栏。由高扬供稿戏剧，王孑民、郑启文（多事生）撰写杂耍类稿，王润琳提供电影消息。后期增设的张瑞亭主编的“另外一页”专栏以大胆敢言著称，这一点从它的征稿启事中可见一斑：“我们有个天真的勇气，大胆的干劲，不怕死的精神，我们只有一个脑袋，谁愿给搬家，就请‘尊驾您’下手。我们有嘴就说人话。读者们，来吧！‘另外一页’是自由的园地，可以发泄您的怨气，给您做不平之鸣，欢迎各地读者赏稿，换换新的口味！”1948年7月3日第112期中张瑞亭曾撰稿《吃大菜、玩女人、

翁相國拿出勇氣來！

「民主不是好聽的口號 自認無能請趕快下台」

·常人·

獨立論壇

翁記內閣由患難中誕生，迄今患難未已。「六月漲風」吹遍全國，小民們的生活，加甚了一倍艱困，可是新閣施策，尚沒有「開展」，在「新瓶裝舊酒」，「換湯不換藥」的非難聲中，翁閣曾經一度想總辭，不過現在「此意」早經打消，而在競競業業的向前進，（據說：是立委要房子，政院答應了，才言歸於好）！自然，我們小民，只有深切的致意期待了！

我們的期望，是翁內閣勿因己身的患難而忽略了小民的患難，「民爲邦本」，翁相國是位學者，想像不會忘記這句話。閣內的困難，只不過是「人事」而已，雖說複雜，究還簡單，而小民的困難，則是「一言難盡」，假使翁閣的施政對象是民，而不想與人民脫節，那末，「民之所好好之，民之所惡惡之」，正是翁閣應有的表現。民主行憲的政府，不僅僅是一個「好聽的口號」，而應該是一個澈底的實踐，我們是否以「民」爲「主」？是否以「民意」「爲公意」，是否在「口到心到」？

假使翁閣覺着「於心不斷」時。便請你再勇敢些，對於豪門，對於土棍，對於貪污，對於奸商，這些惡勢力，壞人物，都該澈底的辦一辦，把這些特殊份子治得順從了，一切才會有辦法。

據說：六月漲風。便是豪門辦法，給新閣以難堪，然而小民不知道這種內幕，只以爲物價漲，生活不好受，遷怒所及，一定怨新閣無能。——其實，新閣如不能對付豪門，便無以對人民，而應該「下台」了！現在，內閣已經把人事困難解決了，而擺在面前的，則是物價騰貴，民不聊生，請破釜沉舟的，把這個問題解決一下，然後，才不致被人們說爲無能，或遭轟下台去！新閣多舊人，沒有什麼，我們只盼舊人有個新作風！

官兒不管事請

換一個偶像和木偶

天津的物價在上月洶湧澎

週末雜話

都是「子說張」
贊，，，，

則今六所助「綠」起以山益捉前也局縱主會黑
不「月以漲鼓賣｜「至西興放月管乂商管興市
妨幸物，價勵及｜不上貿，」的不連人當風，
再而價我」投華新了月易信｜三了「，局作中
推言必早的機豐亞了的行豐｜起，屁金會浪紡
測中大就例」｜，之三｜，同「從」管寬，更

人家眞叫「慈悲」！

所看買！會
以棒的意有
因有子到見錢像
爲人麵就是買這
不說貴叫「不些
平：，便將着人
抑「現宜來」，
別，在」還！會

小舅子登天

是，做本來
上是「官不
司「勾」結
買「要辦是
承商，是民可
中國們人，事替
我辦是

萍水作

官？商？

魯人作

我們中國勝利後，名義上已「民主」，當

的是
「「
民勾現，開翹擺得
官搭在眞步一在「
」」的不走個各實牛
，而官如」翁機際一
不已兒叫，仲關」
過！不他然或，！

中已
國的
有主
，，
世此
界例
那只
能應

怪事！科學也測不透的事！？

死人在棺材裏說話 他說要十七條人命

親生女換成香烟 狠心賊又給騙走

的近奇已年振，在材說，且了條命
軍發怪經的林會棺裏話並要三人。贅年去剩子因，

武盧生事死村
清村一情去民
縣，件：三寶

小捉說小跳你
孩到麻，子還
上墓林振，贅到雀「！弄要
內棺聽忽小在我命
這你！虎我一不
胡上土房臉要
，。」

誰，跟你王眼
誰去旁草小睛
害算人草虎說
了帳搗埋聽：
你，亂貓說「

繆伊二，途騙隊
某親千携中去緝
浙，生餘款過，追
江年女萬一往繆云
省近三元溫衣某。
平陽人花州，逃痛
陽甲，藉買蔡不
縣，帶作了齊欲
江家至生香不生
南境金理烟識，
對困華，二者聞
口難，本十客已
地，賣月餘人報
方月得十條，請
有前國六，將刑
一將幣日在之警

振被殺下和經葬棺在，
林土害他女濟，一村去
，匪，的兒困只口東年
前綁只妻，苦得，空十
暫臨地月
爲無
家力買時裏，
中埋薄放。有

把在孩，好裏
王姤哭病。人
小子蠶了王抱
虎上着許小回
嚇，跑多虎去
的別回日被，
鼂家的子他錢
死小中才家過

前地過忽七排
，裏×聽！行
村工振棺老第
民作林內七七
王回的說！，
敏來墓：（人
天由走，老敏稱
前，，幾「王皆

我再把。起再七命，抬把死不，虎了中漸疑
去要便「瞪非十人可敢便治。天小死村漸了。
就你，了便我要條不誰我誰「變干也。人起心

长于小说连载的《星期六画报》

某舞女勾引小武旦
張榮華貪便宜一定吃虧

出演上平安的小武旦張榮華，這孩子在我們腦子裏還極生疏，因為他剛出茅廬，沒有錢天，但他

美皓之死纏紀玉良，均得名擺還邁，新旅社中之某高頭大馬之老舞女，過去在舞場極不守規矩，打扮得妖冶怪狀，冀以誘惑一般色情狂的舞客，為了她的十三點脾氣，客人都不堪其煩，婆，所以一經嚐過她的味道，即感覺消化無力而棄之另尋新歡，因而常常引起醋海波瀾，往往和姐妹群狠打懸門，而也向以丟臉為出風頭，地方當局看她攝的太不像樣子，曾三番五次將她帶去訓斥，但習慣成自然，仍然不改，現在又將這新出馬的小武旦張榮華勾引成了她入幕之賓，這孩子那見過世面，竟爾受寵若驚地聽其擺弄，，除了伺候她以外，，連她的房中打掃責任，他亦負責，其行為之可恥，眞替唱戲的丟盡臉，這傢伙還自以為榮地樂此不疲，小小年紀不顧前途而貪便宜專跟女人打交代，將來一定得吃大虧！

李蓉芳近況窘極
既要養活她年邁的姥姥 又得供應那拖車的丈夫

太平水缸李蓉芳自來津出演上平安以來，迄今數月之久，始終住在新旅社內，未移地方，她的寓所，除了王和霖三天兩頭地由平來津看望她之外，沒有什麼人去，前傳她有位銀行界的乾老，曾經給她五兩金鐲一付，其實這也是傳說之訛，本報旨在報導劇界動態，抱定有聞必錄態度，所以把它發表了，李蓉芳看了之後，也力辯其非，頃又從側面得悉：據知道她的近況的人說，倒是以前這位所謂她的乾老常到她那裏串門，而且不時的也給她千八百萬零花，但是自從報紙上登了給她金鐲子消息之後，他也不敢再去了，因此李蓉芳的現況很不好，急得她見人就喊窮不迭，本來像她這類的二路角色，所賺的包銀，就不夠開支的，況且她還要養活她年邁的姥姥，又得供應她那拖車丈夫王和霖，那能不窮呢？

有一天下午六點，有人看見她和王和霖兩個人，手攜手地非常親暱的樣子，從美琪穿過馬路往東去了，這幾天的李蓉芳，除了肚子已經見大之外，芳蘊比以前倒消瘦了不少，「太平水缸」這個綽號，實在也與事實不相符了，衣着十分樸素，按李的性格看，至少應當衣裳華麗，珠圍翠繞，可是她竟連一件首飾都沒有帶，這倒能糾正她的性格，使她走向簡樸的美德，如此看來，她對王和霖倒是忠心相愛！

（圖：李蓉芳紅娘劇照）

雜耍藝員起糾紛
小梨園為了賺錢不顧一切

反串平劇·偏重色情

小梨園因為大觀園扣鑼，前場的雜耍又作第二次的合併，以致感到場擠的痛苦，尤其是後場還有反串戲，最小段，聽衆既不滿意，唱角又不痛快，有一天那位負有

李盛藻遲不返平內幕

李盛藻全體出演西安中正堂，於舊曆初八圓滿結束，本定於初十全體返平，因為路費發生了問題，據記者探悉，這次李劇團來陝，乃五股合辦，計有沈鹽華，費文芝，羅遠昌，丁某，李某，李劇團全體包銀不過三千餘萬元，在中正堂共演五十五場，並且上座情形相當好，所以錢是賺啦，就是送李劇團返平路費費用十億餘，由沈鹽華提議早日送李劇團返平，以免越拖延，路費越增加，到了時候籌不出這筆錢，豈不糟糕，羅，費，李三人一聽沈的話有理，馬上都把款湊足了，惟有丁某竟起了善財難捨的心理，錢入了私囊捨不得拿出來了，李劇團停演後等了五六天，飛機票還未見下來，諸配角都歸心似箭，不克再等，急催歐陽劍和沈鹽華交涉，沈只好將丁某不肯往外拿錢之事告訴大家，又經李洪春向沈鹽華百般交涉，由沈鹽華費文芝二人負責，講大家續演七天，演完後決定送大家返平，該事已定，現由國曆二十一日起，唱到二十七日止，二十八日全體過磅，於月底或下月初返平云。再沈鹽華對李洪春說：我已經將飛機票辦好，就等欵拿票，既然大家唱七天，我預備在外邊先借一筆欵，將機票拿下來，唱完戲拿下錢，再歸還原主，豈不是好，就因爲我要送大家返平，和老羅老丁等起了很大的衝突，他們認爲袒護大家，可是大家又竊我護庇濫上，瞧我多兔，紀者看這欠情形，尤鹽華的確爲大家出力不小，要不是他將更不知搞到什麼結局？過去大家未免有點寃枉他了。

（劉偉寄自西安）

紅袖青衫
何怪石著

——（三十八）——

鬧一個眞贓實犯，看他還有甚麼說的？因為經理他太沒有實話了，每天沒早沒晚，在外邊兒胡鬧，一問他不是有應酬，就是有約會兒，他眞要是因為兒女，弄一個作家女兒來做嫡太太，我並不反對，他不該眞心昧己，瞞着我在外邊兒安了外家，並且還是一個女招待，我認為花安外家這個錢，再寃枉不過了，名義上是你的外宅，房錢，月錢，一切挑費，都要歸你擔負，穿穿戴戴，也都你花錢，規模大的，廚子，老媽子，等等，花錢不少，規模小的，也要養着一兩個親戚，你去的時候兒，看在錢的面子上，人是你的，也陪着你歡歡喜喜，說說笑笑，等着你不在那滋的時候，，說不定甚麼趙錢孫李，周吳鄭王過都許來作一作隨時的主人，你看張坐樓殺惜那齣戲嗎！宋江一走，張三郎就來了，這就是安外家的一個前車之鑑，可是他們這些老爺們家，還是專好這偷偷摸摸的，背着兒裏，安外宅，這不是拿錢糟着玩兒嗎？闞太太這一發議論，越說越有氣，恨不得當時就把闞經理這個外宅打斷了才能出胸中的惡氣，小李在一旁聽着，要笑也不敢笑，只得順情說好話，隨聲附和了幾句，闞太太又給了小李兩塊錢，賞給他去喝酒，小李接過錢來，謝過了闞太太，出了上房，回轉下房去了，當天晚上闞經理回來仍然是很晚，闞太太已然休息，第二天早晨起來，闞太太雖然他已經知道闞經理的秘密，可是他還能勉強的沉住了氣，不動聲色，先不和闞經理吵鬧，竟等着抓住了他的眞贓實犯，再叫他認罪服輸，心服口服，

坐汽车，小奴才：你们干些什么?》，副标题是：“这个社会真要步入土崩瓦解边缘了，如仍照这样下去，早晚还不是‘家破人亡鬼吹灯’吗?”这篇文章对天津物价狂涨不止，官方却无有效应对措施，表示了强烈的不满，因讲出老百姓积压在心底多日的心里话，在社会上曾引起强烈共鸣。

小说家刘云若为该刊主编了“鲜花庄”专栏。1948年7月，面对时局的动荡、物价的飞涨、百姓的痛苦，他在《天津市180万人集团自杀志盛》中，别出心裁地策划了一个全市人民集体自杀的方案，草拟了“集团自杀计划书”，设想了“大会盛况”。他写道：“……和一个人得了重病一样，不外两条道：一条是痊愈，一条是死亡。现在已病入膏肓，极尽五痨七伤，诸虚百损之能事，痊愈已然无望，死亡克期将临。君不见近日自杀者日见其多，不久总有一天，天津的老百姓公请一位名流，立于中原公司楼尖之上发号施令，一声预备一、二、三，老百姓们纷纷跳河、投井、抹脖、上吊，顷刻之间，180万市民同时魂归忉利，驾返瑶池，万籁俱寂，一片真空。除官外别无所有，而一切问题皆解决矣，同时我们这般苦人儿也算熬出头儿来矣……”

画报最大特色也是它的最成功之处在于，网罗了京津地区众多的小说家，每期多达10种的长篇小说连载，办刊近3年中陆续刊登各种长篇小说20余种，为民国时期小说史研究提供了宝贵的资料。其中武侠小说有宫白羽的《牧野英雌记》、郑证因的《铁拂尘》和《鹰爪王》、刘云若的言情小说《水珮风裳》、耿小的《桃蕊嫩》、刘菊禅的《梨园逸史》、李薰风的《如此电台》、梅花生的《男结婚十年》、何怪石的《红袖青衫》以及乔铭勋的章回小说《燕落枭群》等等。

后因市场萧条、发行锐减，加之内部纠纷四起，画报艰难维持、挣扎图存。天津解放后，1949年1月出版至第139期后宣告停刊。

突出天津特色的《小扬州画报》

地处九河下梢的天津，以水闻名，渔业、盐业的发展给天津带来了繁荣；而城外绿野晴川，城内笙朝笛夜，又给天津带来了南国风情。故而，清代诗人张船山在《过津沽诗》中写道："十里鱼盐新泽国，二分烟月小扬州。"由此，天津又多了一个别名——小扬州。知道了这个典故，自然也就明白了天津土生土长的画报为什么取名《小扬州画报》了。

1946年10月22日，报人沈健颖在天津创办《小扬州画报》，主编李燃犀，社址在第七区荣业大街126号。画报属纯娱乐刊物，三日刊，每月逢2、5、8、12、15、18、22、25、28日出版，方形16开本，每期4版。以文字为主，附有少量图片。封面为红黑双色套印，其他各版均为黑白印刷。各版内容没有明显特色，以报道当地的戏剧、电影、曲艺消息为主，设有"娱乐新闻""如此津门""小说连载""排戏笑料""津门无双谱"等栏目。刊登《石慧儒单弦已达炉火纯青》《影星的兴趣》《圣城记今日起在津开演　特向读者介绍沈浮大导演》《霸王北上后　郝寿臣绝歌迹》《掀起剧运的狂澜》《玉堂春演员表》《近云馆主像梅兰芳》《罗金萍好学不倦》《恭喜马四立》《大舞台后院一场血战》《小梨园速写》《小映云有希望》等文。

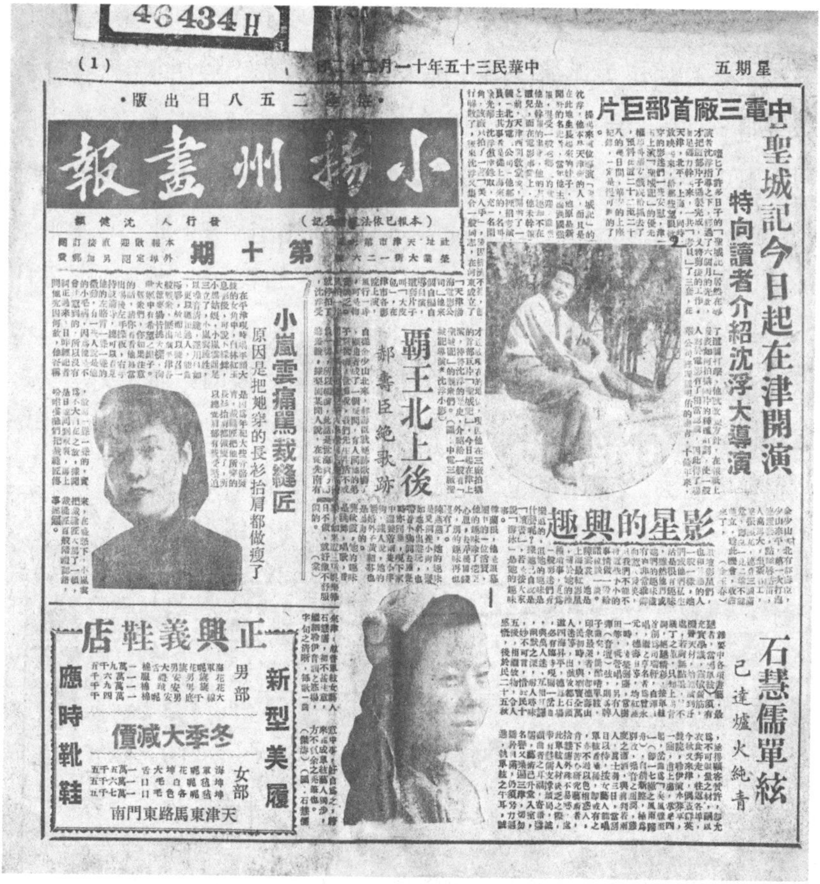

中華民國三十五年十一月二十二日 星期五 (1)

每逢二五八日出版

小揚州畫報

第十期

中電三廠首部巨片 "聖城記"今日起在津開演 特向讀者介紹沈浮大導演

小嵐雲痛罵裁縫匠 原因是把她穿的長衫抬肩都做瘦了

霸王北上後 郝壽臣絕歌跡

影星的興趣

石慧儒單絃 已達爐火純青

《小扬州画报》突出天津地方特色，以报道天津娱乐业消息为主，间有许多掌故风情描写，其记述天津市井的背景文字又有真实可靠的特点，具有一定的史料价值。可惜画报只出刊至第15期就停刊了。

画报主编、天津旧小说作家李燃犀，以“大梁酒徒”笔名连载的天津乡土小说《闾巷英雄》，通篇使用天津方言，较为细腻地描写了天津混混儿的社会生活，再现了清光绪年间天津混混儿“不畏生死，把持行市，扰害商民，结党成群，借端肇衅”的特点。

极富天津风情的“津门无双谱”是从创刊至终刊一贯的栏目，

记录了清末民初天津发生的一些趣闻逸事。如第10期的《假胡须》讲述了某县捕快为抓捕一名在逃大盗，化装成卖假胡须的小摊贩，六年如一日在天津南市暗访，终于将案犯缉拿归案的故事：“清末民初，南市牌坊侧，有一中年男子售假须，每至夕阳西下，游人如织时，即闻其高叫：‘小胡须，赛真的，打打哈哈解解闷！’其人貌不甚扬，置伪须口上，持假须三五兜售，每只售铜元一枚。或谓每日所得，未必自给，疑其暗售春药。偶问之，则笑曰：‘无有。’民六以还，不知所终。知者曰：‘某县捕快也。巨盗脱网，捕获无从，乃走津门，于行人必经之处，伪为卖胡须者，既掩己踪，易见彼行，卒得获盗而去。’诚有心也。惜不知其姓字，姑付阙如也可。”

(2)

玉堂春上集本事

掀起劇運的狂瀾

天津市文化運動委員會輔導

蜜蜂實驗劇團演出特刊

笑煞朱莎急煞蔡冰白

王萍挨了十二個嘴巴

蜜蜂紐斯

金慧君是民国时期在天津红极一时的京韵大鼓女艺人，自幼随养母曹桂喜（黑姑娘）学艺，故取艺名小黑姑娘。12岁时延师韩永禄、韩德泉学唱京韵大鼓。16岁登台，深受津、京、沪等地曲艺观众欢迎。1929年首次来津演出，旋即誉满津沽。其艺术上宗刘宝全刘派中期，唱做结合，吐字有力，工架优美，台风更玲珑潇洒。她演唱的《大西厢》《长坂坡》《马鞍山》《古城会》等深得刘派神韵。她在上海胜利唱片公司灌制的《大西厢》唱片两张，流传至今，脍炙人口。但因资料留存下来的极少，一直窒碍着对她的研究。《小扬州画报》第10期头版的《一个成功一个失败》一文，记述了曾息影娱乐界的京韵大鼓两名女艺人孙书筠、小黑姑娘，为生活所迫，在抗战胜利后，重操旧业，再次登台献艺时，一个遭到冷遇，一个深

(3)
玉堂春上集
蜜蜂窩裡一紅星
朱莎前程遠大
我與藝術
玉堂春演員表
職員表
本報廣告效力偉大
小記
播音消息
嗜古堂
偉大出品三種名藥
原料珍貴效力準確
搜毒丸
危險花柳病速服搜毒丸專治男女梅毒淋毒破傷魚口軟硬下疳小便膿黃白淋症一二三期梅毒服一兩盒絕對除根
勝濕丸
疥毒濕氣馬上就好快吃打算嗜古堂勝濕丸專治遍身起小泡越抓越癢抓破流黃水乾疥濕疥膿泡疥一兩盒絕對除根
骨疼 紫金丹
男子的筋骨疼請吃紫金丹專治四肢抽疼遍身串疼腰疼腿疼一兩盒保好
潤腸丸
特點
功效
經售處 嗜古堂
羊肉
恩順德
祥昌

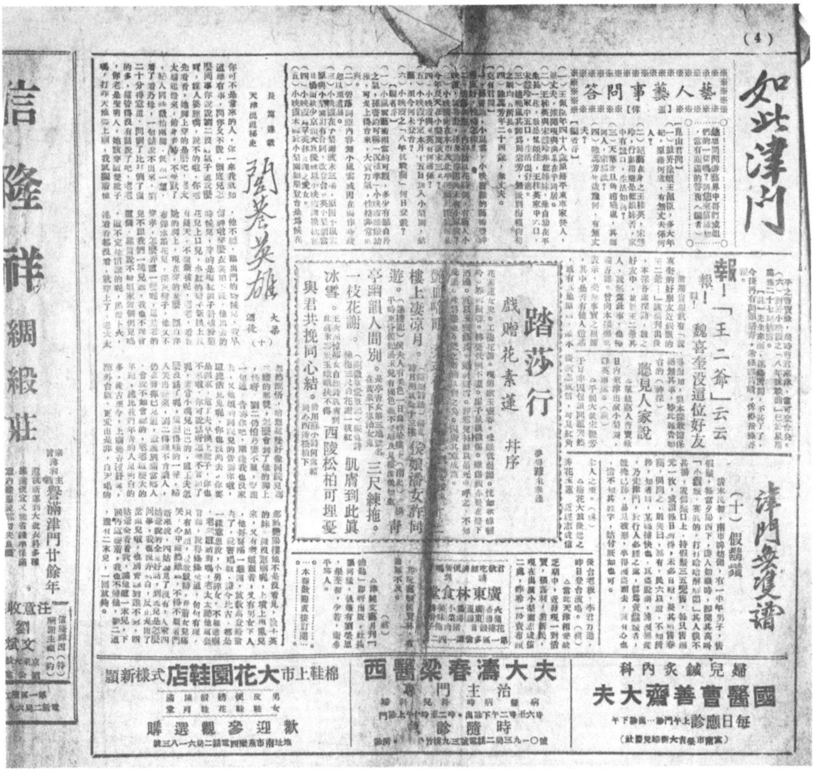

（4）

如此津门

艺人事问答

报！「王二爷」云云 魏喜奎没这位好友

听见人家说

津门变迁谱 （十）假药

闲巷英雄

踏莎行 戏赠花素莲 井序

楼上凄凉月。

亭畔韵人间别。

一枝花谢

冰雪。

与君共挽同心结。

三尺练拖。

肌肤到此真

西陵松柏可埋忧

信隆祥绸缎庄

广东林食堂

棉鞋上市 大花园鞋店 式样新颖

欢迎参观选购

西医梁春涛大夫

国医曹善斋大夫

妇儿针灸内科

每日应诊

得观众喜爱。其中以对小黑姑娘与丈夫薛钧良的深厚感情描写最为珍贵：

……退息歌场的鼓姬小黑姑娘又重操檀板登台献艺。小黑姑娘当年是一个红鼓姬，曾嫁给上海的薛钧良，享尽人间的豪华。薛钧良故后，而欲削发为尼未果。无数的家资却被她完全耗尽了，以致流落到今日再行以鬻歌所得而糊口。我们知道，小黑姑娘并不忘情薛钧良，而把眼睛都哭坏了，到现在为环境生活而卖唱，仍然每日哭思薛钧良对她的恩情呢！其不忘旧情旧义仍是如此。……天津人是全中国最著名的热心人，刀子嘴豆腐心，讲面子，重义气，对于不忘旧情旧义是赞成的……

评选“新四小名旦”的《北戴河》画报

1947年1月，《北戴河》画报在天津创刊，发行人曹养田，主编李逊梅，编辑石愚吾等，张伯英题写刊名。社址位于第二区胜利路13号，编辑部设在第二区胜利路39号，由天津二区金汤桥大马路2号的中利印刷局承印。其“棋坛”专栏首次将中国象棋搬上画报，介绍古谱、破解谜局；更因从第41期开始与《星期五画报》《美丽画报》联合举办华北艺员竞选大会，评选新四小名旦、皮黄清唱皇后、评剧四大伶后，而声名大噪，成为抗战胜利后天津最具影响力的画报之一。画报于1948年12月出刊至第92期后停刊。

《北戴河》画报属综合性刊物，周刊，逢周日出刊，16开本，16页，以文字为主，兼有图片、插图和漫画。封面、封底均以红蓝双色套印，封面为名伶、名票、影星、曲艺演员玉照，封底为“漫画集锦”专栏，连载傅基的《新水浒传》连环画，由著名小说家徐春羽配文。开设“漫谈”“新闻集锦”“专访”“伟人事迹”“妇女与家庭”“考风纪往”“征友”“棋坛”“旧剧讲话”“戏剧之页”“电影”“杂耍圈”等专栏，长篇小说连载有梅花生的《肉的复活》，徐春羽的《裙带狼烟》，刘云若的《烟月楼台》，郑证因的《蓉城三老》，以及Tom Hdnlin撰写、觉清翻译的《初恋》等。

“漫谈”专栏是画报的品牌栏目，聘请知名人士就社会热点问题

北戴河
張伯英
第四十二期
內政部登記證京警津字第六十三號
經中華郵政登記認為第一類新聞紙
中華民國三十六年
十一月二日星期日
沽上名坤票近雲館主
北戴河畫報
美麗畫報
星期五畫報
聯合主辦
華北藝員競選大會
新四小名旦
皮黃清唱皇后
評劇四大伶后之選票載本期第十四頁
每逢星期日出版
財政部發給銀字第二四六一號銀行執照特准經理商業銀行業務
益昌銀號
小額存款利息特別優厚
每户由廿萬元起至五百萬元止
憑摺支付
手續簡便
地址：天津一區陝西路一三七號
電話：二局 二一六八 六六四三
電報掛號 六六四二

如何管治「貪污」「奸商」兩大害蟲？需要開刀見血！殺一警衆！

編者

新聞集錦

七萬圓現洋別來無恙

淸廉庫丁忠於職守 貪污大員應知慚愧

吳國楨襟弟氣節可嘉 啞子不作裙帶官

一對乳房五萬美金

希特勒再死？

忘八蛋貪污

千古奇聞 大老鼠連吃三人！（本報天津訊）榕救濟院育嬰所慘劇

漢奸獄中偷賭 窩頭製作牌九

漫談

评选『新四小名旦』的《北戴河》画报

婦女與家庭

女人的頭和腳
是異性目光所注意的地方

玲瓏

臉上擦得十分均勻的脂粉，而臉也格外玲瓏，如果我們只看見妳的上身，眞以爲天仙下界，嬌娘臨凡呢，及至欣賞到妳的腳，實有驚人的表現，漆黑的襪上還染着一層汚垢，兩隻不稱足的鞋，肥而且大，退了顏色的襪子，顯得深淺不一，假使只露出來這雙足部，恐怕絕不會想到這是位女人，像這種重上輕下的修飾方法，往往會把女人的美減少到最低限度，甚而說幾沒有美點，可許，所以，一個女人的化裝與修飾應該是普遍的，即便是極細小的部分，也要處處配合均勻，才能把妳渲染成爲一個標準美人，時代的女人們，妳們是否同意我的說法呢！

比一比

玉瑩

少婦與少女究竟是不同的

從少女時代踏上了少婦的路程，生理的變化，性情的改變，以及體格形態的自然變質，這都是婚後必不可免的事實，凡是身歷其境的人，都會體驗得出來的。少婦既然與少女有了差異，那麼因此使夫妻的愛與憎也隨着改變了。只在審美觀點上來說，她們確有不同的看法，所以，少婦喜歡少婦的打扮，少女贊賞少女的豐姿。那麼，究竟少婦與少女在豐姿方面有如何的差異呢？這裏讓我來告訴你們：

少女的豐姿應該活潑天眞，漂亮嫵媚，這是面部的表情。衣着方面最好要一些鮮艷的顏色，赤足裸腿，越發露出妳們活潑健美，至於脂粉以少用爲佳，薄施脂粉，淡掃蛾眉，才是少女們化裝的秘訣。因爲過於人工化的美，往往埋沒了妳們的天眞。

談到少婦，爲了妳們的身份，應該獨具風格，衣飾素雅，對獲入時，於規矩謹嫺之中，表現雍容華貴之氣，這是少婦唯一可取的長處。如果在宴會的場合裏，也可以濃裝艷抹，不過面部的表情，說要莊重大方，所謂莊重，並不是死板冷酷，是要妳們在莊重大方之中顯出慈祥溫柔的面孔，令人一望而知妳是一位標準的賢妻良母，這才是少婦無上的光榮。如果一個爲人婦的女人，太活潑，或是過於修飾放蕩，這都是有損於自己身份的事情。爲了出風頭，爲了掩飾自己是已婚的人，而假扮成少女的姿態，其危險性是極不可思議的。

小姐們！當心妳定婚的時候

芳心

一雙心投意合的情人，當妳們愛情之火燃燒得不可遏止的時候，勢必走上定婚的途徑，這是靈肉結合的前奏曲，也是互誓永生相愛的表現。富有着深刻意義的定婚，當然是不容我們忽視兒戲的。未婚的小姐，大概誰都願意獲得一位品，學，貌三全其美的男子做妳的伴侶，可是這樣的理想男人，事實上是很難尋覓吧！品學優良，容貌未必合於理想，臉子生得整齊，其人品未必高尚，常言說：「小白臉沒有好心眼」，這些問題都是在定婚的時候應該留意的。假使妳沒有玩弄男子的對心，那麼定婚的對象必須是位學識品德兼優的男子，健康也要合乎標準，至於臉子是否漂亮，還是其次的問題。因爲漂亮的男子，容易獲得大多數女人的同情，何況男子們常有一類極不穩定的心呢！假使妳的情人，半途中被他人奪去，或是男子變心又愛戀一個較妳漂亮的女人，那該是多麼悲慘的事情！所以說，容貌之美，還是次要問題。其次還有一個應該重視之點，那是性格問題，一對情人在戀愛期間，往往互相掩飾個人的短處，儘量表現長處，熱戀期間，男人多半和用溫柔手腕，甜言蜜語來籠絡女人的心，凡是女人心目中喜歡的事物，他們總能設法滿足，使她信任他是一個柔弱溫馴的羔羊，決沒有半點反抗的力量，等到結婚之後，馬上會變成一隻暴躁的猛虎，不時向妳們來示威。這個倏然的變態，只有已婚的女人，才可以體會得出，所以，性格問題。也是應該利用各種方式去試驗，在定婚之前必須獲得一個極清晰的了解，以免被男人一時欺騙而換得終身苦痛。要知道精神苦痛，較物質缺乏，尤爲嚴重。終日在愁眉苦臉的歲月裏過活，或是被男人吹毛求疵的挑毛病，以致口角吵架，夫妻間沒有幸福可言了。

・美國的婦女和她的孩子……・

肉的復活

長篇創作

梅花生著

第四章　失眠了　（十）

並着肩立在平台上，向下而俯視，西面天際的晚霞已減，馬路上電燈已燃，在淡黑的玄暈裏，閃閃的泛着眼睛。晚風並不攸吹在臉上很淸爽，在拂拭我心底上的靈垢，先來一口深長的呼吸。

「靜妹，我母親很愛慕你，下星期我來接你，可以不可以到我家去坐坐，雖然沒有府上這樣富麗，還能够保持清潔。」

「我理應過去拜訪伯母的，因爲不得父母的允許，不好冒然就去，那有什麼不可以的呢！只要先向我的繼母提一下……」

「現在八點多了！」他低頭看一看腕上手錶。「吃過飯就是電影開映的時間，靜妹！你喜歡看電影嗎？」

「我不大喜歡，因爲好片子太少，國片糟糕，隨不上時代，舶來片全是千篇一律的歌舞，文藝片太少，沒有值得一看的！」

「靜妹！你的眼界太高了。那麼，喜歡看小說吧？張資平的小說，你喜歡不？許多青年中了他的迷了！」

「我對他的小說頂討厭，都是些三角四角的戀愛，翻來翻去，値得一看的還是巴金的作品有骨幹，魯迅有些兒倚老賣老了，其實不很

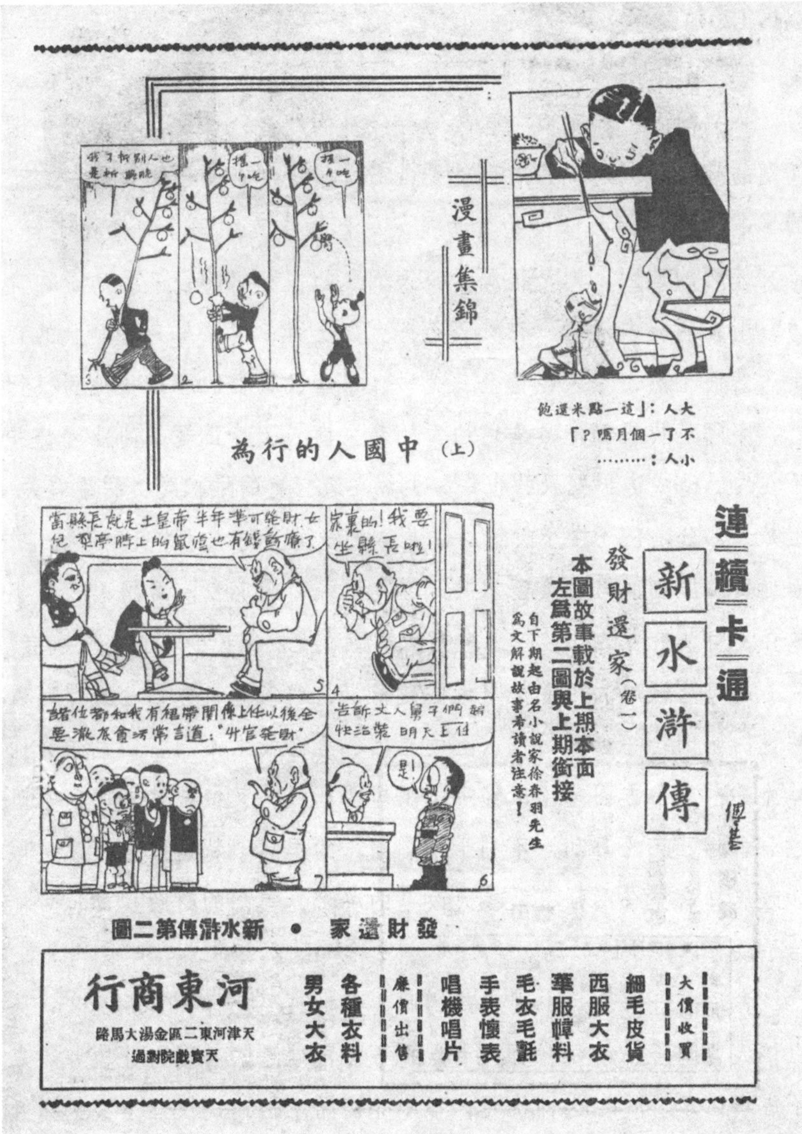

加以剖析、评论，语言犀利，措辞尖锐。第42期的《如何管治贪污、奸商两大害虫》一文指出，贪污和奸商是危害国家的两大问题，但它只是现象，其根源还在于政府的政策问题，并对国民政府单纯依靠大量印钞来弥补财政赤字，从而造成通货膨胀的掠夺性政策予

以抨击：

……国人、外人谈中国政治、经济问题者，往往以贪污为中国问题的致命伤，这说法表面甚是，而骨子里却是受了一种流行言论的影响而在所偏蔽。因为贪污是人的问题，而中国今日经济混乱、正义偏颇的造因，则是根源于政策问题。假如中国经济的病源在贪污，则在龌龊中发财、在社会上挥金如土者，应该是身着制服的官吏。然而不然，今天在黄金、美钞、布匹、粮食的圈子里驰骋横行者，实际是投机倒把、囤迟快卖的新兴商人，连正规工商业者都并不在内。造成这种恶果的也许与少数高级官吏的维护既得利益有关，但是大部分责任还在于政策的错误。政府纯恃发钞以弥补财政赤字，而通货膨胀则间接剥夺薪水收入者的利益；政府没有敢把财政负担放在发财获益者的身上，于是更加鼓励了投机倒把的非正当营利者。政府的踌躇顾虑，不敢做重大的改革者，我们想也许稍稍有点可以解说的原因：一方面是技术上的原因，唯恐技术不周密，利未兴而弊先见；另一方面是国家经济本来虚弱已极，又值戡乱期间，唯恐过分引起社会的紊乱，不利于“剿匪”的军事。从这一点上说，假如政府真有振奋图强、做重大改革的决心，美国的财政援助也可能给予政府以实质的鼓励。

贪污与奸商，是中国当前的两大害虫，要怎样扑灭呢？我认为应该大刀阔斧、杀一儆百，半点也不能再姑息，否则太让盟邦看着不成事体了。处在这种状况，不能养痈贻患，还是快开刀吧！杀几个贪污也好，杀几个奸商也好，能任凭这少数的坏蛋破坏我国的经济、阻碍我国的建设、牵制我国的戡乱吗？似乎太不值得了！

“大事小谈”《红叶画报》

1947年4月26日，天津名士胡以庆创办《红叶画报》，崔赫云任编辑，社址在天津第七区南市大兴街光裕里11号，由第一区大沽路52号的大陆广告印书社承印，并在南市慎益大街新华里12号设立第一办事处，在北平、济南、石门、长沙、青岛、保定、塘沽等地设立分销处。由于物价一日三涨，米珠薪桂，百业凋敝，本来就没有多少资金的胡以庆很快就因入不敷出而支撑不住了，遂于同年6月6日画报仅出版7期后就宣告停刊，加入短命画报的阵营中。

《红叶画报》属游艺类刊物，周刊，逢周五出版，16开本，共20页，普通草纸，以文字为主，兼有黑白图片。图片多为影星、名伶、舞星、杂耍艺人的照片和摄影作品、漫画，模糊不清，质量较差。

画报封面为黑、红双色套版，多是中外影星剧照；“时事新闻”刊载《美苏两大势力会发动原子战争吗》《得苏联的帮忙，盛世才主政新疆十年》等；“小红叶”栏目类似现在刊物的“意林”，刊登一些人生的感悟或富有哲理的警句、格言；“红叶信箱”专栏，由编辑秋风解答读者来信提出的关于感情、生活方面的问题；“女性专版”专为吸引女性读者而设，刊登《男与女间》《术妙留香》《脂粉的真正评价》等；“舞屑”专栏，每期为四五名舞星做广告，除刊登大幅

紅葉畫報
47679 H
一千〇一夜女主角愛黛爾裘琴絲
五之一
5.23.36.
每逢星期五日出版
T牌風雨衣
定做合體
適美觀舒
總店：東馬路
分店：明星影院對過
出品

以和你談一些山南海北的故事，再加上悠揚的樂聲，讓你在刹那間把一切拋開，像置身於世外桃源裏，醉醺醺的盡情享受，直到付過了酒資，離開那裏，微風吹動了光亮的頭髮才慢慢的回到現實裏來。

他們便這樣的送此迎彼，特別是在萬家燈火之後，夜籠罩了巴黎城的時候。酒吧間門外一閃一閃的霓紅燈，夠引來更多無法消磨漫漫長夜的人們，你出我入的不是頃刻間混在大廳的香烟與脂粉氛圍內，便是一斜一歪的慢慢消失在朦朧夜色中。直到夜深了，酒吧間才像一座黑黑的石獅，蹲伏在萬籟俱靜的夜裏，女侍們便得到了每天僅有的休息，恢復了她們的眞實面目，去計算着明日的一切。

看，她正在預備了紙條，來和客人開玩笑呢！

讓你刹時忘掉一切 像置身於世外桃源

她們睡下了，所有巴黎女人這時也都入了夢鄉，巴黎城便在此時得到片刻的安靜。但是不久，當東方微亮，新鮮空氣充滿全城上空，清潔夫消除了所有的污濁以後，巴黎城便又開始活躍起來，一切又和昨日看不出一些異樣來。

客人偽了她的殷勤，不得不任其擺佈

菊花酒香到腹內，醃了美人，客人陶醉了

奇異的中國鹿

目前我國已經絕種

(Pere Davil)

一八六五年，一個在中國法國傳教士，到北平的三貝子花園遊覽，他得到一張奇異的鹿皮，這種鹿皮是西歐各國直到現在未曾見過的。後來有人考察出來這種鹿皮是達維特所豢養的。鹿腳分枝，特別適合于多池沼的路，鹿角的尖端，指向身體後方，仿如驢尾，十九世紀末英國的泊福特公爵（Duke Bedford）主持把中國的這種鹿帶幾隻到英國，並且特別興築一個動物園來豢養牠們。一九〇〇年，北平遇大水災，三貝子花園被水沖毀，這種奇異鹿種，就只賴英國的僅存幾隻延續下來。頃據倫敦消息，英國當局現計劃將鹿四隻送往美國動物園，這是該種鹿到英國以後第一次被輸出，是牠們在歷史上的第二次被展覽。

現在只有英國僅存的幾隻延續下來！

第一回　大地歌舞逢舊識　小樓揮麈話前因（四）

[illegible]

白蝶小姐怕黑暗
半夜裏找人陪伴

[illegible]

（永安前紅舞星高九妹）

百樂門紅星白蝶

[illegible]

仙樂的台柱
董萱小姐
直像位少奶奶

[illegible]

好萊塢影星韻事頻轉

多情小生泰倫寶華陷入情海

拉娜杜納說：「他是唯一吾愛的人」

（拉娜杜納和泰倫寶華）

泰倫寶華自解甲歸田，在他的思想中，常憧憬着一種新的生命和環境，所以在以前曾醞釀着他和安娜，拉離婚的消息，鬧得滿城風雨，傳遍整個的好萊塢。

卽在光明上演『一千〇一夜』男主角康納維特

談到他的新對象呢，那就是於合演「刺刀邊緣」的金泰妮，也許是因爲工作上與他的易於接近，耳鬢厮磨，尤其是泰倫一副富於熱情的面孔，從他的一雙皎亮的眸子裏流露出溫和可親的眼光，能不使金泰陷於情網？世上的事往往是令人不可思議的，特別是男女間的變，更教人捉摸不定，泰倫與金泰妮一度相傳在演着羅曼絲，可是最近好萊塢又傳出一個驚人的消息，就是泰倫又與拉娜杜納相愛，這不過是一種傳說，是否成爲事實，還沒有人來証明，不過有一件事確是眞的！拉娜在她的訂婚手指上戴着他的光閃奪目的鑽戒，在她雙耳上的那副鑽石的耳墜是他的饋物，有人問過她：「妳要同泰倫結婚了嗎？」她笑了，帶着夢想一般的快樂，「現在請你不要問我這個」。

銀幕消息

拍攝「海盜」的聯美製片家鮑琪斯，宣稱拍攝「聖誕夜」男主角爲佐治勒倫、陸治立夫和闌杜大史葛二人，女角或其鮑琪斯太太多樂絲摩倫担任，今夏可以完成。

由於描寫歌王阿爾喬生名經過的傳記片「喬生的故事」得到空前的賣座，愛迪康特預備把自己前半生的種種也搬上銀幕上根據的材料一部份採自一九二〇年大衛思疊爲他寫的傳記。

賈利葛雷捉弄女招待

有位叫傑美艾力邈的由舊金山寄給「近代電影」雜誌一封信，述說他在飛機場親眼目睹賈利葛雷一段惡作劇的故事，下面就是：

在飛行以前我跑到機場的食堂裏要弄點「三味吃」，差不多客人都離去了，只有另一個吃完了要付賬，使吾驚異的那是賈利葛雷　他走出玻璃門外，女侍很快樂的注視看問我是否認識他。可是當她去整理桌上的盤子時，她的臉色變了，原來她看見在盤子旁只有兩個銀幣，吾將眼光轉到門口，賈利在正用一種可愛的微笑看着，吾才知道原來在女侍端起盤子時，發現在盤子底下還有半塊錢。

賈利葛雷

玉照外，还介绍她们的特点、性格、爱好、诱人之处和花边新闻，如《联合舞厅红星张淑英人缘好》《白蝶小姐怕黑暗，半夜里找人陪伴》《伟大的歌唱家杨×》等；“海角奇闻”专登来自全国各地的趣闻逸事，如《精光赤裸湛江捉妖，风高月黑洞鬼拖人》《无锡米商的伟大试验》《乳莺出谷野鹜乱飞，子弹寻春玉臀抖动》等；常以整版的篇幅介绍异域风情，如《巴黎城招蜂引蝶的鲜花——酒吧女侍二十四小时》和配她们起床、化妆、招待客人的多幅图片，让我们着实地领略了一番巴黎女招待的热情与火辣；“连载”有王珍的小说《鼙鼓笙歌》和默人的《燕子飞去月满楼》。此外，还有漫画、医学知识等方面内容。

“大事小谈”专栏是《红叶画报》的特色栏目，文章以小见大，说现象及本质，针砭时弊，抨击时政，分析物价飞涨原因，讽刺当局无能，揭露丑恶贪官，文字浅显、直白、通俗，顺乎民众意愿，体察百姓疾苦，深受读者欢迎。如《“老”学生感想如何》：“各地学潮逐渐发动起来，其传染之速自是出乎意料，不过国家内外大政，只见学生们来督促，却也是中国独有的现象。记得过去为了抵御外侮，学生们真是煞费苦心。如今抗战胜利了，他们反倒不能生活而仍以旧手段在在搬演，真不知那些过去也曾演过而现在已跃居首位、左右政事的一批‘老’学生们，有没有抚今追昔之感?”《吃人物价普度众生》：“本年度中学生不用会考了，关系方面发表的原因是物价剧变影响设备，没想到吃人的物价会普度众生！全国大学正闹反内战、反饥饿，中学生却得感念物价，大谢促使物价高涨的原因。这不是矛盾现象，这正是目下中国‘有哭有笑’的通病!”

揭秘熊式辉私生活的《宇宙画报》

1947年4月28日，《宇宙画报》在天津创刊，社长张北侯，主编王润珊，社址在第二区博爱道荆华西里5号，由天津市政府新闻处印刷所印刷。画报行销全国各地，本埠由市各大书店代售，外埠由书报发行所分销。画报出刊时间不长，存世极少。1947年11月，画报因在第3卷（每卷12期）第1期上刊登了市长杜建时宴请青年党李璜的消息和评论而被社会局勒令停刊。

《宇宙画报》属综合性刊物，周刊，每周五出版，方形12开本，每期12版，各版均有不同专题。彩色套印的第一版为时政版，有《庞炳勋息影陇海园》《是谁不要和平？是谁不要老百姓活着?》等文。第二版“宇宙弹”，由曾为《真善美画报》开设专栏“蔷薇刺”的著名讽刺家“黎黎”负责撰稿，刊登国外新闻、外埠消息，如《苏联起死回生术研究成功》《上海扒窃党秘密》等。第三版“女人专页”，设“宇宙光”“宇宙锋”“宇宙线”等栏目，刊登《女人第一》《都市比女人》《女人命薄如纸》《孔二小姐议婚插曲》等。第四版“露天市场”为游艺专版，由张北侯以“张铁嘴”为名主编的“测字版”，以卦摊、测字、猜谜为主，是画报的一块特色版。第五版“大戏院”，一望而知是戏曲专版，张北侯每周一次到北平戏曲圈采编新闻，刊有《哪出戏诲淫》《票旦蒋士铃》《汾河湾细过武家坡》

《闲话杨菊萍》等。第六、七版“电影圈”，报道《赵慎之今秋赴沪》《怎样拍五彩片》《剧人上银幕》《去岁美影戏杂志所选五大明星》等电影消息、影星行踪。第八版“跳舞厅”，刊载舞场逸事、舞女介绍，如《停舞和禁舞》《停舞不是生的威胁》《小金刚金月》《弹性三部曲》等。第九版“杂耍场”，为曲艺专版，预告艺人出演曲目，评论艺人才艺，报告杂耍场消息。因市政府明令禁舞，而于第10期该版与第九版合并为“歌场舞榭”。第十、十一版“宇宙信箱”、小说连载，邀请天津名医赵光潜解答读者提出的各种问题，开列治疗各种疑难杂症的药方，连载李山野的言情小说《风雨黄昏》、谔谔轩主

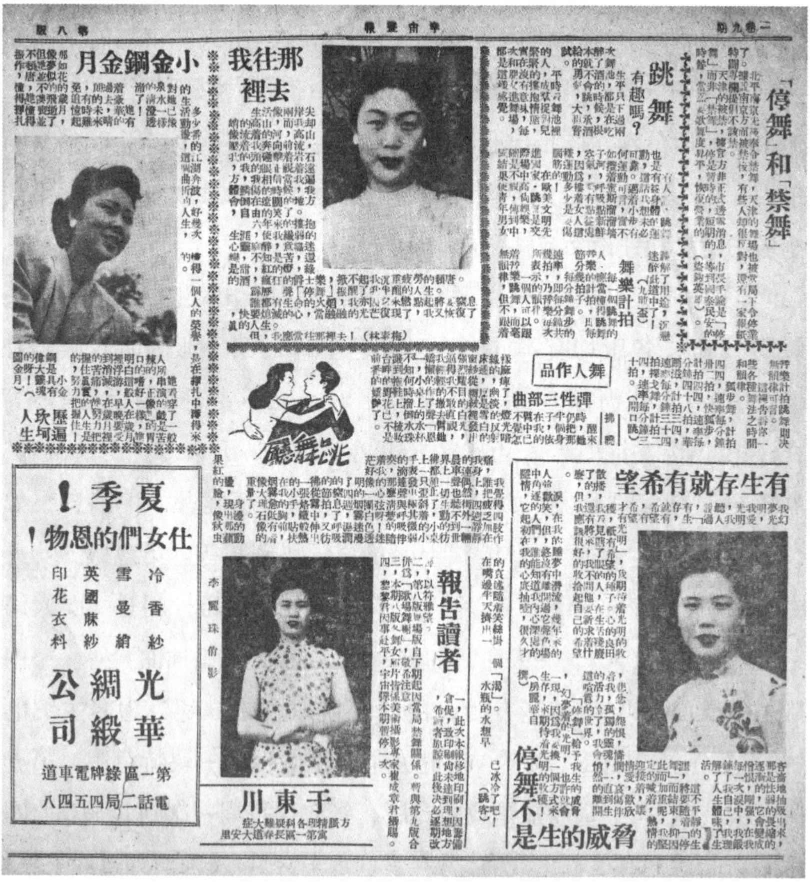
第八版　宇宙畫報　第九期

小金鋼金月

我往那裡去

跳舞有趣嗎？

「停舞」和「禁舞」

舞樂計拍

舞人作品

彈性三部曲

有生存就有希望

報告讀者

停舞不是生的威脅

夏季！仕女們的恩物！
冷香紗　雪曼綃　英國麻紗　印花衣料
光華綢緞公司
第一區綠牌電車道
電話二局四五四八

于東川

宇宙畫報 第九號

闊別六年之女鼓王

林紅玉入主大觀園

陣容相當硬整盛況可卜

歌場中發現奇才

馬書林紅遍三津

玉壺春裏早晚滿座

後台風光

梅花歌舞劇團已出演新中央

蘑菇劇團下月初去平

不管此行吉凶先去試試

同時尚有大批藝人同行

的武侠小说《血溅万花楼》、迟晴的《负创的心》等。彩色套印的第十二版，专门介绍正在放映或即将上演的最新美国大片或戏剧戏单。

画报最具特色的是女人专版，它不仅真实地记录了当年各个阶层的中国妇女的现实生活，还探究了造成她们苦闷、迷惘、贫困、没有社会地位的社会原因，尤其是一些趣味性的文字，今天读来仍有一番韵味。如1947年6月27日第1卷第10期中的《都市与女人》一文，将中国的各座城市比作不同类型的女人：南京——朝廷命妇，上海——吉普女郎，苏州——小家碧玉，北平——名门闺秀，汉口——半老徐娘，西安——白发祖母，重庆——抗战夫人，保定——沦陷太太，杭州——妙龄女尼，无锡——纱厂女工，天津——风流寡妇，沈阳——泼辣佣妇。而对各个国家对待妇女的不同态度总结得也是极其精辟：德国人——藐视妇女，美国人——尊重妇女，法国人——欣赏妇女，中国人——玩弄妇女，日本人——奴驭妇女。

熊式辉（1893—1974），字天翼，新政学系骨干，1921年东渡扶桑，到日本陆军大学深造，1924年学成回国。曾任淞沪警备司令、江浙皖三省“剿匪”总指挥，独揽江西军政大权10年，并担任过“中华设计局”秘书长、东北行营主任等要职，授上将军衔。作为国

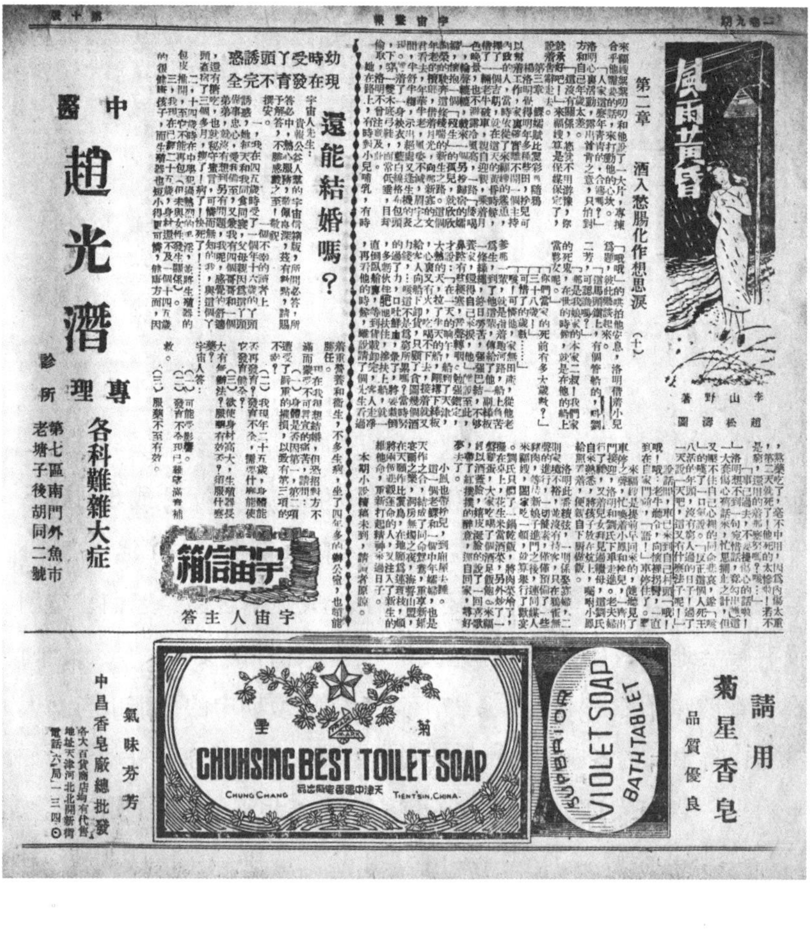

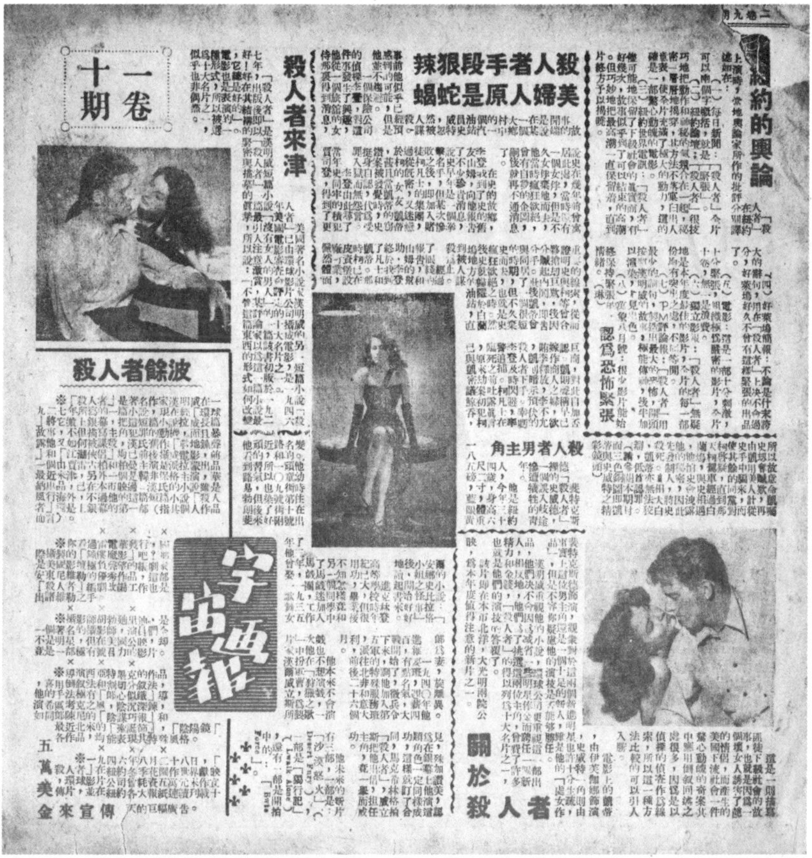
一卷十一期

殺人者手段狠辣 美婦人原是蛇蝎

殺人者來津

紐約的輿論

殺人者餘波

宇宙畫報

殺人者男主角

認爲恐怖緊張

關於殺人者

民党的高级将领、呼风唤雨的人物，他的感情生活又是怎样的呢？《宇宙画报》的《熊天翼闺房民主》一文，不仅披露了熊式辉取得如此显贵位置与夫人顾竹筠的广泛交际不无关系，而且还揭秘了他与顾竹筠、顾柏筠姐妹的一段鲜为人知的情史：

江西熊天翼先生，宗法家，好权术，所行所为，无不具有法家精神，政界之人杰也。性好色，御内有方，兹志闺房琐事二三则，或亦毋伤大雅乎！

初，熊在原籍本已结婚，及东渡留学，睹顾竹筠女士，为之颠倒，但家有糟糠，无法得进。某年夏，熊暑假归省，大发妻丧，东京之友，皆得讣告。顾固爱熊者，得此消息，遂托以终身焉。后10余年，伉俪弥笃。及顾氏死，终其身，不悉熊氏家有黄脸婆尚安然无恙也！

顾氏善交际，熊之显贵得力于渠之关系者颇多。念亡妻之敏慧，遂思乃妹，羡乃妹之丽质，欲念又生。乃妹年甚幼，盈盈十零岁，即被熊接至牯岭而与婚焉，一时传为佳话，最高当局亦为震骇。新夫人嗣返南昌，不喜出游，出则必有背盒子炮五六人随后保护。藏娇护花之深，由此可见。然当时南昌政界无不知主席夫妇勃豀时生，盖其中又有一段来历。

熊自失机折足后，须人按摩，四处觅找。浔阳某部属，以机不可失，于纱厂数百妙龄中，寻得张姓尤物，礼以敬献。熊纳之，颇适宜。直接肉感，怎不销魂！人虽圣贤，亦难自制，而况熊乎？于是两情缱绻，难舍难分。新婚虽好，旧爱难忘。久之，新夫人备悉此事，嫉火中焚，时思爆发。此卫士随身之所由来也。

一介弱女，落于权术之手，既成事实，无法推翻。况熊御内有术，每睹张、顾二人而笑曰："卿等名份不同，吾爱则一，闺房之内，绝对民主。今后二卿意见可用书面尽量对余发表，必有满意答复。彼此见面，各宜尽礼，争吵打闹，民主所忌。二卿明达，岂不知今日潮流，为民主世界乎？"顾、张颇理解，相安至今。

发出“民吼”的《霓裳画报》

1947年7月30日，天津霓裳剧团投资创办《霓裳画报》，发行人田士林，霓裳剧团团长李铁生任主编，副团长田雪厂、天津小说家刘云若的宗兄刘雯若等任编辑，社址在第一区河北路仁丰里11号。画报由《天津民国日报》社承印，在天津华昌书报社、北平平津书报社设立经销处。画报内容广泛，包罗万象，尤以李定方主持反映民意、批判现实的“民吼”栏目最富特色，深得读者欢迎。但因物价飞腾，各业凋敝，画报只支撑到同年9月15日出刊第8期后，即因经济问题宣告停刊。

《霓裳画报》属综合性刊物，周刊，逢周三出刊，16开本，共20页，以文字为主，辅以影星、名伶、曲艺演员的剧照、生活照，配以栏目插图和漫画。封面为红黑双色套印，多为美人玉照。画报分若干个版块，各版块设专人负责。李铁生主持的“外埠珍讯”，不仅刊登北平、上海、东北等地的奇珍逸闻，而且报道美、英、日、德等国的最新消息，如《回教徒出国朝圣》《东北武戏又开场》《美国妇女与政治问题》等；刘雯若主持的“仙花庄”和李由主持的“文艺”两个专栏，刊登短篇小说、散文、诗歌等文学作品，有《繁星》《忆表姐》《夜的幽会》《羁押》《泛谈送礼》《留仙余笔》等；秀玲主持的“妇女与家庭”“爱叶”，专门教导妇女们如何处理恋爱、婚姻、家庭等现实问题，有《爱的闲话》《恋与滥》《恋之网》《爱的身份》《妇女结婚后的心情》《家庭生活小常识》等；田雪厂主持的“菊苑”是戏剧界的天地，有《天华景又有新变局》《李英几炮满砸》《吴素秋青岛乐逍遥》《尚和玉来津后的计划》等；蕙颖主持的“府学”刊载全国各名校师生、教学、体育等方面的消息；莎乐美主持的“好莱坞”和文珊主持的“水银灯下”是两个电影栏目，刊载新作介绍、影坛佳话、电影问答、明星私生活等，“每期一星”则专门推介电影、话剧界的新星；王寰如主持的“小梨园”，介绍的是曲艺界各种消息，如《平韵大鼓后起之星马书麟》等；小含主持的“服务信箱”，解答读者提出的各种疑问和困惑，是画报与读者的一座桥梁。此外，还有长篇小说、剧本的连载，有黛影的武侠小说《腥血锋刃录》、肇昆的侦探小说《红圈秘密》、田雪厂的戏剧剧本《风流债》、梅花生的《如此荒唐》、刘雯若的《红粉冤家》、聪孙的《感情与罪恶》、文珊的《青春线》、玲子的《醉人魂》等。

画报中最具个性的当数李定方主持的“民吼”栏目，它文笔犀利、针砭时弊，大胆揭露社会的黑暗，直抒民意。如《富人一席宴，穷人半年粮》一文，揭示了社会的不公平，一面是富人的无度挥霍，一面是街头冻饿而死的贫苦百姓。

画报第8期的《偶读章之一》一文痛快淋漓地揭露了国民党统治下的“似盗非盗似官非官”的黑暗现实：“胜利以还，感谢执政诸公德政频施，诚使小民有‘天高三尺’之感。但日前，某报曾载有‘似盗非盗似官非官’之语，真使我莫名其妙。因为‘盗’与‘官’确是两个阶级的两种人物，完全可以硬性地分别，何又‘似而又非’‘非而又似’的？‘盗’与‘官’都浑成一团糊涂，还成什么体统？有许多乡下佬，直到今天尚不知‘天已经亮了’，因为他们直到今天仍须提着灯笼走路。依我主见，还是他们太‘痴’，所谓‘识时务者为俊杰’。谁叫你不坏良心呢？”

45677
霓裳畫報
發行人·田士林·編輯人·李鎌生
第七期
每逢星期三出版
每冊三千元
孫曼麗小姐近影
民國三十六年九月八日出版
「經中華郵政登記認為第一類新聞紙」
「內政部登記證京警津字第一四四號」
辦理商業銀行一切業務
天津
福順銀號
定期存款
利息優厚
活期存款
提取便利
各項放款
手續敏捷
地址：第一區赤峯道七九號
電話：三局〇四九三 〇五〇八

菊苑

雪厂主編

天華景又有新變局

各界醞釀是田菊林承辦？

—祁玲—

高渤海爲了貪清靜，所以早就有意把「天宮」—「天華景」全交給別人辦，因爲一種人一種「運氣」，高先生辦影劇是向來不賺錢，（而或還可能賠錢）那麼蓋興乎來？不如放棄，俾免虧蝕過鉅萬劫不復。

天華景的變局醞釀了不是一天了，結果後來是由某君接手承辦，但某君也是個門外漢，只有繼續前人的方法，出演電影。

天華景的位置說，還是比較演藝劇合適些，它在津游藝場中，頗有些站得穩的樣子，歷二十年，聲響仍振，但却在出國產電影後，生意路大受影響，才如此「掃地」了。

天華景的這最末的一次變局，據說是名坤伶田菊林的活動力，她的雄圖有意把天華景，由某君手再接過來，自己幹一下子，據說費用是若干「億」，龐大不龐大，不敢妄加批評，內中還包括了前台的茶點部等等……

還不過是個傳說的變局，詳情尚待證實，不過「天華景」一改平劇～目標也對，再由田菊林出頭承辦，那更是大有展望的，

田菊林是十八世紀的人嗎？

歡迎投稿

李英幾炮滿砸

大都會又壽終正寢了

·凡士林·

李英勝利後在津大肆活躍，辦舞廳設餐館，弄永安，可是偏偏時乖運蹇，當局正在取締舞廳營業，於是他化了精神與錢財，一聲禁歸令下馬上受了還筆極大的損失，最近又聽說「大都會」也因生意冷落而他也放棄了，結果他路是一事無成！

趙曉嵐去滬時的人馬

——現已各奔前程　她已膺約去漢——

趙曉嵐其韻笙在滬天蟾，日期不謂不長了，近唐韻笙期滿北歸，趙曉嵐也只好還共善後。

趙的意思南方終比北方活一點，於是不久有漢口人來談公事，她不猶豫地便應好了，但趙的傍角的那一些人於最近離開了，她第一是鼓老，原本勤意是爲了去氣謀出路，近已離開她，而別的角琴師最近已搭輪回津了。趙曉嵐一身輕便，只好單身赴漢了。

短篇創作

羈押

·田舍·

黎燈整裝，到主任室裏取了寫有羈押紙，兩個軍士便荷起鎗一同奔向司令部，他們送到我軍法處裏，由一位年約四旬左右的軍法官受理，而在回執上蓋了章。

那位昂然的軍法官，隨即喊進一個傳達兵，吩咐送我到第二團一室安插。

轉過一條甬道，一條曲徑，直達地下室；先由傳達兵帶到特務連一個猴毅眼瞎。尖下頰地少尉｜排長｜填具表格入冊，繼而不問我因爲什麼而羈押，便大事搜索，嶄新的軍帽扣留，手表沒收，一副階級領章他取到手更得意地放進口袋裏。

「國家給我的階級，你怎麼能沒收？」我駁辯地發着愁。

「老子就不憶國家！你是犯人我就有權處置你，不要看你是上尉，同你講現官不如現管……衛兵，將他送進去！」一口湖北音。

我直氣得青筋直跳、血液動蕩得特別激烈，但還只好常在想着：「身處低簷，敢不低頭」底眼淚強行抑止着。

才離開擋裏，却見一軍人搬床舖向這間室裏去。

「呵呵老亢，你是犯人怎麼能和我住在一起……」

「嘿！對不住。那裏太潮了，我那兒受過這洋罪，老羅你就將就吧……」

「哈哈！……」

「呵呵！……」

× × ×

一間長商型的房子，光線還很足，只是空氣污濁些，才步進室，室中的罪囚，都高呼歡悅地「打簾子，又來客哩！」他們每個人都憂鬱地困在這裏，終日沒事的，吃喝

本報啓事

本報自本期起，調整售價，每冊售法幣二千元，與平津畫報界取一致行動，並同時調整內容材料，務求充實，希讀者注意及原諒是荷！

五彩巨片「六宮粉黛」

香艷！肉感！

看得您魂飛九宵！！

看得您神魂顛倒！！

（莎樂美）

「六宮粉黛」（Song of Henerazade）是葉鳳黛卡羅最新的作品，她的「莎樂美」「鐵騎劫美」已給我們了一個很好的印象，她那健美的皮膚，含情的眸子，是有一種誘惑的力量，她是最適於拍五彩片的，所以她的作品永是五彩的，這部「六宮粉黛」是她第三部作品，亦是她最得意的一部新片，她在片中飾一位西班牙舞女在摩洛哥賣藝，由於俄艦訪菲，得識青年海軍尼古拉，他是一個音樂家，於是二人便相戀了，尼古拉是十九世紀一個俄國音樂家，本片所叙是他青年時的戀愛故事，片中音樂氣氛甚濃。男主角為姿那曼是個新人，他愛在片中飾音樂家尼古拉一角，風味十足，將一個浪漫藝人的風度，完全表現出來，另有「血染金沙」「夜半屍歸」主角鄧立感，他向來以演反派擅長，他在片中飾艦長，又是一個打得天昏地暗的東西，片中有鬥劍場面，這是任何片少見的，差不多各片中都是鬥劍，這種鬥鞭完全是墨西哥的一種特技，內中歌舞場面亦十分美麗葉鳳黛卡羅之「華宮艷舞」一場尤為驚人，完全古典風味，你看下圖中就是「華宮艷舞」之精采舞技，和她扭伽腰漫攏看了眞有些使人吃不消呢！關於歌曲方面是尼古拉的幾支名曲，由名歌手克魯門主唱，此片在美是最賣錢的片子，在滬亦曾轟動一時，現在葉鳳黛卡洛是好萊塢最受歡迎的明星了，她壓倒了瑪麗蒙丹，電影五彩皇后的寶座，她亦可以榮任無疑了・「六宮粉黛」已到津，下日即可在大光明北洋同映，觀衆是不可錯過的一部片子。

◁母女同上銀幕的裘迪葛蘭▷

電影徵答

（編者）

好萊塢版自出版以來，已有三期，本期為增加讀者興趣起見，特增加電影徵答一項，希讀者踴躍參加為盼：全答中者，各贈本報一個月，並頭輪影院免票一張，答中三條以上者，各贈本刊一冊，本月十四日截止，來信請將字要繕寫清楚，信封註明電影徵答字樣，地址，河北路仁豐里十一號霓裳畫報社好萊塢即可。

（1）裘迪葛蘭結婚幾次？這幾次丈夫何名？

（2）最近瓊克羅馥新作「Humoresque」男角為誰（附英文原名）曾演過何片：

（3）一九四七年十大巨片何名；請附原名。

（4）葉鳳黛卡絡繼「六宮粉黛」後新作何名（附原名）

（5）葛林福特「Glenn Ford」太太是誰？他曾演過何片？

影壇佳話　裘迪葛蘭的女兒上銀幕！母女同演。父親導演！

由「綠野仙蹤」中的小姑娘，一直到最近「銀漢笙歌」的少婦，裘迪葛蘭大了，並不是從前的黃毛丫頭了，她已是一個孩子的母親，是一個家庭的主婦了，這兩年來她賣座紀錄常常佔着優勢，並且得過好幾次香檳，現在她不知道拍了多少次歌舞片子，現在她是米高梅公司一流紅星，裘迪葛蘭今年已二十五歲了，她已經結過兩次婚，第一次在十九歲，與大衛羅斯結婚，祗住了一年半，便勞燕分飛了，這次和「合家歡」導演米厄里比結婚，夫妻感情到相當融洽，在前年三月他們得了一個女兒名叫麗沙，長得活潑可愛，夫婦愛如掌上明珠一般，最近他們計劃要拍一部片子，當然爸爸危米厄里當導演媽媽裘迪葛蘭做主角，女兒麗沙也打算讓她在片內扮任一個角色，這可稱為一門三傑啊！不久的將來我們會在銀幕上看到，這位小天使了。——莎樂美

葉鳳黛卡洛在「六宮粉黛」中

莎樂美主編

・存集美主編・

週末情潮（續）（二）

Week end at The Weldorf"

電影故事

當他計算着在這次與阿剌伯人的商約中，確實能詐取幾百萬元的時候，他在微笑了，袁德約翰和他美麗的新婦，對這大飯店的奢侈也漸漸習慣了，他們是乘着頭等火車到這裏來度蜜月的，他們的住房是由一位中年客人名約翰甫的讓給的，因為在週末他要離這裏，他的兒子在服務海軍的時候，死於南太平洋，另外一位新娘的母親德路太太正在日想以前的賈德廳（未完）

发出「民吼」的《霓裳画报》

而署名“玲子”的《不平则“难”鸣》一文，通过作者在南市街头亲眼看到的一幕，揭示了民众对社会黑暗统治的麻木不仁，正如鲁迅先生所说的“哀其不幸，怒其不争”：

韩文公曾有“物不平则鸣”的训示，流传多年而不“朽”。但却于近日的社会状况下，就有些“说不得了”。不过，这并不是诽谤先哲的训示，而是所谓“圣人是时势造成的”。孔子生于今日，恐怕也难讨好于众侪呢！

处于这种“米珠薪桂”的时代中，而挣扎于生命线上，自然是有口皆“悲”的了，而“悲”须由衷生。还好，现在的中国人好在由“九一八”“七七”“八一三”“一二·八”等等，已经摆布得麻痹了，不会有何“悲”声而感到“不平则鸣”的了，就以一件事就可作证。

踽踽行于南市的一条通衢大道，才行近泥泞的道上，已经有了一位老妪乘了三轮车迎头冲过去，却触怒了一位戎装同志。向守衢的嘀咕两句，于是，那车便变成守衢者的“目中钉”，咆哮着操着广东口音斥责，枪托尽先照顾了车的残躯。我疑惑我的处境似乎不可能谓之殖民区域，但是为什么却有这样刻薄的殖民待遇呢？老妪气恼地要闯入这官所，被人劝开，许多人还怪老妪不识时务。老妪欲直驱入“衙”诉之于“官”的心，似乎渐渐冷了下来。戎装同志也许将来有不再歧视人民的时候……

包罗万象的《星期五画报》

1947年8月1日，《星期五画报》在天津创刊，社长曹天培，编辑王秋风，社址在第二区胜利路39号，发行部设在第二区胜利路13号，由第二区金汤大马路2号的中利印刷局承印。画报以内容广泛、包罗万象而著称，时事消息、政治内幕、世界知识、科学常识、家庭生活、名人逸事、民俗歌谣、学生园地、戏剧、电影、散文、小说等无所不有。

“Good Friday”为耶稣受难日之意，抗战胜利后的中国百姓虽然不是耶稣，但身受物价飞涨、战乱频仍的磨难，他们所承受的大苦大难，丝毫不亚于耶稣，而“Friday”直译为星期五，出于对“苦难生活中民众的慰藉”，故而画报取名《星期五画报》。

《星期五画报》为综合性刊物，周刊，每逢周五出版，16开本，普通新闻纸，16页。封面为红黑双色套印，前期是电影剧照，后期改为大号黑体字目录。其内容大致分为时事、文艺、游艺、生活等四大类。

时事类设“星五评论”“新闻内幕”“大案要案”“世界展望”等栏目。“新闻内幕”披露国民党高层之间钩心斗角、社会重大政治事件背后鲜为人知的故事，刊登《戡乱条例首次运用》《冯玉祥护照期限延长》《王云五得心应手》《地下银圆时来运转》《宋子文你停手吧》《胡宗南结婚秘闻》《陈独秀有先见之明》《北洋派一枝独秀的顾维钧》《未来华北战局大势》等文章；抗战胜利后，国民党政府的大陆统治摇摇欲坠，贪污腐败现象层出不穷，“大案要案”报道的多为《田粮处大贪污案内幕》《湖北粮政大贪污案》等贪污案；“世界展望”观察着世界政坛的风云变幻，介绍美、英、法等西方国家的外交政策，如《美国最近外交政策》《冈村宁茨辩护律师》《琉球究竟谁属》《英国赠有军舰两艘——“重庆”“灵甫”命名经过》等；“星五评论”是画报的品牌栏目，关注的是社会的焦点、热点。为挽救日益恶化的经济危机，国民党政府于1948年8月在全国实行币制改革，强行收缴金银外币，发行新货币金圆券。这场史无前例以搜刮民脂民膏为宗旨的币制改革，不仅给人民带来深重灾难，最后也加速了国民党政府经济的崩溃和在大陆政权的覆灭。“星五评论”连续刊登《币制改革以后怎样》《对新经济方案的希望》《看商人如何斗法》《改币制最后王牌》《中国蒙蔽政策》等文章，解读国民党政府币制改革的真正目的，同情民众在这场浩劫中充当牺牲品的悲惨遭遇。

游艺类栏目有“电影”“戏剧”“歌场漫话”“雅座”等。“电影”刊登明星玉照，推介最新影片，明星专访，明星化妆，驻颜秘闻，如《影坛群星印象记》《访陈燕燕》《路明驻颜有术》《周璇易钗而弁》《白光当了小寡妇》等；“戏剧”追踪名伶动态，介绍伶人从艺生涯，刊登剧照，载有《梅派传人杨荣环》《唐韵笙一炮未红》《裘世戎身价不同》《金少山魂游地府》《唐韵笙有艺无术》等；“歌场漫话”为曲艺类专栏，报道杂耍场消息，评议演员长短，配发艺人照片，如《荣剑尘的爱徒又带回天津来了》《群英刷新阵容》《王十二又忙了　北平约角来去匆匆》《攒底不易》《侯一尘享受“特别美援”》等；知味斋主主持的“雅座”，是测字算命游戏，根据读者随意提出的两个字，预测他的事业前途、婚姻家庭。

星期五畫報
第56期
泰隆
綢緞呢絨服裝商店
秋季衣料
男女大衣
貨色齊全
歡迎選購
第一區天祥市場旁
電話 二四三〇九
Friday Pictorial

榮劍塵的愛徒

又帶回天津來了

單要意寶慶六氏是弟，一天時來壇藝
絃學幹，手歲，西姓還個津，津，人
，習，不藝，年頭李個樹收他出上榮單
你唱偏願買甚十人，徒弟了在演次劍絃

一體法用師子跟他，這，玩費學笨所說
個倘子，父的隨的一個還藝了了，好這
人未，這的時師父則愛衣，勁兩聽吧個
伺全再是於候父母可徒榮如，個說，徒
候好說兩調，左，以帶領何整念回可見
着，榮全，可右二回到學弄本曲北是，
他也劍共怎以，則家天又的大，平他是
貴價爲，旅交定不還的他要必，需學美樣聽上可看津要下套就後又性
。太房因節通住一次，來帶須也要靠的使聽園以看來將來的很，太之

歌場漫話

攢底不易

石愚吾

，了票客齊，，簡嚟是
在，座已氣某也倘的不
還只」剩力鼓不是坤易難
種有，三的姬易別角，要
場六後卜玩出結找見尤場
合七來餘藝演果然，其褒
褒個「人，「圓套玩是的
，人票，除事滿，藝以攢
走，座內到武，就沒平底
也還」有出號記讓有組玩
走是也二場」得色兩大藝
不捧都十時，有藝下鼓，
說角溜位，還一簇子爲實
了的走「座樣次優，大在

有呢完不合照還，她，
些，了看前常唱眞維很
×不只，，不的不要持可
得是台仰就唱唱台現說
勁聲下着是，，下狀是
×兒音的臉幾宗所剩，碍
。單六看個興以下那於
調七房人倒那兩就情
×些個底嗎「天位太面
，人子，卯某，雜，
聽，，給上鼓試以再
×到還居你」姬問爲要
耳喊然來了玩台情不
褒好唱個，蔑上了給

羣英刷新陣容

還花加近
有鼓壽來
兩姬頓對羣
場金，於英
新靜除場韓
玩貞添面要
藝外邀，場
，，梅大，

。月秋彈演因來演並
一約場了天演的且
日妥面，熱唱侯將
（就，，如體，月前
老要，又今弱侯秋次
石登大將羣她月又因
）台約侯英就秋給病
了九月加優前邀優

王十二又忙了

北平約角來去匆匆

了，方老是的園園落下整因
，再一柘邀，全九千去頓爲
還添開是妥小得月丈，陣秋小
有點口四的梨要一的那容涼梨
白慶就億榮園有日，一，已園
雲，給包館的相開同定要屆雜
園也了銀學底當幕時是還，要
，就三，，場角，大要還必場
武成億園榮，色兩觀一樣須，

熱月園來銀部的日去天了艷
鬧一，津，份包前匆，公芳
云日大，催去銀已匆在事等
。兩觀預他，，將，平，人
園瀾備們當送榮足津王，
定上着趕面到餌跑兩十也
有演在緊交北學一地二都
一，小啓了平等氣，還說
番九梨程定一人，來兩好

蘇文茂

流氓的神氣十足 近來有點學壞了

，就點們而眼了些他麼門
越看學，行皮，開師胡的
刀他壞都了底離事父作規
尺近了說，下開，也非矩，滾還
越來，他同，他如貨爲，還出孩
匪的不現行就師今不，不攞師子蘇
氣打信在的任父出了可敢怕以，文
，扮你有人意的師還是怎師前在茂

他後耦那件色，不意本也的足頂腦
及悔都就的糾常住志色不神像匪袋
早無莽將衷紛了外蕩，像氣一式上
改及送一演要說來弱小作，個章還
過，，生出一不的的孩藝那小帽戴
吧希豈的來件定引，子人一流，着
。望不幸了一桃誘格是的點氓十一

「么鷄」飛來大觀園

來園多「」」少花的藝來於了高筋到打，
津還的么的，的鼓場社在是起，，北鑼還
時次日鷄座還日姬面是北就來所原平鼓次大
，在子」見麼子花，後平想，要因邀，因觀
連邀，長，一，小整台很到給的如角另爲園
帶白沒期也個「實理老活相少包今一行秋雜
也雲往在非長世，得板滾聲了銀藝事開涼耍
想屬天北常時界和特，，藝，數人，張已場
他，津平的期」他別將他人離目們眞，屆，
邀武來出好，到合火「在侯也，的是事，停
來艷，演，「「作爐西西實不也生大前園演
了芳大，所西西，，單單林幹就活傷對方多
。等觀好以單單不梅」遊近，漲日腦於重時

侯一塵享受「特別美援」

近他又將
于求時識畫就〃擊平
非字便求，是，藝特
广畫四，還愛他人訊
，、出無特好素侯）（
田最搜事別國日一相北

美時一每郵式自由忱世
金常學幅芝特己市諧光
寄有近售加別再上名，
來美哥美加用畫郭
財金某觀以低家北
邁兩古，裝價之奕
亭園玩然璜購傑，
通，店後，求作黃
，侯，轉樣，，懋

了在」事了「到
尖相也」，我家
兒聲吃。眞也中
。中上看是享、
羣老來意受他
，美「想（對
眞了多不美人
是，事到拔說
拔他侯之）：

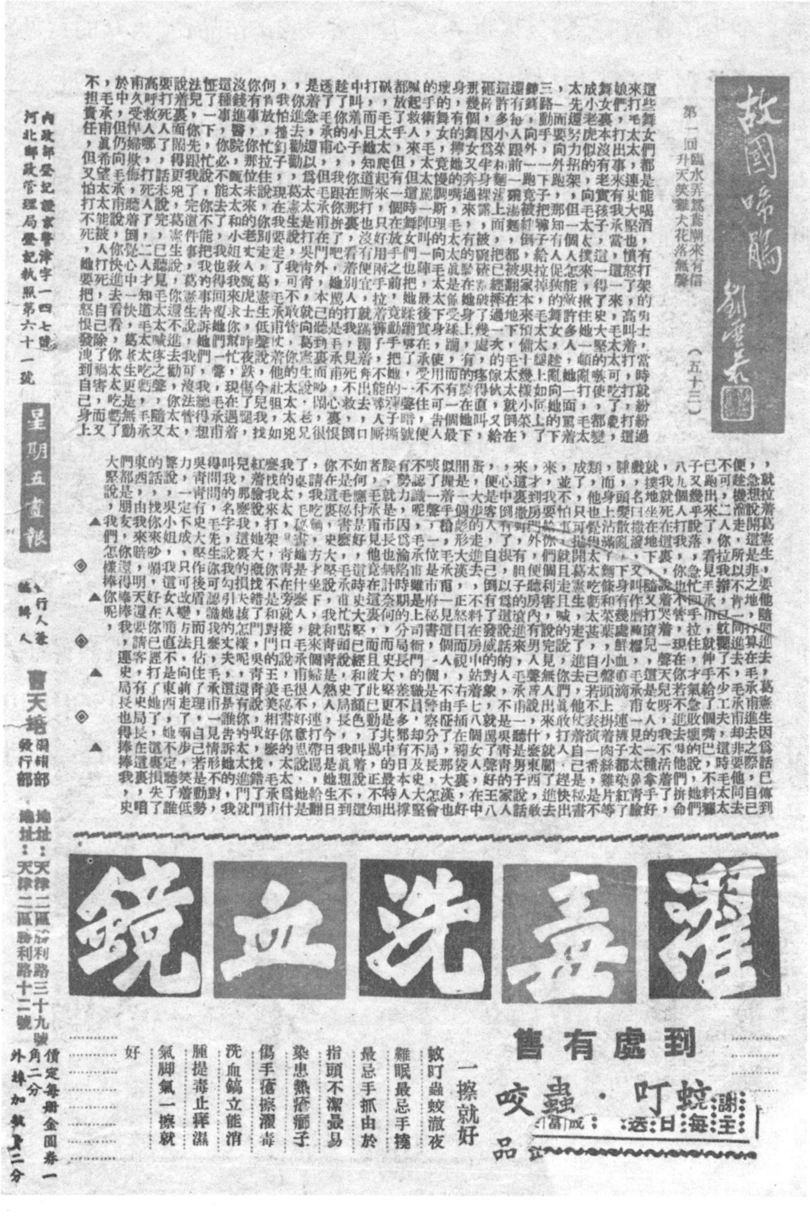

故國啼鵑　劉雲若

第一回　臨水弄鴛鴦瀾來有信　升天笑鸞犬花落無聲

（五十三）

內政部登記證京警津字一四七號
河北郵政管理局登記執照第六十一號

星期五畫報

發行人兼編輯人　曹天韜

編輯部地址：天津二區勝利路三十九號
發行部地址：天津二區勝利路十二號

價定每冊金圓券一角二分　外埠加郵費二分

包罗万象的《星期五画报》

文艺方面设有“五芳斋”“大众的意见”“小说连载”“漫画”等栏目。希鸿主编的“五芳斋”刊载《桥与水》《文人与伶人——朱自清、金少山死后有感》《鬼世界》等小说、散文作品；“大众的意见”是编者依据读者来信提出的问题提炼而成的杂文、小品文，如《这便是表现民意吗》《请速公布富豪名单》《征兵与募兵》等；“小说连载”每期刊登6篇言情、武侠小说，有燕市闲人的《啸庵漫录》、知味斋主的《望春归》、耿小的的《脱布衫》、郑证因的《十二连环索》、刘秀峰的《广播之花》、雁声的《如意珠》和刘云若的《故国啼鹃》等；“漫画”刊登朋弟、傅基、李恩妙等的讽刺漫画。

生活类设“妇女与家庭”“学生生活”“民俗特写”“名人轶事”“民俗歌谣”“世界知识”等栏目，有《嫉妒是民主基础，治疗惟一秘方就是快乐》《你的孩子为什么会撒谎》《巴黎世界舞蹈竞赛记盛》《谈金字塔》等文章。

币制改革后，物价飞涨，生活无着的印刷厂工人提出增加工资的要求，在未与《星期五画报》达成协议前，工人被迫宣布停工，以致第64期画报没能如期出版。工人重新开工后，只得于1948年10月29日将第64、第65两期合并出版。不堪重负、亏累连连的《星期五画报》，于同年12月出版至第69期后终刊。

仅出三期的《扶风画报》

“美国报载700吨原子弹可将全球炸毁，何妨一试，我们换个新世界看看!”“美国原子弹震撼全球，苏联的紫外线威胁全国，而中国的风（涨风、贪风、打风、骂风、罢风）亦未尝不知名全世界!”这两句惊人之句出自《扶风画报》创刊号的“疯话”专栏。尽管这个短命的画报仅出刊3期，但无论是它的创刊词，还是它的“疯话”栏目，无不是对时政畅快淋漓的揭露和批判，无不表现出一种拯救中国、拯救世界的大气魄，无不对未来社会充满了信心，它不停地大声疾呼：“我们要打碎这个无药可救的旧世界，建立一个新世界!”

面对“风俗日渐衰落，人心随之浇漓，彼诈我欺，不择手段，争取名利，互相剥夺，将人生之正常观念泯灭殆尽也！竟致世界战争，互相残杀，自取毁灭，国土不宁，人类幸福等于空言”的残酷现实，天津的教育家、社会心理学家蔡君梅、安乐然等，深感到“设若不顾名利是非，长此以往下去，则人类之幸福将有自灭之危险也”，于是他们肩负着“纠正邪念，易欺诈为诚化，化争夺为谦让，以达于‘明德之至善’，使贪者不贪，欲争者不争也，则社会之安宁幸福定可定也”的神圣使命，于1947年11月1日在天津创办《扶风画报》，取“扶正国风”之意，以使人们“洗涤邪恶，引入正轨，渐次熏陶，日进上达，待其人格养成，自然厌弃一切恶事，而为社会

文字 378
扶風畫報
天津新生晚報
創刊號
贈閱
第一卷第一期

創刊詞

風俗日漸衰落；人心亦隨之澆漓，彼詐我欺，不擇手段，爭取名利，互相剝奪，將人之正常觀念，泯滅殆盡也。竟致世界戰爭，互相殘殺，自取毀滅，國土不寧，人類幸福等於空言，試觀世界列國，倘有一上一界，則可免於危厄耶。設若不顧名利是非，常此以往下去，則人類之幸福將有自滅之危險也，倘能糾正邪念，易欺詐爲誠化，化爭奪爲謙讓，以達於『明德之至善』。使貪者不貪，欲爭者亦不爭也，則社會之安寧幸福，定可定也，反觀人類之澆漓詐虞，足以破壞我國之正統道德倘倡前者，自可易爲良風美俗。吉士善人，於是而物阜民康，國基永奠，人類福社，必可立致矣。

本社同人以忠心服務社會，鑒於社會各種事業，非有健全人格，不能辦理完善，欲求高尙人格，當以敎育爲根本，然社會風俗，亦屬實重要，不可偏廢，譬如栽樹，求善種植於適宜之地，喻敎育也，以肥料培養，水分先足，方能生長成材，喻風俗也，整理風俗，故善習慣，爲培植社會人才之所不可少者明矣。本報創刊，命名曰扶風，卽豫於此，蓋以俚言。俗語：或文藝、或遊嬉、或莊、或諧、灌輸一般心中，要皆寓於洗滌邪念，引入正軌，新文薰陶，日進上達，如佩之篇，久不閒香，待其人恪養成，自然派棄一切惡事，而爲社會有用人物，無論任何事業，必有優美成績，國家社會，均利賴之，誠哉風俗易人之偉大，難以喻也，惟是同人學識讜隨，深以難副各界人士所望爲慮，尙希同志先達，不吝珠玉，時加匡導，則不勝歡迎盼禱焉。

火藥發明家：諸貝爾的光榮史略

諸貝爾生於瑞典斯德哥爾摩地方，生於一八三三年，他的父親厄門奴愛爾·諸貝爾是一個實業學校機械製造的教員，會發明過潛水艇、炸彈、因此曾被俄國政府的重視，厄門奴愛爾·諸貝爾共有三個兒子，諸貝爾行三，在他幼年時代，帮助他的父親工作，只因自已閱讀頗勤，旅行地方又多，所以精通六國語言（英法德俄……）故他的父親非常喜徵他，用以幫助他父親製造炸藥，起初曾遺到了幾次危險損傷了若千人，終於在一八六三年發明成功，用者可免危險，且威力還較舊有的黑色藥爲大，在該炸藥發明成功前，有一次，在彼之試驗室會炸發，他的父親身受重傷，弟弟亦因此喪命，他哀痛之餘，遂決心終身爲人類而奮門，終身不婁妻，把全幅時間隔在試驗室中，氏以是而得名，並得政府專利證書，氏因以致富。

氏於一八九六年，死於義大利聖勤摩地方，時年六十三，死前遺囑將其遺產九百萬金元做爲基金，每年的利息，送給世人對科學、文學、或對世界和平有偉大貢獻者，此即諸貝爾獎金之由來也。

短評

救救法幣

—復然—

據十月二十三日的報紙所載最近物價的漲風，其中不無通貨膨脹的影響，照目前政府的開支，稅收僅抵三分之一，其餘百分之六十，全靠增發通貨，這樣一來，法幣的前途，更不看樂觀，拿政府開支三分之二的亘額，想以印刷的方式來補光，則五萬元一張的大鈔，又何患出現的不可能，政府雖然一再提醒人民要安心，並謂五萬一張的大鈔，只是建議而已，但如此之下，小民又怎能不驚心呢？

據歷次大鈔出現後的觀察，只要大鈔一出籠，物價無有不漲之理，在勝利後的一年筆者見到法幣與聯幣五與一的兌換率，會發表過一稿文章。「以聯幣停止通用談到物價膨脹」其內容不過謂物價能夠漲到五倍而已，結果不但達到五倍，而且超過五倍以上，再就萬元一張的大鈔來說罷？在未出現以前，物價倘能保持平靜的旋迴，既至大鈔一出，則物價一跳再跳，這樣的情形，考其主因究竟爲甚麼物價要漲呢？這又受了法幣的率連，物價的貴，亦卽法幣的貶值。只有節約愉源才能夠救出法幣於懸劣的途徑，觀看策一次大戰後的德國，馬克的貶值，還不如今日中國的法幣，而他們是用緊縮通貨的方法，而終將通貨拯救了出來，我國又有一般學者主張發孫幣以易大量的法幣。諸此談論有待將來拿此方法，拯救了今日的法幣，爲時勢所不可能治標之途，雖曰管制必需，然治本之道，又得娶瀚底節約輸源，則萬惡的法幣，不雖以拯救之。

瘋話

—巧魚—

△美國報載七百噸原子彈可將全球炸毀，何妨一試，我們換個新世界看看。

△美國原子彈震撼全球，蘇聯的索外線威脅各國，而中國的風（漲風、貪風、打風、罵風、罷風）亦未嘗不知名全世界。

△民主國家的法律，一向以證據來定犯人的罪名，如果事後無跡，那犯人就要逍遙法外嗎？

△焦宗華李大爲兩案，查無實據，故貪污案未予成立，而張廷諤案我們又將奈何

△畸形的社會裏時有假面具人在內，否則成不了一齣好戲。

△預言家不過給予一般窮途潦倒的人們造希望而已

△科學愈倡明，人民的罪惡愈深，那麼科學家們就是社會上的殺人魔王啦

△平抑物價的對策，就是大量發行硬幣嗎？

△窮人惟一的救星，就是希望，可是希望總不會臨到的。

（驕）（者）（必）（敗）

趙曉嵐的始末簡介

◁松年▷

最近將行露演張垣之坤伶

◁田玉茹御碑亭劇照▷

坤伶趙曉嵐雖未能登龍直上，但大小也站在角兒的地位上了，要說曉嵐的天才，不但聰穎過人，而又帶着美麗的面孔，她雖然具有十足的本錢，可惜家真是個外行，她個人又是很任性，故而就將她的天才給空負，其實好，不然的話，能在言童之上，而不能居她們之下，趙妹初次出碼頭，爲唐山繼齎在濟南青島，到處紅素很受一般人的歡迎，只是因爲她會戲甚少，除去她的紡棉花，玉堂春，戲迷傳，春秋配等爲大軸外，其他全是小齣，會不全的戲，例如虹霓關只會二本。翠屏山卻無殺山，六月雪又不帶羊肚湯，玉堂春只演起解，會審，英節烈，只演開茶館，盤絲洞，不能開打……等，這也是她不能唱的原因。曉嵐的劣點就是不服人，有些驕傲，而對於知已的親友，也不過是逢場做戲，決無受人點水之恩，而以湧泉相報的念頭。曉嵐此次隨唐韻笙去上海，實指望箭發必中，彈出必着的心理，在那小上海也要抖抖威風。豈知在事實上，卻已不能如願了，除去紡棉花簡直的是未唱過幾齣，其他的戲劇終算風頭欠順，這次又隨林樹森到漢口大舞台去露演，聽說又失敗了，她的驕傲性情，恐怕要打下百分之六十去吧！趙妹能不自覺乎。

當年紅紫墜子名姬 董桂芝一段悲泣小史

◁槐▷

當年紅紫一時，號稱姑嫂英雄的墜子雙星：一個是董桂芝，一個是程玉閣，程姬是董姬的嫂子，當年姑嫂二人雙雙登台，在歌舞樓（今之小梨園）天晴（今之大觀樓）等雜要場獻藝，頗受一般觀衆的歡迎，後來二人分場演唱，也各俱相當號召力，後來程姬與其夫（董姬之兄）不睦，乃告離婚，則此二姬更想一爭長短，當時卻成藝壇佳話。但是男大當婚，女大當嫁」這在藝人們也不能例外的；董姬遂謝絕歌場，適一富商而去，生活也很美滿，但好景不常，數年後富商又得一新歡，遂將董姬遺棄，董姬因自已已嫁過人，故不願再過歌壇生活，但「坐吃山空」，現在董姬將感到經濟恐慌，爲了生活而想再作馮婦，但現今之歌場「重色輕藝」，想會受風籍的墜子老大姐——桂芝二次出山後，恐難有好收獲吧！由此可想見女藝人的歸宿是難以預料優劣的，桂芝在紅紫時代決沒想到會有此慘淡之晚年吧？唉！可憐的女藝人！

漫談諸葛亮

·是我·

民間戲與京朝派的分別

諸葛亮，就是那手搖鵝毛扇的角色。其實這種角色，不論是諸葛亮也好，或者是劉伯溫，徐茂公，吳用……等等，他們在戲裏所代表的人物，都似乎不像運籌帷幄的人物，而成爲隨機應變的幫閒者。平劇素重「京朝派」，其一貫作風，是所謂雍容華貴的，在「空城計」裏，那位諸葛亮先生，高坐城頭，瑤琴美酒，怡然自得，事實很明顯如果不是明知過來的是司馬懿，而是猛將軍典章許褚之望，他那裏敢這樣的放膽，戲一邊在演出，觀衆心裏一邊在竊笑，笑着他這種灑脫的神情，正是掩飾着他虛僞的騙局。然而在民間戲的桂劇裏，（廣西戲）卻比平劇要表演得淋漓盡致了。桂劇的「空城計」，這位軍師先生，聞得司馬懿大兵奔西城而來去直嚇得面如土色，亂奔亂轉，站在城樓上，並不飄飄然唱什麼「我本是臥龍崗散淡的人：：」，而是一言不發，面似白紙，兩眼直瞪着司馬懿，簡直已嚇得心魂出竅了。兵退之後，琴童早巳逃之夭夭，他才自已拖着瑤琴，飛奔而去，最後被趙雲等救回，坐下椅子，就暈過去了。桂戲這樣漫畫化地表現了諸葛亮的本質，我因爲佳妙的寫實，我們有理由這樣的推論下去，一切設計的軍師，所用以取勝的，無非是權術詐騙，雖然有時也能夠僥倖得志，但他所起的作用，總不如眞正有本領，能以血肉之軀去衝鋒陷陣的武將，因此他們實在不可能，也不應該得到觀衆眞誠的擁護，而純萃富有民間戲劇作風的「桂劇」，對於這一類角色，自然就只有無情的加以嘲諷了。然而民間所嘲諷的人物，卻正是京朝派舞台上得意忘形的角色。

將要組織話劇團的 ★歌星李蘋★

過去皇宮舞廳的歌舞紅星，自禁舞後，自從劇出演素竹林後，風頭十足，同時在暇餘之時間還到鳳凰廳縣兩個流行歌曲，不久中國電台又力約她在電合播唱歌曲，據聞最近，借機擬組織歌舞性的話劇團。不月即將出演各地云。

……是我……

漫畫

◀請投我一票▶　棟良作

★加薪後的公務員生活★

★失業後★

箱屍案破獲後

——對治外法權有所感

轟動津市一時的箱屍案，已經引起數百萬人民的注意，原案雖然鶯李寶忤及其妾施美麗殺死其髮妻董玉貞事而尤令吾人有所注意者，即將死屍支解放在一條柳箱內外邊還用繩緊束寄放在施美麗的朋友家中，她的朋友是誰，原來是檢舉此案的來脫維亞人茜樂，由此我們所特別注意的，並不是此案的破獲，而是由破獲後對於治外法權有所感想。

考之中國治外法權的撤銷，也不過是蘇聯表示出放棄其帝俄的覆轍，權之在中國享有特權者也相權響應，於此中國的治外法權已告終結了，由此治外法權的終結而連想到還次箱屍案的破獲；倘若這次案件發生在十年以前的話，恐怕是很難發現的，外國人雖然在中國境內，可是他仍然要遵守中國的法律，要沒中國法律的制裁我們知道，法律是權威即是恐怖，我們想到外國人，他們的心理，也是怕落入法網的，而造成他們恐怖即是無有他們法律的保護，換言之，也就是治外法權撤銷了的功效，攬件兇殺的事實，若偶然發生在十年前的話，那麼茜樂也不懲撤了朋友的面子，同時，案子是永久不能破獲的，我們想到案了的破獲如此的快，也不能不歸贊於治外法權的撤消！

瘋話

——巧魚——

△奔波勞碌的人可稱為世界上的偉人，那麼吃喝不愁的人，即成社會上的廢人嗎？

△囚犯起解圖逃，結果仍被捕獲，並加重處刑，急求自由者，愈不自由。

△黃金是奸儈們，談愛的對象。

△吃私舞弊是吞彈的變象，不久即會爆炸的。

△抑平物價聲中，公用事業，可說「唯我獨尊」了。

△眞金不怕火煉，好人還是好人，壞人仍是壞人。

▽無依賴性的國家，才是眞正的強國。

△深於迷信的國家，科學決不會發達的。

△近來兇殺案，層出不窮，則幹館的，造了好機會。

△我們在學校上學的時候，老師竭力教我們學好，可是一到社會上環境迫着我們不能不學壞，雖然違背良心，亦得去作，又有什麼辦法呢？

封面圖——關氏孿生姊妹合影

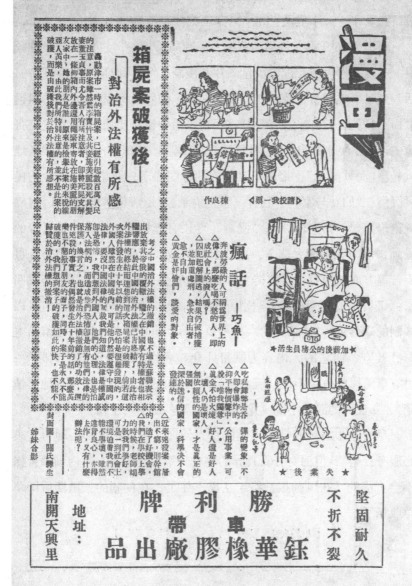

有用人物，无论任何事业，必有优美成绩，国家、社会均利赖之”。

《扶风画报》为综合性刊物，周刊，逢周六出版，社长兼发行人蔡君梅，编辑安乐然，社址在第二区胜利路北头10号，由《民国日报》社承印，天津华昌、北平平津画报社经销。

画报为16开本，普通的草纸，图片质量较差，共14页，虽称画报，实以文学为主，配以少量图片和漫画。“新闻内幕”“短评”“疯话”为时事类栏目，载有《蓝苹与毛泽东的罗曼谛克》《张岳军风趣素描》《冯玉祥在美生活潦倒》《函请张治中设法要钱》《张学良与张治中谈政治见解》《国府戡乱民盟现已不盟》《救救法币》等；“各地风光”“海外鳞爪”，报道世界各地的趣闻逸事，介绍全国各地的民风民俗；“妇女与家庭”刊有《恋爱语录》《爱情是幸福的象征》《麻省论语》《父母须知》等；“漫画”专栏有李秋明、栋良、狄嘉等的漫画，多为讽刺国大选举，揭露贪官腐败，记录失业者、小公务员疾苦等方面的内容；科技类文章有《地雷侦查器的用途》《火药发明家：诺贝尔的光荣史略》《比原子弹更凶猛的死光机》《降落向可以控制的降落伞》《能杀人的六寸小鱼》等；每期有两个版面是留给电影、戏剧、曲艺的，内容为剧目评介，名伶、影星动态、逸闻等；另有李薰风的言情小说《流水行云》、巧鱼的抗敌史实小说《地下情葩》、郑证因的武侠小说《龙门双剑》等多篇小说连载。

尽管画报肩负着拯救人类的重大使命，尽管报人尽心竭力“衷心服务社会”，但面对日新月异的物价狂潮，承诺了一年内画报价格不会上涨的《扶风画报》终于支撑不住了，在创刊的三星期后即草草收场了。

介绍《金璧辉》话剧剧本的《综艺》画报

今天，美国《综艺》周刊（*Variety*）是美国历史最悠久的好莱坞专业杂志，内容涉及电影、电视、音乐三大娱乐行业，不仅在普通读者和业内订户中极具影响力，而且是既快又准的好莱坞信息通道，世界各地的演员都把它当作最权威的行业杂志。然而，早在20世纪40年代，天津就有了以“美术、戏剧、电影、音乐”为内容的同名画报——《综艺》，它不仅报道国内这四大行业的新闻动态，而且有相当分量的外国通讯和外国作品的介绍，因而，自诩“持《综艺》一册，能窥见全世界艺术近貌”。

《综艺》画报，1948年1月创刊，同年11月出刊至第2卷（每卷12期）第8期终刊。社址设在天津第一区迪化道31号，由《天津民国日报》社承印，除在天津各书局销售外，在南京中国文化服务社、上海书报杂志联合发行所均设立经销处。

该画报属艺术类刊物，以美术、戏剧、电影、音乐四大板块为内容，以文字为主，兼配图片、插图、漫画。半月刊，逢1日、16日出刊，16开本，16页。封面红蓝双色套印，刊登戏剧、电影演出剧照。“画叶”专栏，刊登中外名家的国画、油画、雕塑、木刻、摄影等作品；“美术与音乐”，刊登中外美术界学术动态、评论、论文等，如《印度的艺术》《论“学院派”》《记民间歌舞演奏会》《巴托

綜藝

美術戲劇電影音樂半月刊

第二卷

第四五期合刊

即將在津上演的「新聞怨」中之一幕

「叛逆」（彫塑）——蘇棊作作

掙扎（油畫） ↑ 李瑞年作

補鞋匠（木刻） ↑ 麥桿作

畫　葉

↓ 貴州青苗（木刻）烏叔養作

← 印度女孩（素描）葉淺予作

青年（彫塑） 蕭傳玖作

·第二卷· 第四五期合刊

畫　葉

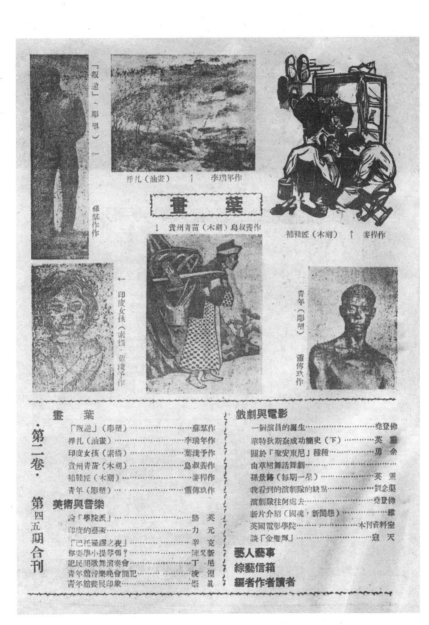

「叛逆」（彫塑）……………………蘇棊作
掙扎（油畫）……………………李瑞年作
印度女孩（素描）……………………葉淺予作
貴州青苗（木刻）……………………烏叔養作
補鞋匠（木刻）……………………麥桿作
青年（彫塑）……………………蕭傳玖作

美術與音樂

論「學院派」……………………駱　英
印度的藝術……………………力　元
「巴托羅繆之夜」……………………辛　克
你要學小提琴嗎？……………………陳又新
記民間歌舞演奏會……………………丁　尼
青年館音樂晚會簡記……………………凌　偟
青年館畫展印象……………………崇　眞

戲劇與電影

一個演員的誕生……………………堯登佛
華特狄斯奈成功簡史（下）……………………英　靈
關於「聖安東尼」種種……………………勇　余
由草裙舞話舞劇……………………
孫景璐（每期一星）……………………英　靈
我看到的演劇隊的缺點……………………劉念渠
演劇隊往何處去……………………堯登佛
新片介紹（國魂，新閨怨）……………………雅
英國電影學院……………………本刊資料室
談「金璧輝」……………………寇　天

藝人藝事

綜藝信箱

編者作者讀者

由草裙舞話舞劇

歌劇，舞劇，歌舞劇，本來這三種劇分得很清楚，大概因爲我國沒有正式的劇場，更因爲在我國的電影商，爲了生意眼，把無論什麼影片，只要有一場大腿戲，就在廣告上大吹大擂什麼什麼「歌舞巨片」，以至一般的觀衆僅知有「歌舞劇」，却不知「歌劇」「舞劇」和「歌舞劇」的區別。

以淺薄的，婦孺共知的例子來說，譬如道士的作法，他前部可視作舞劇，後部乃爲歌劇，在這場面中，道士左手執杯，右手執劍，在空中畫符，然後含一口水，東噴西噴，然後再用「法鈴」劍在桌上狂力舞拍，衆魂皆征服了，纔唸起神不知鬼不曉的咒來。這種用動作來代表言語的表情，一般愚夫愚婦，都能欣賞理解，這不得不說是已經收穫了舞劇的效果。

我們談到舞劇大概多是在室內舉行的，要舞在室外，運動場上的團體操，也可稱爲舞蹈，但舞蹈與舞劇有些區別，舞蹈是根本動作的連續，（大都屬於柔軟的）而舞劇則是從開頭到末了包含着一個詩一樣的故事，但這故事不用言語來表達，而用動作來代替，譬如大家都曉得夏威夷的草裙舞，雖然它也是在室外表演的，（其實這就是一首山歌，一首民間的情歌，但在我國的舞台上，我因爲找不出她們所表現的是些什麼，使我每次感到失望，現大多數的觀衆，却以臀部的擺動，作下流的想入非非，殊不知草裙舞的出場，總是兩手在臀部旁，混身擺動，那正代表說：「我愛你」，以及雙手高舉頭上，臀部擺動，她是代表說：「下雨了。」擺動得厲害，乃下大雨。高舉的手臂狂擺，乃是起暴風，高舉的手臂突然放下，乃是閃電，眼睛用勁一動，乳房用力一抖，乃是打雷這里我們可以看到一首情歌（而不是用聽的），她說：

「自從那天我一看到你，
我就這樣地愛上了你，
我爲了追求你，
經過高山，
我爲了追求你，
經過深谷，
我爲了追求你，
在狂風暴雨裏奔跑，
那可怕的電閃，
那震耳的雷聲，
却絲毫打不斷我的勇氣，
我這樣追呀，追呀，
終於在這里又遇到你。
我永遠這樣狂熱的愛着你，
難道這就是神的意思嗎？
我親愛的人兒啊！」

情歌的最後，也就是草裙舞將完的時候，舞者必抬起頭來，兩眼直望着天，這就是「神」在原始時代一直到今日，無論怎樣文明，「神」始終代表着最高的權威，支配着人類的一切，但在我國舞台上，莫明其妙地忽然抬起頭來，我以爲這節目完了，但其實下面還有莫明其妙的一大套，以至再一再二，沒有一定段落，究竟是怎樣一回事，連舞者自己也莫明其妙（曾經好幾次問過著名草裙舞者）只求台下彩聲報好。

夏威夷的草裙舞，其內容大概如上面所述，但也因環境的關係，如年輕少女求愛的時候，更有長篇的內心苦悶的序述，但最後終是用「神」的力，來征服對方。於是求得熱烈的一吻，以後更有浪漫的精彩的演出，在曠大的原野里。

當我們欣賞繪畫，或是彫刻的時候，我們常會在這些靜的場面里，有動的趨向底感覺，譬如電影是會動的，但是影片却是不會動的一幅一幅小照片的連續，於是根據這個原則，舞劇就很可能將繪畫，彫刻從前的形式，做成爲一篇「無聲的詩篇。」詩歌，繪畫彫刻，舞蹈，在表面上看起同，似乎互不相值，但因爲都屬藝術的一部門，所以在系統上畢竟相通的，反過來說，我們看到一套舞劇，我們很可能將舞劇中的姿態出演或繪畫，或是改編成劇作，攝下一張照片來也是更可能的事情，我們可以推想出在這畫或照像以前的起因，以及在這畫或照像以後的結局，現代最新型的舞劇，常以此爲不變的定例。我相信，編成舞劇，一定能收富麗堂皇的美，若將雲崗的石刻編成舞劇，則定另具一種莊嚴悠穆的美

每期一星
孫景路
·英靈·

孫景路，我一直看她作一個有性格的好演員，但是也許他的影片太少了，在北國，至今還沒有遍普地爲下深刻的印象。

假使我們並不健忘，幾年前，「沙電劇團」在津上演的時候，倫爲台柱的女主角就是她，她首先演出了「金小玉」，但不幸大明戲院淪遭回祿，又把她趕到了明星影院的舞台上，孫景路就這樣地給人認識了，熟悉了，在以後「日出」的演出中，她更以飾演「翠喜」一角，稱絕一時。

「日出」是她舞台上的拿手戲，在天津如此，在上海也是如此，因爲她演這個飽經風霜，深知世故的女人，潑辣熱情，活脫而有力，所以獲得了「活翠喜」的稱號。

她原籍上海，母親是湖南人，生在北平，所以能說得一口好北平話，身材不高，皮色較黑，幼年到漢口就學，在學校也是極頑皮的孩子，後來進入了懿訓女中，已經參加了學校演劇的活動。

武漢撤退的時候，她只有十七歲，爲了生活，跟隨中旅劇團撤居香港，在這兒，開始了一個正式演員的生活，她先後受到唐槐秋和歐陽予倩的薰陶造詣極深，於是在她重返上海之後，在中旅聲勢遂瀟嚜國唐若著星演過不少的戲。

至於她銀幕上的經驗，也是在去港的同時，不過只是扮些起碼的配角而已。蔡楚生導演的「孤島天堂」可說是處女作品，以後在「秦淮世家」中，有極重要的客串演出。

和平以後，首演「風雪夜歸人」，雖然一般輿論，認爲不如原來劇作，但景路個人演技是值得稱頌的。現居於香港，隸永華公司工作，現在上映的「國魂」影片中，她飾賈似道夫人一角，並將在「清宮外史」有更精湛的演出。

•11•

★ 新·片·介·紹 ★

文天祥夫人 王熙春飾

文天祥 劉瓊飾

伯顏文仲 金山飾

綠秉青 裘美雲飾

「國魂」在港公映

外國雜誌專文推崇

永華影業公司攝製之「國魂」，自導演卜萬蒼率外景隊赴廣州拍攝戰爭場面後，全部剪接配音工作，特別加緊進行，已全部宣告完成，本月四日起在香港娛樂戲院作世界首映。香港 Film and theatre news月刊八月號，曾以三頁地位，刊載國魂圖片特寫介紹，並譽為「八月份最佳的影片」，由此可見該片已受到外人重視。

記者日前晤「國魂」導演卜萬蒼於永華片場，云及：剪接工作甚形忙碌，「國魂」已拍成底片共三萬餘尺，將去蕪存精，細加剪輯，務使每一畫面全能發揮最高的效果。

在配音室中，永華樂隊排成適當隊形，指揮章正凡黃飛立兩君，輪流高站指揮台上，專心指揮演奏，每一段配樂，均依按劇情製譜，銀幕上放映了片段場景，樂隊反復演奏，情緒固然求其配合，就是動作也要求其吻合無間，這種工作實在也是艱鉅的

卜萬蒼先生與記者同座在配音室中，抽空作幾十分鐘的談話，據卜君首先表示，永華公司主持人李祖永先生 以有魄力而堅定的信心來製片，實在值得欽佩。其次「國魂」得到許多朋友的幫忙，他個人甚表感謝。「國魂」演員中 ，曾獨當一面的大明星達三十餘人，如今集合在一起，工作融洽無間，使人興奮。

關於「國魂」這部影片，攝製及籌備工作，前後達一年，幾百人的大場面甚夥。記者看過一部份試片，演員的表演，的確登峯造極，導演手法雄渾闊大中見出精細老到，技術方面，因為啓用新機械，聲光併皆美滿。

「國魂」寫文天祥的一生事蹟，悲壯義烈，是一部歷史完人的傳記，編劇吳祖光先生，在一篇文章寫着：

「……我覺得值得重視的，仍是文天祥「久而不易」的精神，它為苦難的中國人民示範。這就是今天放映「國魂」的意義」。這幾句話正好說明了「國魂」的攝製主旨所在。

將來在津獻映時，必可慰影迷們久待渴望。

（雅）

「新閨怨」——現已運津

崑崙影片公司自「八千里路雲和月」「一江春水向東流」相繼問世後，給予一般觀衆不能磨滅的印象，造成最近國產影片中非常的紀錄，繼此產生第三部作品「新閨怨」，在本劇題材上演技攝影時間上均都有獨到成功之處，演員都是現實影壇第一流傑出人物，白楊，衛禹平，吳茵，沈浩，臧莉等。

導演史東山先生，他的作品都是抓着一般人的心和描寫社會的矛盾見長，不知獲得多少觀衆的同情。

新閨怨是描寫現實社會和男女愛情的故事，由男女主人公——廖凱之和何綠音一的幼年寫起無猜的兩小，經過十年闊別，又在上海重相逢首，如此兩情繾綣終結白首之盟，但是婚後的情形抑迴然不同，綠音為了事業，忽略了孩子，見到了孩子，又感到事業的暗淡，於是在他發現孩子的死亡，和疑心丈夫的不貞，而終於自殺了。這反映矛盾的人生的悲劇，提出時代青年男女應走的途徑和職業問題，切實是一部針貶現實可歌可泣的故事。

該片現已到津，由大中影業社發行，「大中」並將先行招待沽上文化團體本月即可放映云。

英國電影學院

多少年來，在英國一直有人擬議創設一座電影學院，一九二九年這種意見才正式為人提出，可是直到第二次世界大戰以後這理想才粗具規模。一九四六年在倫敦舉行會議，出席者都是當時最顯著的電影製造家，於是由此成立了一個委員會來籌備英國電影學院的組織與政策。

這個委會的主席，是以導演「相見恨晚」「浮生夢」「孤星血淚」著名的導演，大衛·尼恩。此外出席的製片家與各導演如安東尼阿斯特，亞力山大，柯達。瑪琪爾，巴爾孔。瑪琪鮑華。保羅，保他等。

這個委員會前後籌備達十一年之久，至去年十月舉行第一次全體大會，到了一百名製片家，當時德高望重的羅吉爾曼佛被選為英電影院之秘書長，按其個人，本係寫影評的傑出作家，也是最嚴肅的作家之一。

電影學院的宗旨，最近業經公布：「英國電影學院為英聯合王國製片人所創立，在於促進藝術與電影的技術。其目的，則在刺激電影業中之特殊創造性的工作，並鼓勵各部門的實驗與研究工作。」

電影學院已開始建設一座有關英國電影材料的圖書館，內將包括電影唱片劇本，設計，樂譜等項，並協助電影書籍之出版與展覽事宜

如此電影學院將作為代表英聯合王國製片人觀點的機構，事實上它已經與教育界取得聯絡，以便大衆對電影能加以更深的欣賞，同時它又鼓勵各大學設立電影科，此外它更準備頒發一種獎狀，給予在藝術，技術與科學方面有傑出成功的人。

罗谬之夜》《你要学小提琴吗》等；“戏剧与电影”，推荐最新影片，评介中外电影，报道戏剧名伶、电影明星逸闻，如《一个演员的诞生》《一代综匠华特狄斯奈成功简史》《关于“圣安东尼”种种》《由草裙舞话舞剧》《我看到的演剧队缺点》《英国电影学院》等。此外，还设有“综艺信箱”“编者、作者、读者”“每期一星”“艺人艺事”等专栏。

画报为丰富内容、提高质量，在全国各大城市聘请娱乐界权威人士为特约记者；为增加国外消息，除聘请国外记者和通讯员外，还约请在华各国使馆新闻处有关人员为撰稿人。画报能紧跟娱乐业时代潮流，与世界同步，将戏剧、电影、音乐、美术的最新成果、最新理论及时地传递给读者，因此一度成为华北地区娱乐业最有影响的画报之一。

日本间谍川岛芳子的一生极富传奇色彩，素有“风流艳谍”之称，甚至于她的生死至今都是一个谜。但早在1948年，剧作家蔡冰白就写过五幕话剧剧本《金璧辉》，并且在全国公演，受到业内人士好评。如今，剧本无存，话剧影像资料无寻，甚至知道这出话剧的人也不多了。因而1948年9月16日《综艺》第2卷第4、5期合刊中刊载的署名“寇天”撰写的《谈蔡冰白新剧本〈金璧辉〉》一文所介绍的话剧内容就显得格外珍贵了：

……《金璧辉》是一个五幕剧，由一个序幕开始，连续着尾声支持着全剧。那是在东京神社里，代表大和魂的富士山下，以金璧辉接受了日本政府的旨意参加了间谍的工作，与最后被执行死刑后埋葬骨灰，形成了一个强烈对比。

第一幕是写“一·二八”前夕的上海旅邸。这里介绍了日本黩武主义的军阀面孔与心肠，汉奸的献媚作恶和我国反间谍工作的活跃。这里虽然仅用了有限的几个人，但是他们每一个人有每一个人的生活，每一个人有每一个人的个性而决不雷同。

第二幕在长白山头苏炳文将军阵地，在坚毅果敢的战斗中，代表出我们伟大中华的真精神。

第三幕已是太平洋战事爆发之后了，这里充分表现出傀儡的可悲和伪政府之相互攻讦丑态。由李兰救走王振声一节，更得到一个公平的结论，就是：在沦陷区，也有着许多怀念祖国、热血奔腾、出生入死、不屈服的人民。

第四幕是写名声大噪后的金璧辉，逐渐被日本军阀遗忘的原因，也正是她自己培植的后果。于是，这里我们看到她的荒淫与悲哀。

最后则由琅铛入狱，描写出我们这个“胜利”国家的惨败，使观众又咀嚼到现实的辛酸。不用闭幕，观众也会知道，戏是要结束了……

关注政治的《新游艺》画报

痛骂国民政府无能、失信、腐败，是1947年后国内报纸、画报一致的声音，“凡属政府声明绝对不办的才是办的，声明必办的才是绝对不办的，换言之也就是：越是谣言越是事实，越像是真事越是谣言”，是《新游艺》画报对国民党政府失信于民的最雷名言。

1948年8月，《新游艺》画报在天津创刊，名伶梅兰芳题写刊名，发行人梅琥，主编梅琥、哈杀黄，社址在第二区建国道20号，北平分社在北平前门西皮市26号，画报于同年12月10日出刊至第2卷第7期终刊。

《新游艺》画报属综合性刊物，周刊，逢周五出刊，方形16开本，每期共12页。画报除封面、封底刊有名伶、影星照片外，其余各版均以文字为主，兼有插图，封面以黑、红、蓝三色套印。画报虽冠以“游艺”的名字，但关注政治却是它的一贯的特色，多个版面内容与时政有关。如第十一版“不才子”主持的“一周刀笔”栏目，专门揭露社会的阴暗面，指控政府的腐败无能，有《不要再对民众失信》《迁都与逃难》《公不如教》《黑暗的旮旯儿》等；如第十版的“炮台”栏目，就像一门发怒的重炮，直轰国民党的要害，有《一种滑稽矛盾的现象！政府急于借外援，民间哗啷哗啷要洋钱！》《民调会的阔绰举动》《木户幸一之罪》等；如第八版“内幕新闻”

和第九版的“政治秘密”，专门披露国民党高层之间钩心斗角的内幕，有《忆徐州》《宋子文已成黄埔港大地主》《张治中五不主义》《陈布雷死在手与眼上》《毕东垣一掌取祸》《介绍行政院新院长孙哲生》《曾琦赴之作用》《谁人葬送了蒋经国的前途》等。而第六版的“橡皮”是妇女专栏，有《小姐你想使你的一双腿美丽吗》《一个人有多少个祖宗》《话说女人的短裤》《男女问题》等。第七版的“各地通讯”是报道全国新闻的专栏，有《台湾趋向繁荣》等。此外，还有郑证因的《雪山双剑》、耿小的的《忆多娇》、金奇的《豪门艳妇》等长篇小说连载。

第十一版的“一周刀笔”是《新游艺》画报的品牌栏目，大胆

新游藝
梅蘭芳
第二卷第六期
每逢星期五出版◈經中華郵政登記認爲第一類新聞紙類
陳永玲言慧蘭明日結婚
言慧珠帶來五百圓
被王和霖抄了
趙蘊秋去津想辦法！
楊毛可能再合作
把×大少罵了出去
—某小名旦父親的法治作風—
你睜開眼睛看明白了，他爸爸可不是省油的燈哩！
定價：每冊金圓壹圓，外埠另加航寄費三角

（11）

不要再對民衆失信

一週刀筆 不才

三言兩語

還都與逃難 某

公不如教

語絲 甲乙丙丁對話

公債處理辦法將修正

黑暗的旮旯兒 也算內幕 老京遊子

請批評 請賜稿

談變

證因武俠叢書之傑作 崑崙劍近期出版

反映民意，关注社会热点，以笔为刀，毫不留情地撕去了国民政府伪善的面纱，直刺其最痛处，嬉笑怒骂，讽刺挖苦，痛快淋漓。想国民政府面对自己糟糕的业绩、无能的表现和百姓怨声载道的残酷现实，也是无言以对，更主要的是他们面对中国人民解放军轰轰的进军炮火，哪里还有精力顾及这些小报的谩骂呢？有道是，你骂你的，我干我的！

《不要再对民众失信》一文措辞最为激烈，最具代表性。现摘录其中一段，让读者见识见识当年小报记者的厉害：

币制改革伊始，政府为了巩固金圆价值，增强人民信仰，除去高呼“只许成功不许失败”的口号之外，并且严正声明：如果有人扰乱金融，当按危害国家、颠覆政府乱民治罪。雷厉风行，真有若干人撞进这面网里。一般安分守己、依赖国家的善良百姓，似乎都在悄悄庆幸，“政府是有办法的，幸而把些黄金、白银换了金圆券，否则怕不和这些人一样也要关进铁笼子里去了”。跟着就是物价冻结，政府又张贴了堂皇伟丽的文告，更组织了坚强神速的检查机构。有人违了限价，便是背叛政府、扰乱经济。轻则处罚监禁，重则吊销执照、处以极刑。当此时也，一般信赖政府的商家含着泪、守着法令、依着限价，把多年惨淡经营积下来的货品，不到几天被人抢

·新游藝畫報·

(10)

一種滑稽矛盾的現象！

政府急於借外援！民間嗶嗶要洋錢！

歡迎投稿 歡迎訂閱 歡迎批評

木戶幸一之罪

伊本正

武俠技擊長篇小說

雪山渡劍

鄭證因著

(十八)

民調會的濶綽舉動

光。神经敏捷、稍存疑虑的商店，一边用些残旧货底应付门市，一边却掉个枪花，把值钱的货品挪的挪了，藏的藏了。

但是，这庄严、伟大的两大政令，短短的不足百日而自己打了嘴巴。金圆券自动贬值四倍，限价根本取消。于是奉公守法的民众，无形破产倾家了，依赖政府的商号货净门关了。而堂皇、伟丽的标语、告示，仍然高高地贴在那里！就在那几张破纸上，不知牺牲了多少人的性命，多少人的血汗，并且不知新添了多少孤魂野鬼！

现在又来了，“政府决不南迁，决不考虑迁都问题”！说的又是那样斩钉截铁，写的又是那样板上钉钉，仍然是那个老套子……这条文告用意何在？效力如何？我们暂时不谈。但在另一方面，我们却看见了政府资遣要员眷属还乡的新闻，同时又看见监委纠举大员南飞影响人心提案。这却使我们有些迷离了。政府这次的声明决不南迁，是不是又是照改革币制描的花样儿？只是骗骗信赖政府的善良百姓……

后　记

2000年初，自从在旧书摊上买到10册《三六九画报》后，我就对老画报产生了浓厚的兴趣。在接下来的日子里，我每周都要到文庙、三官、古文化街、天宝路、唐山道等几个旧书店淘宝，隔周到北京的潘家园、琉璃厂逛逛。随着期刊收藏热的升温，旧书市场上的老画报数量越来越小、品种越来越少、价格越来越高，我不得不另辟蹊径，往来于京、津、沪三地的图书馆、档案馆，扫描复制老画报。20年间，无论是出差还是旅游，每到一座城市，我必到当地的旧书市场和图书馆去看看。经过20余年的努力，我已复制老画报900余种。

我是个摆弄文字的人，有了这样丰富的原始资料，接下来自然就是细细地品味，深入地研究了。因为上海、北京、天津的老画报最具代表性，我搜集的数量也最多，所以，最先完成的就是《上海老画报》《北京老画报》《天津老画报》。

三本《画报》的编辑出版得到了我馆局领导及各处部室的大力支持和帮助，更为荣幸的是荣华局长还亲自为该丛书作序。感谢国家图书馆、北京市档案馆、上海市图书馆、上海市档案馆、天津图书馆、南开大学图书馆多年来提供的帮助，感谢罗澍伟、王耀成、李国庆、季秋华、邢建榕、陈正卿、吴裕成、章用秀、张绍祖、葛培林、李健新等各位专家、学者给予的指教，更难忘好友曲振明、尹树鹏、由国庆、王勇则、王振良、侯福志、王向峰等亲人般朴素的关爱，乐茵女士在收集资料、撰稿、编辑图片时给予的无私帮助更让我难忘。

这些只是介绍性的资料书，还谈不上什么研究。更由于有些画报存世较少，甚至仅有一期，因此，对画报的理解难免有些偏颇。希望研究老期刊的专家、学者、收藏家给予批评指正。

周利成

2022年10月